亚里士多德全集

第四卷

苗力田　主编

中国人民大学出版社
·北京·

《亚里士多德全集》编译组成员

苗力田　徐开来　秦典华
余纪元　颜　一　喻　阳
申　明　崔延强　李秋零

动物志

颜 一 译

* peri ta Zoia historiai 据《洛布古典丛书》希腊本文。

第 一 卷

【1】 动物的部分中有些是非复合的，它们全都可以分为自同的部分，如肌肉分为肌肉；有些则是复合的，它们全都不可以分为自同的部分，如手不能分为手，脸也不能分为脸。

这类部分中有一些不仅可以称为部分，而且可以称为肢体，这就是那些自身为一整体而又包含另外一些部分于其中的部分，例如头、足、手、完整的臂和胸，因为它们自身都是完整的部分，其中又有着另外的部分。

所有非自同的部分均由自同的部分构成，例如手由肌肉、肌腱和骨骼构成。

动物之中，有一些全身各部分彼此相同，另一些的部分则各不相同。有些部分是在形式上相同，例如一个人的鼻子眼睛与另一个人的鼻子眼睛相同，以及肌肉与肌肉、骨骼与骨骼相同。同样的情形见于马及我们说它们在形式上相同的一些其他动物；因为恰如整体同于整体，各个部分也同于各个部分。另外一些部分虽则相同，就超过或不足而言又有差异，这些情况下动物的种全都相同。我所说的种，譬如鸟和鱼，因为它们中每一个就种而言都有差别，而且鸟和鱼中又有众多的属类。①

大致来看，动物大多数的部分在属性方面表现出差异，例如颜色与体型，就此而论，在同一属性上有的赋有得多些，有的少些；此外还可以是在众多或稀少上，在大或小上，以及广而言之在超过或不足上。从而有些动物肌肉组织松软，有些坚韧；有些具有长喙，有些喙短；有些羽毛丰厚，有些羽毛稀疏。不仅如此，而且即使在上述情况下，一些动物还有着另一些动物所没有的部分，例如一些有距，另一些则没有；一些有冠，另一些则没有。不过总的说来，构成每一躯体的大多数部分要么彼此相同，要么只在对比上或就超过与不足而言有所差别，当然人们可以把多与少看成是超过与不足。

还有某些动物具有的部分既在属类上不相同，就超过与不足而言也不相同，但却在类比上相同，比如骨头之于鱼刺，趾甲之于蹄，手之于爪和鳞之于羽毛，便正好如此；在鸟那里是羽毛的东西，在鱼那里就成了鳞。

就诸种动物具有的种种部分而论，它们以上述方式相异

① 此处所译“种”（genos）和“属”（eidos）与现今生物学、逻辑学中通用的属种概念译法正好相反。需要注意的是，本书中对这两个术语的使用相当宽泛或不确定，并无明显的种一属（或属一种）分类意图。genos 的词根为动词 geno，原本的意义是生成。

或相同。再就是在各部分的位置上也同样如此，因为许多动物有着同样的部分，其所在的位置却不一样，例如有些动物 487a 的乳头在胸部，有些却靠近股间。

各种自同部分之中，有的软而湿，有的干而硬。湿者或者是一般而言的，或者只要是处于自然状态之中，例如血液、血清、油脂、硬脂、骨髓、精液、胆汁和奶汁（在有奶的动物中）、肌肉以及与此类似的东西中；此外，在另外的意义上还有残余物，如痰和肚腹与膀胱里的排泄物。干而硬者例如腱、皮、血管、毛、骨、软骨、趾甲、角〔以此来指部分在名称上有些含混，因为其整体由于形状亦可称为角〕①，此外还有一切与之类似的东西。

动物之间的差异还在于它们的生活方式，它们的行为、它们的习性和它们的部分。关于这些差异，我们首先将概略地加以说明，随后还将就每一种类详加阐述。

在生活方式、习性、行为方面的诸种差异有如此类：一些动物为水生、一些则为陆生。水生又分两种方式，有些生活与觅食均在水中，吸进和吐出水，一旦失去了水就无法生存，例如大多数的鱼均在此列；另一些则从水中获取食物，在水中消磨时日，然而不是吸进水，而是吸进空气，而且其生育也不在水中。许多这类动物是有足的，如水獭、海狸和鳄鱼；有的还有翅，如凫与鸊鷉；也有些无足，如水蛇。有

① 方括号内文字疑为后世抄本所加。

一些生物虽说在水中获取食物并且离开水就不能够生存，却既不吸进空气也不吸进水，例如海葵与贝类①。水生动物中，有些居于海洋，有些居于江河，有些居于湖泊，有些居于沼泽，例如蛙与水蜥。

陆生动物中，有些吸进和呼出空气，这就是所谓的“吸”和“呼”，如人以及所有具有肺的陆生动物。另有一些并不吸进空气，但居住于陆地并在陆地上获取食物，例如胡蜂、蜜蜂和其他的昆虫（我所说的昆虫，指的是身体上有节纹的生物，无论是在腹部还是既在腹部又在背部）。

487b 如前所述，有很多陆生动物从水中获取食物，而水生且吸进海水的动物却无一从陆地获取食物。还有一些动物，先居住在水中，后来改变了原形，出水营生，例如在血蠕虫那里见到的情形，〔因为它们首先居住〕在河里，〔随后它们的形状有了改变并且〕从它们中生出〔蚊蚋并出水营生〕②。

再者，有些动物定居一处，有些则迁徙各方。定居者只在水中，陆生动物中无一定居。在水中有许多生物凭靠黏附于他物为生，有好些种贝即是如此。海绵似乎有着几分感觉，其证明是，据说捕捞的动作倘若不够隐蔽，就较难将其从黏附处剥离。另一些生物黏附于某物，亦会与之脱离，譬如所谓的海葵中的某一种；因为这类动物中也有一些在夜间

① ostreon，或作“牡蛎”。

② 这段文字由于原本残损，不同版本各有增删，有的版本将“蚊蚋”(empis) 作“虻”(oistros)。此处从洛布本。

脱离其黏附物以觅食。很多生物并不黏附于他物，但静处不动，例如牡蛎与人们所说的海参。

有些动物能游泳，例如鱼、软体类和甲壳类，如小龙虾。有些动物能行走，如蟹这一类动物，它尽管栖身水中，却有着行走的本性。

陆生动物中有的有翅，如鸟和蜜蜂，其翅的式样各不相同；有的还有足。有足动物中有的能够走动，有的能够爬动，有的蠕动。没有动物像鱼类专于游泳那样专于飞行，因为有皮翅①的动物亦事行走，蝙蝠即有足，海豹则有着发育不全的足。

众鸟之中，有一些为弱足，鉴此它们被称为 apodes（“无足者”），这种鸟的翅膀十分得力。大致上与此相类似的鸟都有一副好翅膀，其足则软弱，譬如燕与雨燕。所有这些鸟习性均相类同，其翅又相像，看上去几乎难分彼此。apous②一年四季皆可见，而雨燕仅在夏季雨时出现，在那时可以看见它并捕而获之，总的说来它算得上是一种稀有之鸟了。确实很多动物既能行走，又能游泳。

动物在生活方式、行为方面的差异有下列一些。有些动物聚生，有些单生，无论它们有足、有翅还是可以凫水；还有一些动物兼涉两种生活，聚生的和（单生的）③动物中，

① dermoptera，参见 490^a6—12。

② apous 为 apodes 之主格。

③ 原文有括号内文字，因不符下文，一般均删去。

有的群居①，有的散居。

在有翅类中聚生动物有鸽类、鹤、天鹅等，有钩爪者则无一聚生；凫水类中，有大多数种鱼，如所谓的金枪鱼、pelamus（金枪鱼）和鲣。

人则兼涉以上两种生活。

群居动物中有着为全体所共有的某一特性，这一点并非适用于所有聚生动物。这样的动物有人、蜜蜂、胡蜂、蚁与鹤等。群居动物中有一些服从于某种领导，另一些则不受统治。譬如，鹤与蜜蜂族服从于某一领袖，而蚂蚁和别的数种生物便不受统治。

无论是聚生动物还是单生动物，其中均有定居一处和周游四方两种。

再者，有些动物为肉食，有些为草食，有些为杂食；还有一些则专赖某一种食物，如蜜蜂类与蜘蛛——蜜蜂专食蜜和为数不多的其他几样甜东西，蜘蛛则靠捕捉飞蝇为生，有些动物以食鱼为生。再者，有些动物捕获食物，另一些动物储存食物；另外有些动物则无此类行为。

有些动物营造居所，有些则不事营造；营造居所者如鼹鼠、老鼠、蚂蚁和蜜蜂，不营造者有许多种昆虫和各种四脚动物。再者，以居所的地点而论，有些钻入地下，如蜥蜴和蛇；有些居于地面，如马和狗。〔有些凿洞而居，有些

① politika。

则不。〕①

有些动物在夜间活动，如猫头鹰与蝙蝠；另有些动物则生活在白天。

再者，有的动物温驯，有的狂野；有的一直温驯，如人②与骡，有的一直狂野，如豹与狼；另有一些动物，很快就能被驯化。

还可以换一种方式来考虑。一种动物即便全都受到驯化，其中也仅有一些留在野生状态，如马、牛、猪、人③、绵羊、山羊和狗。

再者，有些动物可以发声，有些则不能，有些还能成语声，其中一些具备言语的能力，另一些则不成言语；有些动物啁啾不绝，而另一些则默不出声；有的悠扬成韵，有的嘈杂难听；所有动物共同的一点是，无论是鸣唱还是喧聒，最 488b
主要地都集中在发情时节。

再者，有些动物生活在田野间，如斑鸠；有些在山陵间，如戴胜；有些则随时出入于人类居所，如鸽子。

有些动物极为放荡，如鹧鸪与家鸡之类；另一些动物则较为收敛，如乌鸦一族，它们极少进行交尾。

海洋动作中，有的居于远海，有的靠近海岸，另有一些居于岩礁。

---

① Dittmeyer 本（以下简称 Dt. 本）删去了括号内疑伪文字。

② 有些版本删去“人”字。有的揣测为“骡马”（参见 491a2 及注）。

③ 有的版本揣为“骇”（onoi）。

再者，有些动物勇猛好斗，有些动物谨慎防御；好斗者进行争斗或是在攻击其他动物时，或是在受到侵扰奋起回击时；谨慎防御者则有着遭遇不测时用于自卫的某种办法。

动物在习性方面的差异有如下一些。有些动物性情温驯，滞缓，不会勃然发作，比如牛；另有些动物性情暴烈，易于发作，并且不可教化，如野猪；有些动物机灵而胆小，如鹿与野兔；有些动物卑劣而狡诈，如蛇；另有些动物则高尚、勇猛而且品种优良，如狮子；还有些动物出于纯种，狂野而又狡诈，如狼。品种优良指的是出自良好的种族，纯种则是指没有偏离其自然本性。

再者，有些动物机巧而邪恶，如狐狸；有些动物伶俐、可爱而且擅作媚态，如狗；另有些动物温顺且易于驯化，如象；有些动物腼腆而又机警，如鹅；有些动物生性嫉妒而好招展，如孔雀。而诸种动物中，只有人才能够意想①。

很多动物都有记忆并可受调教，但除人之外，没有动物能够随意回想过去。

关于每一种动物的习性和生活方式，后面将作更加详细的阐述。

【2】 一切动物所共有的部分，是动物靠其进食的部分和容纳食物的部分。这些部分既可各各相同，也可照前曾谈

① bouleutikos。

到的方式彼此相异；它们相异之处，或者是在形式上，或者是在超过上，或者是在类比上，或者是在位置上。

在此之后，大多数动物除上述部分外还共同具有的部分是，靠其排泄由食物而来的残余物之部分；当然并非所有动
物都具有这一部分。动物借以进食的部分被称做口或嘴，容 489a
纳食物的部分被称为腹，其余的部分则有各种各样的名称。

食物的残余物有两类，凡是具备容纳湿残余物之部分的动物也就具备容纳干残余物之部分，然而具备后一部分者不见得全都具备前一部分。因此，凡是具有膀胱的动物均具有肚肠，但具有肚肠的动物并非全部都有膀胱。因为容纳湿残余物的部分名曰“膀胱”，容纳干残余物的部分名曰“肚肠”。

【3】　其余动物中，大多数动物在具有上述部分外还具有一个用以排精的部分；在具备生殖能力的动物中，有的排入自体，有的排入他体。排入自体者被称为“雌”，排入他体者被称为“雄”。在有些动物中不存在雌雄之分，从而与这种创生相关的部分在形式上便有差异，有些动物具有子宫，另一些仅有一个相类似的部分。

上述这些部分乃是动物最为必需的部分，其中一些为一切动物所具有，另一些为大多数动物所具有。

有一种感觉，而且仅有一种，为一切动物所共有，那就是触觉，因而其所自然发生于其中的部分没有一个特定的名称；

因为在有一些动物那里它是相同的，在另一些则只是相似。

【4】 每一种动物的躯体都含有水分，若是由于自然或强制的原因失去了水分，动物就会死亡。再者，动物还要有水分存在于其中的部分，这就是另外一个部分。这些部分在一些动物那里是血液与血管，在另一些动物那里是与其相似的一些部分，它们尚不完全，例如纤维与血清。

触觉发生于自同的部分，如发生于肌肉或某一相似的部分，总的说来，在有血动物那里，它发生于充血的部分。在其他动物那里，它发生于与此相似的部分；以一切动物而论，触觉均发生于自同的部分。

动作的机能则发生于非自同的部分中，例如食物的咀嚼在口部，位置移动之功能在于足、翼或者是与此相似的某些部分。

此外，有些动物可以是有血的，如人、马以及一切长成后为无足、两足或四足的动物；另一些动物是无血的，如蜜蜂、胡蜂、海洋动物中的乌贼、小龙虾，以及一切足多于四的动物。

【5】 再者，有些动物为胎生，有些为卵生，还有一些为蚴生①。胎生动物如人、马、海豹和其他一些被毛的动

① skolekotoka，英译作 larviparous。

物；还有水生动物中的鲸类，如海豚和所谓的软骨鱼或板鳃鱼。489b 这些（水生）动物中，有的具有气管但没有鳃，如海豚与鲸鱼（海豚的气管经过背部，鲸鱼的气管位于前额）；有的如软骨鱼具有板鳃，如鲨与鳐等。

所谓的卵指的是妊娠完成后形成的东西，首先是从卵的一部分中生长出形成中的动物，其余部分则为这一生长过程充当营养。蚴生是指从其整体中生长出动物整体的生殖，这类似于妊娠中的分裂与增长过程。

胎生动物中，有些在自身体内育卵，如软骨鱼；另一些在自身体内怀胎，如人与马。当妊娠过程完成时，有些动物产下一个活体，有些产下一卵，有些产下幼虫。各类卵中，有的有护壳而且卵体分为两色，如各种鸟卵；另一些仅有一层软皮并且卵体只呈一种颜色，如软骨鱼的卵。各类幼虫中，有的刚一开始就能运动，有的不能运动。不过，有关这些情况让我们随后在关于生成的著述中再作详细的论述。

此外，各类动物中，有些有足，另一些无足。有足动物中，有的有两只足，如人与鸟，仅此而已；有的有四只足；如蜥蜴与狗；有的有更多只足，如蜈蚣与蜜蜂；一切动物的足都只能是偶数。

无足的会游泳的动物中，有些具有鳍，如鱼；有鳍动物中有的有四片鳍，两片在背，两片在腹，如金鲷与狼鱼；有的仅有两鳍，即那些身体尤长而平滑者，如海鳝与海鳗；有的完全无鳍，例如鳗鲡和其他一切嬉游大海如蛇梭行陆地一般的动物——当然，蛇在水中同样也泳行自如。软骨鱼中有些无鳍，例如那些体型宽扁又具长尾者，鳐与刺魟便是如此，这些鱼实际上是依靠其宽扁的身体来游动；鲛鱇则是有鳍的，而且凡是没有宽扁而向外伸展出一道薄边的身体的鱼均会有鳍。

至于那些显见有足的会游泳的动物，正如各种软体动物，它们游泳既依靠足也依靠鳍，而且它们身体倒游时尤为迅
490[a] 速，例如乌贼与枪鲗；这两种动物都不能像章鱼那样行走。

硬皮动物如小龙虾，靠它们的尾部来游动，而且尾部在前时借助尾上所生的鳍它们游得最快。水蜥靠其足与尾游动，其尾类同鲇鱼的尾，不过这是在以小比大。

能够飞行的动物中，有些具有羽翅，如鹫与鹰；有些具有膜翅，如蜜蜂与金龟子；有些具有皮翅，如狐蝠与蝙蝠。能飞且有血的动物，可为羽翅亦可为皮翅；无血飞禽则为膜翅。所有具有羽翅或皮翅的动物或有两足或者无足，这是因为人们传说埃塞俄比亚一带的某种飞蛇就是无足的。

具有羽翅的动物同属一种，称为“鸟”，其余两种动物则没有统一的名称。

能飞而无血的动物中，有些为鞘翅，因为它们的翅藏于鞘或翅壳内，例如金龟子与粪蜣螂；另一些无鞘，这些动物或为两翅或为四翅：四翅者是那些体型较大或者尾部带刺的动物，两翅者是那些体型不大或者刺在前部的动物。有鞘翅的动物无一有刺。两翅者刺在身体前部，例如蝇、马虻、牛虻与蚊蚋。

所有的无血动物在体型上较有血动物均要小，除非是在海中，可见到较大的无血动物，如某一些软体动物。这些种类的无血动物，居住在气候最温暖地带者体型最大，居住在海洋者在大小上胜过居住在陆地与淡水中的动物。

一切能运动的动物，通过四点或者更多的点运动；有血动物仅通过四点，例如人通过两手与两足，鸟通过两翼两足，而各种四足动物和鱼类一者通过四足，一者通过四鳍。那些具有两翅或者完全无翅的动物（如蛇），它们运动所凭一点儿也不少于四点，因为它们的身体有四处曲节，或者有两处曲节再加上它们的鳍。那些无血而又多足的动物，无论有翅或是有足，它们要通过更多的点来运动；例如人们所说 490b 的动物蜉蝣或“一日虫”，凭借四足和四翅，这一动物特别之处不仅在于其生命之短促——它由此而得名，而且还在于它在四足之外更兼有翅。

一切动物运动方式均相像，四足也罢，多足也罢；因为动物都是交叉行走的。诸种动物中，其他各种皆是两足在前，唯有螃蟹用上了四足。

【6】 动物中极大的种，即其他动物可以划归于其中的种，有下列一些：一为鸟种，一为鱼种，另一为鲸种。所有这些动物均属有血动物。

有一种见于硬壳动物，称为壳贝；另一种见于软壳动物，它没有统一的名称，例如小龙虾、某些种类的蟹与龙虾；还有一种见于软体动物，例如两类枪鲗与乌贼；另外还有一种见于昆虫。上述这些动物均属无血动物，即那些有足且有很多只足的动物；有一些昆虫还兼有翅。

其他动物则没有这样大的种；一个属不是包含众多的属，而是要么一个属自身简单而不具有任何属差，要么具有一些属差，这些属却没有各不相同的名称。

从而，一切四足而又无翅的动物都是有血动物，不过其中一些为胎生，另一些为卵生。那些胎生动物身上全都被毛，卵生动物身上则有角质棱甲，这种棱甲在位置上与鱼身上的鳞甲相像。

一种原本无足、有血而又居于陆地的动物属于蛇类，其身上带有角鳞。其他各种蛇都属卵生，唯有蝮蛇属于胎生。并非一切胎生动物均为被毛，因为有某些鱼确属胎生。不过，一切被毛的动物均属胎生，应该把刺猬和豪猪身上的针毛当作某种形式的毛，因为这些针毛起着毛的作用，而不像海胆身上的针毛那样起着脚的作用。

包括众多胎生四足动物的种中有许多属类，但它们并无统一的称谓。不过可以说它们中每一个都有称呼，就像人一样，再如狮、鹿、马、狗以及诸如此类的其他各种动物；倒
491a 是有某一个种可以囊括诸多具有所谓浓密鬃尾的动物，如马、驴、骡、骡马①，以及那些在叙利亚被称做“半驴”的

① 据信“骡马”为牝马与牡骡之后，而骡为马与驴之后。

动物——它们之所以得名“半驴”，是由于它们像骡，而严格说来它们并不同属一类，因为它们相互交配、互衍后代。因此，我们必须逐一讨论各种动物，考察其各自的本性。

以上这一番提纲挈领的论述，为我们应当考察的那些主题与事体做出了尝试（详细的阐述将见于后）；这是为了我们首先能够无所遗漏地明了其中各类差别和诸种偶性。在此之后，我们当进而揭示这些事物的原因。因为这样才是切合自然的考察方法，这又需要对各种细节已有了解；由上述这些才能明确我们的论证应当围绕哪些主题，应当建立在哪些论据之上。

首先需要考察动物的各种部分，动物由它们构成。因为正是在这些方面，动物整体才展现出最为首要的差别：或者是一些动物具有某些部分而另一些没有，或者是在所具部分的位置或排列上各异，或者，动物相异在于前面述及的那些差异，即在形式上、在超过上、在类比上以及在诸种属性的对比上的差异。

应当从人的各部分开始考察。因为正如每一个地方的人们将货币与他们最为熟悉的东西相衡量，在其他方面同样可以如此；而人毫无疑问是诸种动物中我们最为熟悉的一种。

凭感觉而论，这些部分并没有什么不清楚的地方。尽管如此，为了对于它们的序列无所忽略，并且得出感觉之后的论证，还是应当先讨论各种器官部分，随后再讨论各种自同部分。

【7】 身体作为组合体可以划分成的部分中，最主要的有下列一些：头、颈、躯干、双臂和双腿。〔从颈部至阴部的腔间被称为躯干。〕①

头之覆盖有毛发的部分称为颅盖。这一部分的前部是额，它在出生后才发育成，因为它是身体各处骨骼中最后变坚固的一处；其后部是枕骨，而额与枕骨中间的部分是顶。491b 脑在额骨盖下，枕骨却是空的。颅盖全是薄骨，呈圆形，裹有一层没有肌肉的头皮。妇女的颅盖有一道圆形接缝，男子的颅盖多数情况下有三道接缝，它们会合于一点。曾见一例男子颅盖竟至于全无接缝。颅盖中线毛发分顶的地方称为头顶。有些人有两处分旋，从而有些人有了“双旋”，不是由于颅骨，而是由于毛发的分旋。

【8】 位于颅下的部分名为面部，这一名称仅适用于人而不适用于其他的动物，因为鱼或牛就无所谓面部。面间额下至眼部名叫前额。前额大的人动作迟缓，前额小的人行动敏捷；而且，前额宽阔的人容易激动，前额圆凸的人性情躁烈。

【9】 前额之下是两眉。眉平表明性情温和，眉向鼻部

① 方括号内文字很可能为后人所加。

下屈表明其人苛刻，两边向颞颥上翘表明性喜讥讽且善掩饰。

眉下是两眼，其数自然为二。每一只眼均有上下眼睑，睑边之毛称为睫毛。眼内的部分有视觉赖以发生的液质部分，即瞳孔，其外为“眼黑”，再其外为眼白。上下眼睑共同的部分为眼角，为数有二，其一指向鼻际，其一指向颞颥。眼角长是心术不正的标志；若是像鸢①那样眼角向鼻而肉厚，则为不诚实之标志。

除了贝类及另外一些发育不全的动物外，所有其他种类的动物都具有眼睛。一切胎生动物均有眼睛，仅鼹鼠除外。但也可以认为这种动物在某种意义上具有眼睛，只不过总的说来它没有。因为虽然总的说来它不能看，也没有明显可见的眼睛，但是在剥去外皮后，可以发现为眼睛留出的地方，眼黑也恰符其位，还有原本属于眼睛外部的地方，表明在生长过程中这些部位发育受阻，遂为皮肤所遮盖。〔两眉下垂是嫉妒的标志。〕②

【10】　就一切动物而论，眼白在大多数情况下都相同， 492a
而所谓的眼黑却各有不同。有些动物的眼睛的确呈黑色，另一些动物又呈碧蓝，还有些呈灰蓝，再就是在有的动物那里

---

① 原文为 ktenes（鸡冠），洛布本等改为 iktines（鸢）。

② 有的版本将此句移至 491^b17 处。

呈淡绿，淡绿是性情极为优良的标志，并且非常适合于最为强健的视力。

人是唯一或几近唯一的眼睛呈多种颜色的动物，其他各种动物中，眼睛仅一种颜色，但有些马的眼睛也会呈蓝色。

动物的眼睛有的大，有的小，有的适中；适中的眼睛为最佳。有的眼睛外突，有的内陷，有的不突不陷；其中内陷的眼睛在所有动物中最为敏锐，不突不陷的眼睛是性情极为优良的标志。再及，眼睛有时眨动，有时瞪视不动，有时居于二种情况之间；居间适中的眼睛表明性情极为优良，常眨眼睛表明犹疑不定，常瞪视表明性情鲁莽。

【11】 再者，头有一个部分，动物赖以为听，但它不事呼吸，那就是耳；因为阿尔克迈翁曾经错误地讲到山羊通过耳朵来呼吸。耳的一个部分无以称谓，另一部分为耳垂。整个耳朵由软骨和肌肉构成。内耳的自然构造就像螺贝，最里端是形同耳本身的骨头，声音最终传入这里，如同进入瓶端。这一部分并无通道至脑，但是有到上颚的通道，并且有一条出自脑的血管通向它。(眼侧与脑相通，每只眼都在一条微细血管上。)①

在具有这一部分的动物中，唯有人不能活动其耳。具有听觉的动物中一些有耳朵，另一些没有，仅有可见的通道，

① Dt. 本删去了这句话。

例如那些有羽毛的动物或有角质棱甲的动物。除了海豹、海豚以及其他与此相类的鲸类外，一切胎生动物都具有耳朵。软骨鱼当然是胎生动物，〔但唯有人不能活动其耳。〕① 海豹具有可见的通道，它们借此为听；海豚能听，但无耳，〔其他动物均能活动其耳。〕② 人的耳朵与眼睛处于同一水平线上，而不像有的四足动物那样比眼睛高些。耳朵或者光滑，或者毛糙，或者适中；适中者最适于听，但并不标明何种性情。再及，耳朵有些大，有些小，有些适中。再及，有些耳 492b
朵高耸，有些耳朵坦贴，有些适当；这种适当是性情较为优良的标志。大而高耸的耳朵是唠叨或多话的标志。介于眼、耳与头顶之间的部分称为颞颥或太阳穴。

此外，面上有一部分为供呼吸之用的通道，即鼻。人借此吸进和呼出，而且喷嚏也经此而生，它是郁积气息的喷出；各种方式的呼吸中，唯独喷嚏被看作一种征兆，一种带有神圣意味的征兆。吸与呼均直达胸腔，而单凭鼻孔是不可能吸进与呼出的，这是因为吸与呼皆出自胸腔且沿经气管，而不是出自头的某个部位；不过动物不利用鼻也可能生存下去。

嗅觉也产生于这一部分，它乃是对于气味的感觉。鼻很容易活动，不像耳那样自身无法活动。鼻的一部分是中隔，由软骨组成，另一部分为孔道；因为鼻孔分隔为两道。象鼻

①② 括号内的赘语很可能因原文残损所致。

长而有力，大象用它就像用手一样；大象使鼻拽动物体，逮住物体，并且通过鼻子向口中输送食物而不论其湿与干，在诸种动物中堪称一绝。

此外还有两颌，其前为颏，其后为颊。一切动物都活动其下颌，唯有河鳄例外，这种动物仅能活动其上颌。

鼻部之后是双唇，它们由肌肉构成，可以活动自如。口在颌与唇内。口的部分其一为颚顶，其一为咽。

感受味道的部位是舌。这一感觉位于舌尖，假若把东西放在平坦的舌面上，味觉就会差些。舌还能感受其他肌肉能够感受的一切，例如感受坚硬，感受热与凉，舌的任一部位均可如此，就同辨味一样。舌或宽或窄，或宽窄适中，适中者为最佳，尝味最敏感。再者，舌之所居或者松弛，或者紧张，正如那些言语嗫嚅或者口齿不清者所表明的一样。

舌由柔软而又富于弹性的肌肉所构成，它的一个部分是会厌。

493a 口中那分成两半的部分是扁桃体；分成许多小块的部分称为龈。扁桃体与龈均由肌肉构成。龈内是牙齿，由骨头构成。

口内另有一个部分叫悬雍垂，很像一个葡萄，它是一条垂柱，外有一些鼓起的血管，倘若它因过度湿润而发炎，就叫做“悬葡萄”，容易引起窒息。

【12】 颈在面部与躯干之间。〔其前部是喉，后部是食

管。〕①颈的前部由软骨组成，称为气管，发声与呼吸皆经由此间。那一由肌肉组成的部分是食管，位于颈内前于椎骨的地方。颈背后为会肩。

以上是至躯干之前的各个部分。

躯干之一部分在前，一部分在后。首先，自颈部以下，位于前面的部分是胸部，带有两只乳房。每一乳房皆有一乳头，雌性动物的奶汁正是由此渗出；乳房是柔软的。一些雄性动物也见有奶；不过雄性动物的乳肌坚韧，雌性动物则乳肌绵软而且多有孔道。

【13】 躯干（胸）之后是腹部，其根在脐。此根之下分列两边的是肋；脐下浑然一体的是小腹，其下端是阴部；脐上是季肋，季肋与肋之间共有的部分为肠（腹）腔。

背后形如围腰的部分是骨盆（osphus），它正是因此而得名，因为它看上去呈对称形状（isophues）。其基部宛如底座的部位是臀部，髀骨得以在其中转动的部位是髋臼。

子宫为雌性所特有，阴茎则为雄性所特有。阴茎在外部，位于躯干的末端；它有两个部分：顶端由肌肉构成，大致说来保持同样大小，被称为龟头；另一部分是龟头外的一层包皮，没有专门的名称，一旦切除后不会再生，颌皮与眼睑切除后也不能再生。这后一部分与龟头相接的部分是系

① 有的版本删去此句。

带。阴茎其余的部分由软骨状物质构成，易于膨大，其伸与缩正好与猫[1]的同一器官之伸缩方向相反。阴茎之下是两个睾丸；包裹它们的是一层外皮，称为阴囊。睾丸与肌肉并不相同，但相去亦非甚远。关于这些部分的情形，后面我们将
493b 会详加叙述，并从普遍的方面概述一切诸如此类的部分。

【14】 女性的阴部与男性正好相反，因为其阴毛之下的部分内陷，而不像男性阴部那样外突。再有，子宫外有一尿道，而在男性这是用于输送精液的通道，在男性与女性它都是排泄液态残余物之通道。

颈与胸相接的部分是喉；胸侧、臂与肩相接的部分是腋，大腿与小腹相接处为鼠蹊。腿与臀内接处为会阴，其外接处为“下臀”[2]。

以上悉数列举了躯干前面的部分。在胸后面的部分是背。

【15】 背的部分有：肩胛骨一副；脊骨；再下面还有与腹在躯干中的位置齐平的腰。躯干上下部相接处为肋骨，每边各有八根；至于传说中的仅有七根肋骨的利古斯[3]人，我们并未见到任何值得信赖的凭证。

---

① 原文为 lophourois（驮物动物），洛布本等改为 ailourois（猫）。

② hupogloutis。

③ Ligus，即 Ligurian。

于是，人有上部与下部，前部与后部，左部与右部。右部与左部以部分而论大致相像，除了左部稍弱以外，可以说左右完全相同；然而后部与前部并不相像，下部与上部也不相像，除非这样来说它们相像：小腹下部之丰满与瘦瘠正像面部之丰满与瘦瘠，或者腿对应于臂、上臂短的人大腿通常也短，脚小的人其手也小。

体肢中双臂为一组。臂的部分有肩、肱（上臂）、肘、前臂和手。手的部分有掌和五指。指的部分一为能弯曲的指关节，一为不能弯曲的指骨。大拇指仅有一处关节，其余手指均有两处关节。无论是臂还是手指，其弯曲均向内侧，臂在肘关节处弯曲。手里侧是掌，由肌肉构成且有节纹分布，长寿的人有一条或两条长纹通贯全掌，短寿的人有两条长 494a
纹，但不通贯全掌。手与臂相接处为腕关节。手表侧为手背，为腱质，没有专门的名称。

另一组体肢是双腿。腿上有两处关节头的部位是大腿（股），可以滑动的部位是膝盖；并有双骨的部位是小腿；小腿前部为胫，后部为腓，腓部肌肉多腱且多血管，在那些臀大的人那里腓部向膝后弯上拉，在另一些人那里反过来又向下拉。胫的下端是踝，每只腿各有两块踝骨。下肢多骨的部位是脚。脚的后部是踵；其前分支的部分是趾，为数有五；脚下多肉隆起的部分是“脚球”①；脚上面的脚背为腱质且

① stethos。

无专门的名称；趾的部分一为趾甲，一为趾关节；任何情况下趾甲总是生在趾尖，而脚趾一无例外地只有一个趾关节。脚底敦厚且无弓的人只好用整个脚底走路，这样的人心地邪恶。股与胫相接处为膝。

上述的部分为男性与女性所共有。这些部分——只要是外部可见的部分——所生的位置，其上与下、前与后、右与左，均可一目了然。不过出于我们先前曾予以阐述过的同一理由，我们仍然要对此加以探讨；那就是为了获得一个名目完整的系列，并且借助列举以使我们不大容易忽视，人与其他诸种动物具有这些部分在方式上并不相同。

人的上下部分安排得最符合自然的顺位，远胜于其他一切动物；因为人之上下方位正好符合整个宇宙的上下方位。照同一方式，人的前部与后部、右部与左部也生得恰符自然的方位。而在其他诸种动物那里，有的没有这样的部位之分，有的虽有，却是在较为模糊的方式上。自然，一切动物的头之为上部都是对它们自己的躯体而言的，而唯有人像我
494b 们前面说过的一样，在长大后具有这一部分的方式正同于全宇宙的顺位。

次于头部的是颈部，再其次是胸部与背部，一在前面，一在后面。这之后是腹部和腰部，阴部，臀部；然后是股与胫，最后是脚。

腿向前弯曲，合于其行进的方向，而且脚之更能活动的部分加上其弯曲部分也是向前的。踵在脚后部，踝骨分列两

边，形同耳朵一样。臂分列左右两侧，其弯曲向里；因此以人而论，两腿与两臂的弯曲最是彼此相对。

至于各种感觉与各种感觉器官，眼、鼻、舌都朝向同一方向，即伸向前方；听觉或听觉器官即双耳，位于体侧，与双眼在同一水平线上。人眼的大小与其身体的大小相比差得不是那么远，与其他动物差别很大。

【16】 人体外表可见的部分就按以上方式排列着，如前所述，它们中大多数都有其专门的名称，而且由于习用而广为人知；至于体内各部分，情况就正好相反。因为人体内大多数的部分都不为人知，因而我们应当借鉴于对其他诸种动物这些部分的考察，它们在自然本性上与人的部分相近似。

首先，脑的位置在头颅的前部。其他一切具有这一部分的动物皆是如此。一切有血动物均有脑，这也包括各种软体动物。就大小而论，人所具有的脑最大而且最湿润。其外裹有两层膜，较强韧的一层靠近头骨，靠近脑本身的一层则不如前者强韧。在一切情况下脑都分为两半。在脑的后端紧挨着脑的部分是所谓的小脑，其形状不同于脑，凭触觉与视觉均可探知。

以所有动物而论，头的后部均是空洞的，不论其大小如
何。有的动物有着硕大的头，然而其脸的下部却格外地小， 495a
凡圆脸动物均是如此；另有些动物头部太小，其颌却很长，

例如浓密鬣尾类的所有动物。

一切动物的脑均无血，而且脑中间也无任何血管，摸起来自然会觉得凉。在大多数动物中，脑的中部有着某一小的空腔。裹着脑的一层膜布有一些血管，这层膜紧贴着脑就像一层外皮。脑上面是头部最薄也最不结实的骨头，被称为额骨。

自每只眼至脑各有三条管道，其中最大的一条和中等大小的一条通入小脑，最小的一条通入脑本身；最小的一条最靠近鼻孔。两条最大的管道彼此并行，互不相交，中等大小的两条彼此交汇（这在鱼类尤为明显），因为它们比大管道更加接近于脑；最小的管道彼此距离最远，自然互不相交。

颈内是那被称为食道的部分（由于长和狭而得其常名①），还有气管。气管的位置生在食道的前面，在一切具有气管的动物中莫不如此；而一切具有气管的动物都具有肺。气管原本由软骨状物质构成，没有多少血，其上遍布众多的毛细血管。气管上部的位置靠近口腔，从鼻腔进入口腔的通孔也在这里；人喝水时若是太猛，把些许液体呛进了此孔，就会自口入鼻，经由鼻孔喷出。所谓的会厌，便介于这两个管口之间，它能够盖在气管通向口腔的管口上。舌根系附于会厌。气管的另一端通向两肺的中介位置，并且在此

---

① 似指 stomakhos（食道之别名），由 stenos（狭）与 mekos（长）组成，但此处文中所用食道名称是 oisophagos。

分支，分别进入肺的两个部分。一切有肺的动物，其肺都会分成两部分；不过胎生动物中这种两分不像其他动物那么明 495b
显，人肺之两分最不明显。人的肺不像有些胎生动物那样分成若干部分，也没有那么光滑，而是凹凸不平。

在卵生动物中，例如在鸟类和那些卵生的四足动物中，肺的两个部分彼此隔开，而且离得很远，以至于看起来就像有两个肺似的。气管由单支分出两个分支，分别进入肺的两个部分。它也附着于大血管和所谓的主动脉。气管充气后，气息灌入肺的各部分空隙。这些部分又可进一步划分，由呈锐角相交的软骨状物质构成、细分出的部分——这种从较大部分分成较小部分的过程持续不断——有一些管道，它们贯穿整个肺部。心脏也系附于气管，由脂肪、软状物质和肌腱来连接，在连接处有一个空腔。当气管充气时，在有些动物那里气息进入心脏不易觉察，在较大一些的动物那里这一过程却十分明显。气管所生就如上述方式，仅仅吸进和呼出空气而已，不过它不吸进其他任何东西，不吸进固体和液体，或者在吸进时使人感到痛苦，直到咳出呛入的东西为止。

食道上部与口腔相通，靠近气管，而且由膜状韧带束系于脊骨与气管，最后在经过膈膜后进入腹腔。食道本身由肌肉状物质构成，在纵向与横向均可伸缩。

人的胃类似于狗胃，因为它并不比肠大多少，而像那么一段特别宽大的肠；胃之下便是肠，它一通到底，盘旋曲折，相当地宽。肠腑的下段与猪肠相似，因为它很宽，而且从它通向尻部的一段又厚又短。胃膜系附于胃的中部，本身是一层由脂肪构成的膜，正如其他那些仅有单骨且两颚均有齿的动物一样。

496a 肠系膜覆于肠面，它也为膜质而且很宽，并可变为脂肪。它系附于大血管与主动脉，有若干条自上而下的血管连在一起穿过它，通向肠的区间。

关于食道，气管，还有胃，就讲这么一些。

【17】 心脏有三腔，它位于肺上气管分支之处，其上有一层脂肪质的厚膜，以此系附于大血管与主动脉。心脏尖的一端坐靠在主动脉上。心脏尖端在胸腔中的位置对一切具有胸腔的动物来说均相仿。就所有动物而论，无论其具有还是不具有这一部分，其心脏尖端都朝向前方，然而由于在解剖时改变了其位置，人们常常会忽视了这一点。心脏圆的一端位置朝上。心脏尖端很大程度上由肌肉构成，其组织十分紧密。心脏内部则是一些肌腱。其他有胸腔的动物，其心脏的位置在胸腔的正中，人的心脏却稍偏向左边，它在胸的上部两乳分开处略微倾向左乳。

心脏并不大，整个心脏的形状不是呈长条形，而是较为接近圆形，除了其末端稍尖外。如前所述，心脏有三腔，右腔最大，左腔最小，中腔大小介于其间。所有这些心腔，包括两个较小的，都与肺相通，这在其中一个心腔尤为明显。底下端系附处，最大的心腔与大血管相通〔肠系膜就在这旁边〕①，中间心腔与主动脉相通。

一些通道由心脏通入肺部，它们也有分支，其方式同气管一样，这些分支与来自气管的分支并行，遍布整个肺部。出自心脏的通道在最上面，这里没有共同的通道，但是这些通道由于挨接在一起，从而接受气息并将其输送至心脏，通道中的一条输送至右边的心腔，另一条输送至左边心腔。

至于大血管与主动脉，后面我们专门涉及它们时将一道加以讨论。

496b 凡是有肺并且在体内和体外均为胎生的动物在身体各部分器官中总都是供血最充足的，因为整个肺均为海绵状组织，顺着它的每一处管孔都有来自大血管的通道。然而有些人以为肺孔乃是空的，他们全弄错了，这是由于他们看到从剖开的动物中取出的肺所致，动物一旦被杀死肺中的血很快就流光了。

其他内脏中，仅心脏有血。肺中的血并不在肺自身，而在其中的血管中，心脏自身中即有血。每个心腔内都有血，中腔内的血最稀。

肺下是胸膈膜，即所谓的隔板，它附于肋骨、季肋与脊骨，其中是一层薄薄的膜。胸膈膜中有血管通过，按与身体的比例来看，人的膈膜较厚。

胸膈膜之下，生在右边的是肝，生在左边的是脾，一切

① 疑为后人所加。

依照自然而不是异乎寻常地具有这些部分的动物均是如此，的确曾经发现过有的四足动物肝脾易位。这些内脏由网膜与胃相连。

一眼看上去，人的脾脏又狭又长，与猪脾相像。通常情况下，大多数动物的肝脏都不具有胆囊，有些却具有胆囊。①人的肝脏呈圆形，与牛肝相像。胆囊之有无在献祭的牺牲中也可见到，例如在尤波亚岛上喀尔克迪刻斯的某一地区的绵羊就没有胆囊；又如在那克索斯岛上，差不多所有的四足动物都有着硕大的胆囊，以至于外邦人用它们作牺牲时大为吃惊，以为是给他们的一个特异的征兆，而不是他们见到的一个自然之物。

肝脏附着于大血管，与主动脉却不相通；因为实际上是来自于大血管的一条血管在所谓的肝门处穿过肝脏。脾脏也只与大血管相通，因为同样是来自于大血管的一条血管穿入脾脏。

以上这些部分之后便是肾脏，它们靠近脊骨，肾体与牛的肾体相像。一切有肾脏的动物中，右肾都高于左肾。而且
497a 右肾所含脂肪少于左肾，并且要比左肾干些。其他所有动物均是如此。

进入肾脏的通道既来自大血管，也来自主动脉，只不过

---

① 由于与《论动物部分》676b16 处相悖，有的版本改作“大多数……都具有……有些却不具有胆囊”。

不通入肾脏的空腔。还得说明，肾中间有着空腔，在有些动物那里较大，在另一些动物那里较小，海豹的肾却属例外。海豹的肾与牛肾相似，比其他任何动物的肾都更加结实。

通入肾脏的通道消失于肾体之中；这些通道不贯穿肾的一个证明是，肾脏内不含有血，也不见有任何血块。〔如前所述，肾脏内有小空腔。〕①有两条相当大的通道从肾脏的空腔通入膀胱，而且另有一些来自主动脉的通道，强韧而又连续。每只肾的中间均附有一条中空的腱质血管，顺着脊骨穿过狭区，随后它们分别消失于腰的两侧，此后再次可见它们向腰际延伸。血管的这些分支进入膀胱后即告终止；因为膀胱生在最末端，从肾脏来的管道把它系在一定的位置，这些管道沿着柄管延伸至尿道；它的周围几乎布满了起束缚作用的腱质薄膜，这些膜在某种程度上与胸膈膜相似。人的膀胱生得相当地大。

阴部与膀胱柄管相连，其最末端是一个合并为一的出孔，但稍稍往里些的情况是，一条孔道通向睾丸，一条孔道通向膀胱。阴茎的组成物质是肌腱与软骨状物质。这一部位在男性中与睾丸相连，关于它们的排列情况，在进行综述时我们将另作讨论。

所有这些部分，在女性那里也都相同，因为在内脏上并没有什么分别，子宫则属例外。关于子宫的外观，在《论解

① Dt. 本删去了这句话。

剖》①的图例中可以查知；它的位置在肠的上面，而膀胱又在子宫之上。应当在概述所有雌性动物的子宫时再来讨论这一部分，因为所有雌性动物的子宫并不一样，其所生位置也不尽相符。

497b 人体内和体表的部分就有上述这么一些，其所生方式正如上述。

---

① 原书已失传。

第 二 卷

【1】 就其他诸种动物而论，有一些部分为一切动物所共有，这在先前已经说过，另一些部分则仅为某些种类的动物所具有。动物的部分彼此可以相同，也可以相异，其方式此前我们已多次提到过。大致说来，凡是在种类上相异的动物，其身上的部分大多数都会在形式上相异；并且它们的一些部分只是在类比上没有差异，在种类上则彼此相异，另一些部分在种类上相同，在属类上却相异。有很多部分为某些动物所具有，但不为另一些动物所具有。

无须说，一切胎生的四足动物都有头部、颈部以及头上一应各部分，其中每一部分在形状上又各不相同。狮子的颈部就只有一根骨头，全然不见有脊椎骨，然而剖开一看，其内部构造与狗的内部构造全无二致。

胎生的四足动物无臂而有前腿。一切四足动物均是如此，它们中有一些的前足分成很多趾，与手臂最为相似，因为在很多情况下这些动物正是拿它们当手用（这些动物左侧的体肢不如人左侧的体肢那么灵活)①，大象却是个例外。

象的足趾生得不甚分明，而且其前肢比后肢大出许多。象足有五趾，其后肢上有短短的踝。象有这么一种鼻子，它是如此之大，以至于有了它就无须再有手。象用鼻子把食物和饮料送入嘴中，并可〔把东西举给〕②它的驭手，……用象鼻还能将树连根拔起，涉水而行时，象鼻还可以边呼气边吹开水。象鼻能从鼻尖开始卷曲，但不能像关节一样弯曲，因为其中有软骨状物质。

诸种动物中，人是唯一得以并用双手的动物。

一切动物均有相当于人之胸部的这样一个部分，不过与人胸并不一样。因为人的胸部宽阔，其他动物的胸部却狭
498a 窄。除人之外，再无任何动物的乳房位置在前；象也有两个乳房，却不在胸部，而是靠近其胸部。

各种动物的前肢与后肢关节弯曲的方向彼此相反，也与人肢关节弯曲的方向相反，象在这点上除外。因为胎生的四足动物的前肢向前弯曲，后肢向后弯曲，从而其前后的曲凹处便彼此反对。

象并不像有些人说过的那样（总是站着），而会四肢蜷曲悠然伏地，只不过由于体重的缘故它不能同时蜷曲两边体肢，只好或者倾斜于左侧或者倾斜于右侧着地，以这种姿势

---

① 有些版本删去了此句。

② 此处文字各种抄本甚不一致。

安然入睡。象弯曲其后肢时就同人弯曲其腿一样。

至于卵生动物，比如鳄鱼、蜥蜴以及其他一切诸如此类的动物，其前肢与后肢均向前弯曲，并且略微向旁边斜出。多足动物的情况也与此相像，只不过位于两端之间的体肢行走起来总是前后不定，而且其弯曲旁斜更甚。人的上下肢向同一方向弯曲，而且彼此相反，他的上肢向后弯曲，稍稍有点向里侧横斜，其腿则向前弯曲。各种各样的动物之中，没有一种动物前肢与后肢关节均向后弯曲。但是所有动物肩关节弯曲的方向总是与肘关节或前腿关节弯曲的方向相反，髋关节弯曲的方向与膝关节弯曲的方向相反。从而，人体关节弯曲的方向与其他动物身体关节弯曲的方向既然相反，其曲臂的方式也就与其他动物相反。

鸟类身体关节弯曲的方式与四足动物相似，因为尽管只有两足，鸟腿还是向后弯曲，替代了上肢或前腿的双翅则向前弯曲。

海豹是一种发育不全的四足动物，因为其前足紧接于肩胛之下，就像手一样，又像熊的前爪；它的前足有五趾，每趾 498b
有三处关节，而且有不太大的趾甲。海豹的后足亦有五趾，其关节与趾甲均与前足相似，在形状上它们却近似于鱼的尾巴。

至于动物的运动，无论是四足动物还是多足动物，均是交叉行进，它们站立时（其足）亦呈交叉姿势。并且，一切动物都是由右侧体肢先行移动。不过，狮子与两种骆驼——巴克特里亚驼与阿拉伯驼——却是侧溜而行。所谓侧溜，指的是动物行进中右侧体肢有时不先于左侧体肢移动，而是随其后而动。

人身上凡是生在前面的部分，在四足动物身上都生在下面，即生在腹部，凡是人身上生在后面的部分，四足动物都生在背部。此外，大多数的四足动物都具有尾巴；因为即使是海豹也有着一条小尾巴，同鹿尾差不多。关于猿猴类动物，后面我们再作具体论述。

一切胎生的四足动物皆被毛，这与人的情况不一样，人体除头部之外其余部分只有些许短毛，可是其头部却比其他任何动物的头部更为毛茸。此外，其他被毛的动物背部毛发较为浓密，其腹部要么光坦无毛，要么毛发较为稀疏，而人体的情况正好与此相反。

人还有上下睫毛，在腋窝和阴部也有体毛。然而其他诸种动物，无一在这些部位有毛，也没有下睫毛，不过另有一些动物在眼睑下生有零星细毛。

被毛的四足动物中，有的整个身体均被毛，比如猪、熊与狗；有的在颈部周遭毛发尤为蓬密，例如那些有着蓬松项鬃的动物，譬如狮子；另有些在颈项上面从头部至肩骨处尤为多毛，例如那些有着冠状项鬃的动物，如马、骡以及野牛等未被驯化的有角兽。

所谓的“马鹿”①在肩骨间也有项鬃，那种名曰par-

① hippelaphos。

dion① 的野兽亦然；两者自头部至肩骨各有稀松的项鬃，而“马鹿”尤为别致，于喉处飘有须髯。这两种动物均有角并 499a 且是分趾蹄（偶蹄）的，而雌性“马鹿”则无角。这种动物的大小与鹿相仿。“马鹿”生长在阿拉克泰境内，那里还有野生的水牛。野生水牛与家养水牛的区别正如野猪与家猪的区别。

野水牛呈黑色，体型强健，其鼻钩曲，其角更多地弯向后背。“马鹿”的角与瞪羚的角十分相似。

象是被毛最少的四足动物。动物尾部被毛或疏或密要随躯体被毛的情况而定，那些尾巴相当大的动物均是如此，当然另有一些动物其尾小得可怜。

骆驼具有一个十分特别的部分，区别于其他一切四足动物，这就是驼背上所谓的“驼峰”。巴克特里亚驼不同于阿拉伯驼，前者有两处驼峰，后者仅有一处，但是它在下面有那么一处地方与上面的驼峰相仿，当它跪伏时，就以此来支撑全身的重量。骆驼同牝牛一样有四只乳头，有一条驴尾似的尾巴，雄驼的生殖器向后伸。其实，骆驼每条腿上只有一处膝关节，并不像有些人所说的那样有多处关节，那不过是由于其腹部紧缩显得像是那样而已。骆驼具有一支距骨（无名骨），同牛的距骨一样，与体型相比显得又弱又小。它是分趾蹄的，并非上下颚都有齿；其分趾的方式如下：在脚背

① 不知为何种动物。

上有一道小的裂沟直至第二趾关节处，在脚的前部有一道长的裂沟，正好随第一趾关节一道伸至足尖；趾尖分开处长有某种东西，像鹅蹼一样，骆驼脚底肉厚，同熊掌相像；因而当它用于战争足底伤痛时，人们给它套上皮屐以资保护。

所有四足动物的腿均瘦骨嶙峋，多腱而无肉；总的说来
499b 除人以外的其他一切有腿的动物都是这样。它们也没有什么臀部，这一情况于鸟类甚至更为明显。人的情况正好与此相反，在人身上肉最多的部位大致就是臀部、大腿和小腿了，小腿上所谓的腓部净是肉。

胎生的有血动物中，有些的脚分出多趾，就同人的手与脚一样（因为有些动物为多趾的，如狮、狗与豹）；另一些动物的脚仅分两趾，趾上无甲而有蹄，如绵羊、山羊、鹿与河马等；还有些动物的脚不分趾，例如各种坚蹄动物，如马与骡等。猪这种动物既可分趾也可以不分趾，因为在伊尔努里和派奥尼亚以及别的一些地方也有些坚蹄的猪。分趾的动物脚后背有二道裂沟，坚蹄动物这一部位则是连续的。

再者，有些动物有角，有些动物无角。大多数有角的动物本身都是分趾蹄的，例如水牛、鹿与山羊。我们还没有看见过坚蹄且有两角的动物。不过有为数不多的单角且为坚蹄的动物，比如说印第安驴。而且非洲大羚羊也是单角且为坚蹄的。

在诸种坚蹄动物中，唯有印第安驴具有一处距骨或无名骨；至于猪，如前所述，由于是分趾与不分趾两可的动物，

因而不具有完备的距骨。分趾蹄的动物大多数都具备距骨，而分出多趾（指）的动物无一具有距骨，就如人没有距骨一样。林狸有一处就像是“半距骨”的骨头，狮子有一处骨头类似于塑造中用的“迷路（曲规）”。一切生有距骨的动物，距骨都生在其后腿上。距骨直接生在关节的上方，其上部朝外，下部朝里；名为“科伊亚”的一边在内侧，（两腿间）相互对弯，被称为“克赫亚”的一边在外侧，距角则在上面。一切具有距骨的动物所生距骨的位置就如以上所述。

有一些动物既有分趾蹄，又有项鬃和一副相互对弯的角，例如野牛，它们出现在派奥尼亚与麦地加一带。而一切有角的动物必定为四足动物，只要不是在某种转义上或者出于修辞方面的缘故来说某某动物是有角的；这正如埃及人对忒拜附近的蛇所作的描述，其实是由于那种蛇头部有凸结，才引出如此一番传言。

诸种有角的动物中，唯有鹿的角才通体坚实，其他动物的角则有一段是空的，只在顶端全实。空的部分更像是从皮衍生而来的，它所环围于其内的坚实角芯则来自骨头，牛角便是如此。鹿是唯一会蜕角的动物，从两岁开始，它们每年都要蜕去旧角，再长出新角来。其他动物的角只要不遭到某种强制性的破坏，就会一直这么生长着。

此外，关于乳房，各种动物之间很不相同，跟人比也相差甚远，关于用于交配的器官也是如此。因为有的动物的乳房生在前面，在胸部或者接近于胸部，它们有两只乳房和两只乳头，如人与象，这在前面已经讲过了。而象的两乳在腋窝附近，雌象有两只微乎其微的乳房，跟它的身躯甚是不相称，以至于从横的方向根本就看不见。雄象亦有乳房，同雌象一样，也是微乎其微。雌熊有四只乳房，另有一些动物有两只乳房却生在股间，其乳头仍为两只，比如绵羊；也有些动物有四只乳头，如牝牛。还有些动物的乳房既不在胸部亦不在股间，而在腹部，例如狗与猪，它们有很多只乳房，其大小却不尽相等。其他动物有多只乳房，而雌豹有四只、雌狮有两只生在腹部的乳房。雌骆驼有两只乳房四只乳头，跟牝牛一样。坚蹄的动物中，雄性没有乳房，除了那些像其母亲的雄性外，这种现象在马类中可以见到。

雄性动物的生殖器有的生在外面，如人、马和其他许多
500b 动物；也有的生在体内，如海豚。生殖器生在外面的动物中，有些生在前面，如上述的动物，其中有些动物的生殖器和睾丸都松松地悬垂体外，如人；另一些动物的生殖器和睾丸均紧贴肚腹，有的更紧些，有的更松些：因为野猪与马的这部分贴近肚腹的松紧程度并不一样。

雄象的生殖器与雄马的生殖器相像，其形甚小，与其身躯很不成比例；其睾丸从外面是看不到的，它生在体内肾脏附近；因此在交配过程中雄象总是很快完事。母羊的生殖器生在乳区一带，当它发情时便回缩生殖器使之外露，以便雄羊进行交媾；母羊的生殖器露出相当多的部分。

大多数动物的生殖器所生的方式即如上述；有些动物朝

后排尿，如林独、狮、骆驼和野兔。如前所述，雄性动物在这方面很不相同，然而雌性动物都朝后排尿；即便是雌象，其生殖器在股间，它也像其他动物一样朝后排尿。

雄性动物的生殖器也有很多差异。有些动物的生殖器由软骨状物质与肌肉构成，如人；肌肉部分不适于膨胀，而软骨状物质却易于膨大。再有些动物的生殖器由肌腱组成，如骆驼与鹿；还有些动物的生殖器为骨质，如狐狸、狼、貂和鼬；鼬的生殖器确有一骨。

当人生长成熟时，他上身部分要短于下身部分，至于其他诸种有血动物，情况正好相反。我们所说的上身，指的是自头部至残余物由之排出的部分之间的这段身体，下身则是指自上身以下的其余部分。我们比较长短时，有足动物的后腿即是其下身，至于无足的动物，其后座、尾部以及诸如此类的其他部分即是其下身。

动物达到成熟就处于上述一种状态，而它们的成长过程中却有许多不同。人年幼时上身部分长于下身部分，在成长中情况却变得正好相反；正因为如此，只有人在幼时的行走动作不同于其成年时的行走动作，幼儿起先本是四肢着地爬行。有些动物在成长过程中身体部分的相对比例保持不变，譬如狗。还有些动物起先是上身生得短，下身生得长，在成长过程中其上身变得长于下身，例如那些具有浓密鬃尾的动物；在这些动物中，从蹄至后臀的部分自出生后无一有所增长。

关于牙齿，各种动物相互之间有许多差异，与人相比也很不相同。一切有血的、胎生的四足动物均有牙齿，但首先有些动物于上下颚均有牙，另一些则不然。因为凡是有角的动物均非两颚有牙，它们在上颚没有门牙；也有一些动物并非两颚有牙却是无角的，如骆驼。而且，有些动物具有獠牙，如野猪，有些又没有，此外还有一些动物具有锯齿，如狮、豹与狗；有些动物的牙齿并不锋锐交错，如马和牛。锯齿所指的是锋锐的牙齿上下交错。既生獠牙又生角的动物还没有出现过，而具有锯齿的动物既无獠牙亦无角。大多数动物的门牙都生得锋锐，在里面的牙齿则生得平钝。海豹满口都是锯齿，这可看作它与鱼类之间的一种关联，因为几乎所有的鱼都有一口锯齿。

这些种类的动物无一在上下颚均有牙。倒是有过那么一种动物，如果能够相信克特西亚的话。此人声称在印度有一种野兽，名曰 martikhoras，它于上下颚各有三排牙齿；它的体型同狮子不相上下，其毛亦如狮，其足同样如狮；它的面颊与耳朵像人，它的眼睛碧蓝，它的颜色赤红；它的尾巴如地蝎，尾上有螫刺，还能突然射出附在上面的尖刺；其发声像是箫管声与号角声之混成；它奔跑之迅捷不逊于鹿；它
501b 性情狂野，是一种食人兽。

人会蜕牙，其他一些动物也要蜕牙，例如马、骡、驴等。人更换其门牙，至于臼齿，没有一种动物会更换。猪根本就不换牙。

【2】 关于狗尚有一些不清楚的地方；有的人认为狗类全不蜕牙，另一些人认为它们仅仅更换犬齿而已；可是有人观察到它们像人一样蜕牙，然而由于在新换的牙齿在牙龈内长成之前它们并不蜕去旧牙，所以人们没有觉察到狗在蜕牙。而且，其他各种野兽很可能同样如此，因为人们也是说它们仅仅更换犬齿。从牙齿上可以分辨出狗的老幼，因为年龄小的狗牙齿白而且利，年龄大的狗牙齿黑而且钝。

【3】 马的情况与其他各种动物的情况恰好相反，因为其他动物都是随着年龄的增长牙齿日益变黑，马却是越长牙齿越白。

所谓的犬齿处于锐齿与钝齿之间，它兼具这两种牙齿的形状，因为它底座平钝，顶端尖锐。

就人以及绵羊、小羊和猪而论，雄性动物比雌性动物的牙齿要多，至于其他动物这方面的情况，迄今尚无观察。凡是牙齿生得多的动物，十有八九都能长寿；而牙齿少且又生得稀的动物，十有八九都是短寿。

【4】 人最晚长成的臼齿是所谓的“智齿”①，大约在20岁时才开始生长，男女均不例外。曾经有过那么一位妇

① hoi kranteres。

女，在80岁光景方于牙床尽头生出臼齿，生长过程痛苦不已；类似情况在男子中也曾得见。这种事情发生在那些在年轻时智齿未能及时长成的人中间。

【5】 大象两边各有四齿，它以此咀嚼食物（就像研磨大麦粒一样）；在这些牙齿之外，它还有两颗巨牙。雄象的两颗犬牙要大一些而且向上翘，雌象的要小一些并向相反的
502[a] 方向弯出，即是说，它们朝向下方。象一出生就有牙齿，当然其巨齿起初还不明显。

【6】 象的舌头格外地小，而且藏于口内，因而难于为人看见。

【7】 各种动物口部的大小互不相同。有些动物的口形阔长，例如狗、狮以及一切具有锯齿的动物；另一些动物则口形窄小，如人；还有些动物口形适中，如猪这种动物。

〔埃及河马具有马一般的项鬃，牛一般的分趾蹄，并且鼻部塌陷。它就像分趾蹄动物一样具有距骨，还具有勉强可见的獠牙；它的尾巴如猪，嘶声如马，体型大约似驴。它的外皮如此厚实，以至于可以用来制矛。它的内部器官生得与马和驴的一样。〕①

① Dt. 本删去了此段文字。

【8】 有些动物兼具人与四足动物的禀性，例如猿、猴与狒狒。猴乃是有尾巴的猿。狒狒和猿形状相同，不过更大更壮一些，其面部与狗相同，此外，它的性情更为狂野，它的牙齿如狗，并且更为强健。

作为四足动物，猿的背部被毛，而作为人形动物，它的腹部也同样被毛（如前所述，人被毛的情况与四足动物相反），只不过其毛较为粗硬，以致猿的腹背均覆有浓密的体毛。猿脸与人脸有许多相似之处，因为它的鼻子与耳朵均与人多有相似，而且它的牙齿也同人一样，无论是门牙还是臼齿。再者，其他四足动物的某一方眼睑没有睫毛，可是这一动物上下眼睑均有，而且十分稀疏，下眼睑尤其如此，并且可以说是微乎其微。当然，其他四足动物于此处全无睫毛。

此外，在其胸部的两处小乳房上有两个乳头。猿还有着人一般的双臂，不过其上被毛；猿弯曲其臂与腿就同人一 502b
样，其上下肢的曲凸处则彼此相向。在此之外，猿的手、手指和指甲全都像人，只不过它们更显兽相。它的两脚甚为独特，因为它们很像一双巨手，脚趾也同手指一般，中间一趾最长，脚的底部同手一样，——不过比手更长一些，并且像手掌一样伸向前端；脚的尖端十分坚硬，显然而又明确地像一个脚后跟。猿的脚兼有两用，既可当脚也可当手，它可以像手一样蜷曲成拳状。它的上臂与大腿和下臂与小腿相比显得短了些。它没有突出的脐，只在应当有脐之处有一硬块。

它的上身部分远远大于下身部分，这同四足动物一样；其比例大致上是五比三。由于上述情况，并且由于其脚像手而且仿佛既由脚又由手组成——以踵端而论像是由脚组成，以其余部分而论像是由手组成，还因为各趾上有着所谓的（趾）掌，因而，这种动物在生活中更多的时间里是四肢着地而不是直立行走。作为四足动物，猿没有臀部，作为两足动物，它又没有尾巴——它倒是有一条整个显得很小的尾巴，仅足以作为尾巴的一种标记。雌猿的生殖器同妇女的生殖器相像，然而雄猿的生殖器更加像狗而不是像人。

【9】 前已述及，猴子有一条尾巴。在解剖时可以看到，所有这类动物的内部器官均生得与人的内部器官相像。

体外胎生动物的各个部分所生的方式就如上述。

【10】 卵生而又有血的四足动物（陆生的有血动物中无一为卵生，四足动物或无足的动物除外）生有一头、一颈、一背，上身部分与下身部分，此外还有前肢与后肢，以及类似于胸的部分，这些与胎生的四足动物一样，再就是有一条尾巴，大多数情况下都又长又大，偶尔也有较小者。所
503a 有这些动物均属多趾，这类脚趾之间有多处裂沟。除此之外，所有这些动物均有感觉器官，包括舌头，埃及鳄却属例外。这种动物与某些鱼十分相似；因为总的说来鱼舌尖细而且不能自由活动，而有些鱼在应当有舌的部位有一处极其光

滑而又不分明的平面，除非把它们的嘴拉得很开就看不分明。再及，所有这类动物都没有耳朵，只不过具有闻听的通道而已；它们也没有乳房，没有生殖器官，没有外部可见的睾丸但于体内生有；它们也不被毛，但是全都有角质棱甲。此外，所有这些动物全都生有锯齿。

河鳄生有猪一样的眼睛，巨大的牙齿更兼獠牙，强有力的爪甲，以及由角质棱甲组成的坚不可破的外皮。它们在水中视力很差，出水后视力却甚为锐利。白天大多数时候它们都在陆上生活，夜晚则在水中度过；这是因为水中要比露天里更为暖和。

【11】 变色龙（避役）身体的整个构形与蜥蜴相近，它的肋骨却向下延伸，在接近腹部处会合，同鱼类一般，其脊椎骨也和鱼一样向上尖竖。它的面部很像狒狒的面庞。它生有一条极长的尾巴，其末端渐趋尖细，有一大截卷起，如同一条卷带。它站起来离地面较蜥蜴更高，它的体肢关节则与蜥蜴生得一样。它的每一只脚都分成两个部分，它们的相对位置与我们的大拇指与手的其余部分的相对位置相像。其中的每一部分在不长的距离分成某种脚趾，前面的脚朝里的部分分出三趾，朝外的部分分出两趾，后面的脚朝里的部分分出两趾，朝外的部分分出三趾。在这些脚趾上生有猛禽一样的利爪。它的整个身体相当粗糙，同鳄鱼一般。它的眼睛生在窟窝里，非常大也非常圆，裹有一层外皮，就同身体其

余部分的外皮一样。在中央位置留有一处空间以供窥视，它通过这一空间向外看，它的眼皮从不关闭这处空间。它的眼
503b 睛不停地转动，变换其视线于所有的方位，从而看见它想看的任何东西。其颜色的变更发生于它充了气的时候，那时它会变成黑色，与鳄鱼差得就不远了，或者变成蜥蜴般的浅绿色，其间杂有黑色斑点，宛如豹身。这种变色发生于其全身，因为它的眼睛以及尾巴都连同身体的其余部分一样地变色。它的动作异常迟缓，就像是乌龟中的一员。临死时它变成浅绿色，它死后就呈这种颜色。它的食道与气管所生位置同蜥蜴一样。它没有什么肌肉，仅在头部、两颚以及在尾的根部附有一丁点儿肉。它仅在心脏、眼睛及心脏上方区域附近有点血，再就是从这些地方伸出来的那些血管中有些血；而所有这些地方的血都十分地少。脑生在眼区稍上的部位，与眼睛相连。若是把眼睛的外皮剥开，就会看到有某种东西环绕眼睛，闪闪发光地贯穿于其中，宛如一只薄薄的铜环。它的整个身体几乎都覆盖有众多而又强韧的膜，远远超过了其他动物身上的膜。把它整个地切开后，它的呼吸活动仍能持续很长一段时间，在心脏附近仍有轻微的脉动，而且，在肋骨附近有明显的抽搐，非但如此，身体的其余部分也随之抽动。它没有明显可见的脾脏。同蜥蜴一样，变色龙也习于穴居。

【12】 鸟的某些部分也与上面提及的动物相像；即是说，它们全都有一头、一颈，身体的背与腹，以及类似于胸

的部分。鸟有两条腿，在各种动物中这是最像人的；不过它的腿关节向后弯曲，又同四足动物一样，这在前面已经讲过了。它没有手，也没有前足，但是有特殊于其他诸种动物的翅翼。它的臂骨很长，就像一段股骨，附系于身体直至腹部中央，因而单独看上去就像是一段股骨，然而股骨其实是另 504a
外一个部分，在它至胫骨之间。众鸟之中，生有钩爪者大腿最粗大，胸部最健壮，胜于别的鸟。所有的鸟均生有多爪，并且所有的鸟都以某种方式分出多趾，因为大多数的鸟趾都彼此分开，即便是凫水的鸟，它们虽生着蹼足，其趾也是完全分开的。那些能够升空高飞的鸟全都生有四趾，它们中大多数都是三趾在前，一趾在后替代了脚踵；也有少数鸟是两趾在前，两趾在后，譬如所谓的鸫鸡。

鸫鸡比碛鹨稍大一些，外观上有杂色斑点；它的脚趾部分生得十分特别，舌头生得如同蛇舌；因为它的舌头能伸出很长，能伸出四指长，然后又缩回口腔。此外，它还能扭转脖子至后方而身体其余部分保持不动，如同蛇一般。它生有巨爪，与啄木鸟自然相像，它的声音尖厉。

鸟类均有口，不过这口很独特，既无唇亦无齿，单单一喙而已。它没有耳朵也没有鼻子，但具有这些感觉的通道，即在喙上有鼻之通道，在头上有听之通道。鸟类都像其他一切动物一样具有两只眼睛，但是没有睫毛。身体较重的鸟靠下眼睑闭合眼睛，所有的鸟眨眼时都有赖于出自内眼角覆盖眼睛的一层膜皮；而鸟之中的猫头鹰一类也会靠上眼睑来闭合眼睛。那些生有角质棱甲的动物也有与此相同的举动，如蜥蜴和其他与它们属于同一种类的动物；因为所有这些动物都靠下眼睑闭目，但它们并不像鸟类那样眨眼。

此外，鸟类既没有棱甲也不被毛，而是生有羽毛；羽毛全无例外地具有翮或羽根。它们没有尾巴，但有一上缀尾羽的臀，这于那些生有长腿及蹼足的鸟都显短，于与此相反的鸟则较大。臀大的鸟飞行时其足紧贴腹部，臀小的鸟飞行时
504b 却双腿长伸。所有的鸟均有舌头，不过它们的舌头却不尽相同，因为有的显长有的显宽。有些种类的鸟能发出语声，这堪称诸种动物之最，仅次于人类，而这种能力最主要地见于阔舌鸟。卵生动物气管上皆无会厌，但这些动物可以这样开合其气管通道，以免任何坚实之物顺此进入肺中。

某些种类的鸟还生有距刺，但生有钩爪者无一同时生有距刺。生有钩爪的鸟属于善飞的一类，而生有距刺的鸟属于体型笨重一类。

再者，某些鸟还具有一冠，它们通常竖起，由羽毛构成；单单家鸡的冠却很特别，因为这种东西并不是肌肉，却又与肌肉差得不远。

【13】　诸种水生动物中，鱼类远离于其他动物自成一种，其中又包含了诸多形态①。

---

① ideas。

鱼有头部及背与腹，在最后提及的这一部分里面是肠胃和内脏，其后是一条连续而无分叉的尾巴，但尾形并非所有鱼都相同。鱼类无一有颈，无一有任何体肢，总的说来也没有睾丸，无论是在体内还是在体表；鱼也没有乳房。其实，凡是非胎生的动物总的说来都没有乳房，就是胎生动物也并非全都具有乳房，只有那些在自己身体内直接为胎生而不是先为卵生的动物才有乳房。海豚便是胎生动物，因而它具有两只乳房,它们并不生在其身体上部，而是接近于生殖器官。它不像四足动物那样具有明显可见的乳头，但是有两处溢孔状的东西，每边腰侧各一，乳汁即经此溢出，幼豚依傍母豚身侧以受哺乳；这一过程曾经为有些人清清楚楚地看见过。

如上所述，鱼类没有乳房，也没有任何外表可见的生殖器通道。但它们有其特殊的器官，即鳃，它们由此吐出从口中吸进的水；再就是鳍，大多数的鱼皆有四鳍，身体尤长者如海鳝等具有两鳍，位置靠近鳃部。与此相像，鲻鱼或灰鲱鲩——例如在西菲湖发现的那些——生有两鳍，而且那种所谓的鲦鱼也同样如此。某些身体颀长的鱼完全没有鳍，如鳗鲡，这些鱼的鳃也不像其他鱼那样分明。

那些具有鳃的鱼之中，有些在鳃上生有盖板，而所有的 505[a]
软骨鱼都没有鳃盖。所有具有鳃盖的鱼其鳃均在两侧，软骨鱼中，体型宽阔者其鳃位于腹下，如电鲰与鳐鱼；而体型狭长者其鳃位于两侧，如一切鲛鱼。

鲛鳒的鳃位于两侧，而且它的鳃盖不像那些板鳃鱼之外的鱼一样是骨质的，却是皮质的。

再者，有鳃的鱼之中，有的是单瓣鳃，有的是双瓣鳃；而所有这些鱼中沿身体方向处于最末端的鳃均为单瓣。再者，有些鱼的鳃数少，有些鱼鳃数多；但所有鱼两侧的鳃都为数相等。那些鳃数最少的鱼于两侧各具一鳃，这鳃为双瓣，如豚鱼；另有一些鱼在两侧各具两鳃，其一单瓣，其一双瓣，如海鳗与鹦嘴濑鱼①；还有一些鱼两侧各具四片单瓣鳃，如 ellops、sunagris、鳗鲡与海鳝；再有一些鱼每侧所具四鳃中除最末端一鳃外均为双瓣，如濑鱼、鲈鱼、鲇鱼与鲤鱼。鲛鱼的鳃均为双瓣，每侧各具五鳃；剑鱼具有八片双瓣鳃。

关于鱼类的鳃数，就说这么多。

此外，鱼类与其他诸种动物的区别还不只是在鳃这方面有异。因为它们不像胎生的陆生动物那样被毛，也不像某些卵生的四足动物那样具有棱甲；也不像鸟类那样具有羽毛，实际的情况是，鱼类中大多数都披有鳞甲；仅少数鱼类裹有粗皮，仅有光滑表皮的鱼更是少之又少。软骨鱼中，有的表皮粗糙，有的表皮光滑，表皮光滑者包括海鳗、海鳝和金枪鱼。

除鹦嘴濑鱼外，所有的鱼都生有锯齿，而且所有这些牙

---

① skaros。

齿均生得锋利并排成多列，某些鱼的牙齿还生在舌上。鱼舌坚硬带刺，它系附于口腔如此之紧以至有些时候鱼看上去就跟没生舌头似的。鱼口有些情况下生得宽阔，形同某些胎生四足动物的口……①

各种感觉器官中，除眼睛外鱼类再不具有任何一种，既无某一种感官本身亦无该种感觉通道，无论是听觉的通道还是嗅觉的通道。而一切鱼都生有眼睛，但无眼睑，它们的眼 505b 睛也不坚硬。

鱼这类动物无一例外地是有血的，其中有些为卵生，有些为胎生。被鳞的鱼全部都属卵生，软骨鱼除鲮鳒之外全部都属胎生。

【14】 诸种有血动物中，余下该讲到蛇这类动物了。蛇类兼取两种生活方式，因为它们中大多数为陆生，但少数蛇即水蛇则在淡水中过活。也还有一些海蛇，形状上肖似于其陆上的同类，只是它们的头生得同海鳗的头一般。海蛇有许多种，其颜色也五花八门；在很深的水域里是找不到这些蛇的。蛇类像鱼类一样没有脚。

还有海生的蜈蚣，其外形与陆生的蜈蚣相似，但在大小上稍有不及；它们多出现于岩礁一带。与陆生蜈蚣相比，它们的颜色更红一些，脚更多一些，其腿也更纤细一些。同海

① 原文有缺漏。

蛇一样，它们也不在很深的水域出现。

在栖身岩礁的鱼当中，有一种很小的鱼，某些人将之称为“遏舟”，还有些人在诉讼事务或在情爱之事中用它来作吉祥之物。这种鱼不可食用。有些人说这种鱼有脚，其实它并没有，不过由于它的鳍类同于脚从而显得像有脚似的。

至此，关于有血动物体表的各个部分，关于其种数及性质以及它们相互间有哪些差异，就已经讲明了。

【15】 关于体内各部分所生的方式，我们首先应该从有血动物开始研究。因为动物中那些最大的种与其余诸种间的区别正是在于前者有血而后者无血。那些有血的动物包括卵生的①和胎生的四足动物〔以及那些卵生的四足动物〕②，鸟、鱼和鲸，还有其他某种缺乏种名的动物，这是由于没有这样一个种，然而却有遍括每一动物个体的单一的属，譬如人③。

凡是胎生的四足动物皆有食道和气管，其位置与人的这些器官相同，各种卵生的四足动物与鸟类同样如此，只不过
506a 这些动物的上述器官在形式上有所不同。总的说来，一切吸进与呼出空气的动物全都有肺，有气管与食道，其食道与气

① 原文为“人”，因“人”不代表最大的种，多数版本均校订为“卵生的”。

② 经前一处校订后，一般删去此句。

③ 原文为“蛇与鳄”。

管的位置相同，但这两种器官本身并不相同，而肺本身既不与前二者相同，其位置也不与它们相同。此外，一切有血的动物均有心脏和膈膜，或称中膈，不过在小动物那里它由于细巧与微小而不那么明显了。

〔而牛类的心脏有一特别之处，因为有一种牛——当然不是所有的牛，其心脏中竟然生有一块骨头。而且马类的心脏中也生有骨头。〕①

并非所有这些动物都具有肺，例如鱼就没有肺，其他凡是有鳃的动物都没有肺。一切有血动物都具有肝脏。大多数有血的动物都具有脾脏。许多非胎生而属卵生的动物的脾脏生得很小，以至于几乎让人注意不到；绝大多数的鸟便是如此，比如鸽、鸢、鹰、鸮或猫头鹰，“山羊头”②整个地就没有脾脏。诸种卵生四足动物的情况同样如此，因为这些动物的脾脏也是格外地小，如龟、淡水龟、蟾蜍、蜥蜴、鳄与蛙等。

有些动物在肝脏上有一胆囊，另一些则没有。胎生的四足动物中，鹿没有胆囊，麆、马、驴、骡、海豹以及某些种类的猪也没有。鹿类中那些被称为 Akhaines 的似乎于尾部生有胆囊，然而人们所说的这种胆囊只是在颜色上与胆囊相像，它并非全都这样充满液质，其内部实际上与脾脏相像。

---

① 此段文字疑为后人所加。

② ho aigokephalos 的意译，大概指一种角鸮。

一切鹿于头内均有活蛆，它们聚生于舌根下的空处和头所附接的脊椎骨周围；它们的大小不亚于最大的蛴螬，成团成簇地繁生着，最大数目大约在 20 只左右。

如上所述，鹿类不具有胆囊，可是其肠腑却如此地苦，以至于连狗都不愿意去吃，除非这鹿特别地肥。大象的肝上
506b 也不生有胆囊，但若是从各种动物胆囊自然所生的地方切开，就会有或多或少的胆汁流出。在那些吸进海水并且具有肺的动物中，海豚没有胆囊。所有的鸟和所有的鱼都具有这种器官，卵生的四足动物也是如此，详尽说来只是生得多些少些而已。不过在鱼类中，有些鱼的胆靠近肝脏，如鲛、鲇鱼、扁鲛、光滑魟、电鲼以及那些身体颀长的鱼中的海鳝、管鱼和锤头鲨。kallionumos 的胆囊也生在肝脏上，若是与身体大小相比较，它的胆在鱼类中是最大的。另一些鱼的胆囊生得靠近肠腑，由一些很窄的管道系附于肝脏。鲣的胆囊顺着肠延伸并与其长度相等，而且经常是双折而成。再有一些鱼的胆囊只是靠近肠腑，有的远些，有的近些，例如鲛鳒、ellops、sunagris①、鳗鲡与剑鱼。经常可见同一种类的鱼的胆生于两种不同的位置，例如，一些海鳗的胆生于肝边，另一些的胆却生于肝的下方并且不系附于肝。同样的情形见于鸟类，因为某些鸟的胆靠近胃，另一些鸟的胆却靠近肠，如鸽、乌鸦、鹌鹑、燕与麻雀。有些鸟的胆既靠近肝又

① 参见 505a15。

靠近胃，如“山羊头”；另一些鸟的胆则既靠近肝又靠近肠，如鹰与鸢。

【16】 一切胎生的四足动物均有肾脏与膀胱。卵生的动物中，非四足动物无一具有这些部分，无论是鸟还是鱼；卵生的四足动物中，唯独海龟具有这些部分，其大小与身体其他部分相称。海龟的肾与牛肾相似，而牛肾是由许多微小部分组合而成的单一的部分。〔野牛的全部内部器官均与家牛的内部器官相同。〕①

【17】 凡是生有这些部分的动物，其生有的位置大都 507a
相同，心脏的位置在中央一带，人是个例外；正如以前所说，人的心脏更加偏向左部。一切动物心脏的尖端均朝向前方，只有鱼类看起来似乎不然，因为鱼的心尖不是指向胸前而是指向头及口部。其尖端系附于左右鳃交接处的一根管道。还有一些管道从心脏通入每个鳃，鱼大则管道也大，鱼小则管道也小；大鱼心脏尖端的管道是一根十分厚实的白色圆管。

少数的鱼还具有食道，如海鳗与海鳝，并且它们的食道生得很小。

具有连续不分叶的肝脏的鱼，其肝脏整个都在右边；肝脏从开始处分叶者，较大的一叶也在右边。而有些鱼这一部

① Dt. 本删去此句。

分的每一叶彼此分离，就是在开始处也不相连，例如鱼类中的鲛；还有生活于波尔泊湖附近所谓的无花果区以及别的什么地方的某一种野兔，人们可能会以为它们生有两副肝脏，这是由于两叶间相连的管道很长，就同鸟的肺部构造一样。

一切动物的脾脏天生就在左边，就具有肾脏的动物而论，肾脏所生的位置全都相同，曾有解剖四足动物的某一实例，发现脾脏在右而肝脏在左；不过这一类事情会被视为怪异之兆。

一切动物的气管都延伸至肺部（至于其具体情形且容后述），而且凡是具有食道的动物其食道均穿过胸膈膜进入胃里。前面已经讲过，大多数的鱼没有食道，而是胃部直接与口相连，因此在某些大鱼追逐小鱼时时常可见它们的胃翻入了口腔。

上述所有动物都具有胃，其位置也大都相同（因为胃直接位于胸膈膜之下），它们还具有与此相连的肠，其最末的一段即所谓的直肠接近于食物残余的排泄口。各种动物的胃并不相同。首先，胎生的四足动物中，那些并非上下颚均有齿的有角动物具有四个这样的胃室；这些动物正是人们所称
507b 的反刍动物。它们的食道自口腔开始，顺肺部向下延伸，经由胸膈膜直达大胃或瘤胃；此胃内部粗糙且有间隔；与此相连并与食道的入口处相近的胃是所谓的网胃，它得名于其外观，因为从外面看它像个胃，其内部则像一只髻网；在大小上它比胃要小得多。与其毗连的是多层胃或瓣胃，其内部粗

糙且多有分层，其大小与网胃相近。在此后是所谓的皱胃，在大小上较瓣胃要大些，在构形上较瓣胃要扁长一些；它的内部有许多大而光滑的皱褶。在它后面便是肠腑了。

有角的而且并非上下颚均有齿的四足动物就具有这样的胃，这些动物在这些部分的构形及大小上各不相同，而且它们的食道引入胃部的情况也不相同，有的在胃部中央，有的在侧边。

于上下颚均有齿的动物皆有一胃，比如人、猪、狗、熊、狮与狼等。白鼬① 的体内构造完全与狼相像。

上述所有动物均有一胃，在此之后则是肠；有些动物的胃生得较大，如猪与熊（猪的胃有为数不多的皱褶）；另一些动物的胃要小得多，比它们的肠腑大不了多少，如狮、狗与人。其他各种动物的胃的形式介于上述两种胃之间，因为一些像猪胃、一些像狗胃，大的动物与小的动物均是如此。这些动物在胃的大小、构形、厚薄方面均有差异，而且在食道并入胃部的位置上也各不相同。

以上述及的两类动物——并非双颚均有齿的动物与两颚有齿的动物——的肠体在大小、厚度与皱折方面的情况均有不同。

并非上下颚均有齿的动物的肠腑全都很大，因为这些动物本身全都很大，它们中仅有少数体型较小，而有角的动物

① thoos，或解作“胡狼”、“麝猫”等；参见 580a27、610a14 等处。

无一会过分地小。某些动物的肠部生有盲肠，而并非两颚均有齿的动物的肠无一是直的。

大象的肠有一些收束处，因而显得像是有四个胃似的。在其中可以找到食物，大象并没有单独用来接纳食物的器官。象的内脏生得与猪的内脏相似，不过象肝有牛肝的四倍
508a 大，其他内脏也有这么大，象的脾脏却较小，或者说按比例而言较小。

卵生四足动物的胃部及肠体也同于上述，例如陆生的龟、海龟、蜥蜴、两类鳄鱼以及总的说来所有诸如此类的动物；因为它们都有一个单一的胃，有的与猪胃相像，有的与狗胃相像。

卵生的陆地动物中，蛇这种动物与蜥蜴相像，其所有构造几乎都相似于蜥蜴，如果增加它们的体长并去掉它们的脚的话。因为，蛇被有角质棱甲，其腹背均与蜥蜴相似，不过它没有睾丸，而是像鱼一样具有两条合而为一的管道，以及一个长而分叉的卵巢。蛇体内的其他部分与蜥蜴相同，只是由于其身体狭长这些部分也相应地狭长，致使人们难以察觉这种构形上的相同。蛇的气管就十分地长，而它的食道还要长。这气管的开端直抵口腔本身，以至于蛇舌看起来就像压在气管下面似的。气管看起来伸至舌前，是由于蛇的舌回缩而不处于其他动物舌头通常所处的位置。蛇舌又薄又长又黑，能伸出很长一段距离。与其他动物的舌头相比，蛇与蜥蜴的舌头有一个特别的地方，即它们在舌尖处分叉，蛇舌在这一

点上尤其异乎寻常，它们的尖端竟至于细如发丝。海豹的舌头也有分开处。

蛇的胃生得像是一段较为宽臃的肠，与狗胃相像；其后是肠，既长又狭，并且一通到底，蛇的心脏临近咽喉，形小而似肾；因而这一部分的尖端在有些情况下并不朝向胸前。以下是单叶的肺，由纤维质管道贯接，它非常长并且与心脏离得很开。蛇的肝脏长而且单叶，脾脏短而又圆，这与蜥蜴一样。蛇胆生得如同鱼胆；水蛇的胆生在肝边，其他蛇的胆大多生在肠腑附近。这些动物全都生有锯齿，它们的肋骨的 508b 根数多如一月中的天数，即是说它们有 30 根肋骨。

有些人说蛇与燕雏有某一共同点，他们说若是剜去蛇的眼睛，它们会再生出来。而且蜥蜴与蛇的尾巴若被切除，它们也会再生。

鱼类的肠与胃也同于上述。它们有 个单 的胃，其构形则各有差异。因为有些鱼的胃完全呈肠形，如鹦嘴濑，这种鱼看起来是唯一反刍的鱼。而且，鱼肠全段都是单股，它也可能形成折叠，但只要褪开就成了单股。

大部分的鱼和鸟有着一个独特之处，即具有附肠，鸟类的附肠生在下部并且为数不多，鱼类的附肠在上部胃区一带，而且某些鱼的附肠很多，如鰕虎、鳕鱼①、鲈鱼、鲉、

① 原文为 galeos（鲛鱼），由于鲛鱼无附肠，故多数版本以 gale（鳕鱼）代之。

kithanos、红鲱鲵和海鲷；灰鲱鲵在胃的一侧有许多附肠，在另一侧却仅有一条附肠。有些鱼仅有少数附肠，hepatos 和 glaukos;金鲷的附肠生得也不多。这些鱼彼此间也有不同，例如金鲷中间有的附肠多些，有的附肠少些。有些鱼完全没有附肠,如大多数的软骨鱼；其他鱼的附肠有的少，有的十分地多。一切鱼的附肠都位于胃的附近。

关于体内各部分，鸟类彼此之间以及与其他动物之间均有不同。因为有的鸟在胃前面有一嗉囊，如家鸡、斑鸠、鸽与鹧鸪。嗉囊乃是一个大而空的皮囊，食物首先进入此处存放，暂不进行消化。嗉囊与食道相离处较为狭窄，随后逐渐增宽，在接近胃的地方再度狭窄起来。大多数鸟的胃都肌肉丰厚而且坚实，里面还有一层强韧的皮，可以与胃肌剥离。其他鸟没有嗉囊，但在没有嗉囊的情况下它们的食道宽阔而
509a 且饶有空间——或者是整段或者接近胃部的一段，例如穴乌、乌鸦和腐肉鸦。鹌鹑食道的下端也很宽阔，而“山羊头”与猫头鹰食道的下端只是稍稍有所加宽。鸭、鹅、鸥、瀑鸥和大鸨的整个食道都宽阔而饶有空间，其他许多种类的鸟也同样如此。有些鸟的胃本身生有如同嗉囊的某种东西，如茶隼。食道及嗉囊均不宽阔而胃却很长的鸟，乃是那些体型小巧的鸟，例如燕与麻雀。少数的鸟既无嗉囊其食道亦不宽阔，但其食道特别长，那些颈部特别长的鸟即是如此，例如紫鹳；几乎所有这些鸟排泄出的残余物都比其他鸟排出的要稀。鹌鹑的这些器官跟其他鸟相比显得十分独特，因

为它既有嗉囊而且食道靠近胃前的一段又宽阔而饶有空间；按其身体大小而论，它的嗉囊生得离食道至胃前的位置相当地远。

大多数鸟的肠都很薄，并且褪开即是单一的。如上所述，鸟的附肠为数不多，而且不像鱼那样生在上部，而是生在接近肠的末端的下部。并非所有的鸟都有附肠，只是大多数的鸟生有此物，如家鸡、鹧鸪、鸭、夜乌、lokalos、askalaphos、鹅、天鹅、大鸨与猫头鹰等。

第　三　卷

【1】 关于动物体内其他各部分以及它们在数量和性质方面的种种特征，它们彼此之间的种种差异，以上已经作了阐明。余下来就该讲到专供生殖之用的部分了。就雌性动物而论，这些部分无一例外地居于体内，雄性动物的这些部分则有诸多差异。

有血动物中，有些动物完全没有睾丸，有些虽有却生在体内；而睾丸生于体内的动物中，有的生得近于腰部，在肾区一带，有的生得靠近腹部；另外一些动物的睾丸生于体表。后一类动物中，有些其阴茎紧贴腹部，有的同睾丸一样松松地悬垂着；阴茎紧贴腹部的方式因动物向前或向后排尿又有不同。

鱼类无一生有睾丸，只要是任何一种有鳃的动物就不会有睾丸；蛇这种动物全都没有睾丸；总的说来，无脚的动物都没有睾丸，那些并非在体内为胎生的动物均无此物。鸟类生有睾丸，但它们生在体内靠近腰部的地方。凡是卵生的四足动物皆以同样的方式具有睾丸，例如蜥蜴、乌龟、鳄鱼，还包括胎生动物中的刺猬。在睾丸生于体内靠近腹部的那些动物中，无脚的动物可以以海豚为例，胎生的四足动物可以以大象为例。在其他动物那里，睾丸生得显而易见。

在前面我们讲到过，这些部分系附于腹部及其邻近区域的方式有一些差别，有些情况下这些部分由后面向腹部贴连，并不有所松弛，猪这种动物即是一例，另一些情况下这些部分则松松地悬垂着，例如人。

鱼类没有睾丸，蛇也没有，这在上面已经讲过了。不过它们有两条管道从横膈开始通至脊骨的每一侧，在残余物的排泄口上方合并成一条管道；这里所称的“上方”，指的是近于脊椎的地方。在发情时，这些管道里面充满了生殖液，一旦管道受到挤压，白色的精液就会释放出来。这些鱼彼此之间有些差异，这可以参照《论解剖》中的研究，后面在考察它们每一种的特性时我们将做更加详细的论述。

卵生的雄性动物无论为两足还是四足，全都具有睾丸，在胸膈之下近于腰部的地方。有些动物的睾丸偏白一些，有些偏于苍白，它们均为极其微细的血管所环绕。从每一睾丸延伸出一条管道，就像鱼类一样，在残余物的排泄口上方合而为一。这就形成了阴茎，在小动物那里不甚明显，但较大的动物——如鹅以及与其同等大小的动物，当交配刚刚完成之后，这一部分就变得较为明显了。

就鱼类及上述这些动物而论，这些管道附生于腰间胃下的部位，介于肠与大血管之间，管道由此延伸至每一睾丸。

鱼类在发情期间管道中可见存有生殖液，而且这些管道变得
510[a] 十分清晰，而一旦过了发情期，有些鱼的管道就变得不清晰了，同鱼类一样，鸟类的睾丸也正是如此；在交配之前，有些鸟的这一部分很小，有些鸟的这一部分很不明显，当交配之际，它们都膨胀得十分地大。这一现象在斑鸠和鹧鸪那里最为显著，以至于有些人竟然认为它们在冬季是没有睾丸这东西的。

睾丸生在身体前面的那些动物中，有的生于体内靠近腹部的地方，如海豚；有的生于体表，在腹部底端的明处。在其他诸种方面这些动物的这一部分都生得相同，所不同的是，其中一些动物的睾丸自行隔开，另一些则生在所谓的阴囊之中——这些睾丸位于体表。

在一切有脚的胎生动物那里，睾丸所生的方式如下。从主动脉引出血管状的管道，直至每一睾丸的顶部，另有两条管道来自肾脏；这两条管道内有血，来自主动脉的那两条却没有血。从睾丸头沿着睾丸自身又有一条管道，比别的管道厚实，肌腱成分也更多，这管道再度从睾丸的底端绕回睾丸头；从每一睾丸头各有一条管道伸出，在生殖器前会合为一条管道。贴着睾丸绕行的那些管道裹在同一层膜里，因而若是不把膜撕开，看上去就跟只有一条管道似的。此外，贴着睾丸的管道中的液质有血的成分，但比位于上方的来自主动脉的管道中的成分要差。在那些绕行至阴茎中的空管的管道内是白色的液体。从膀胱也引出一条管道，与阴茎中的空管

的上端交接，而围绕这一空管呈护筒状的东西就是所谓的阴茎。

上述这些部分可以通过下附图表[1]来了解。

A 表示出自主动脉的管道起始之点；

K 表示睾丸头以及下行至此的管道；

ΩΩ 表示从这些地方引出并沿睾丸而行的管道；

BB 表示折转回来的管道，其中的液体呈白色；

Δ 表示阴茎，E 表示膀胱，ΨΨ 表示睾丸；

如果睾丸本身被切掉或除去，这些管道就会向上收缩。510b
有些人在动物尚幼时通过擦挤摧损掉它们的睾丸，有些人则在它们长大一些后再进行阉割。偶尔曾有一例，一头公牛在阉割后立即与母牛交配，竟然生下了后代。

关于动物的睾丸，就讲这样一些。

具有子宫的动物中，子宫所生的方式并不一样，也并非所有动物的子宫都相同，在胎生动物和卵生动物之间有种种差异。一切子宫生得靠近生殖器的动物中，子宫都有分叉，其中一处叉头在右边部分，另一叉头在左边部分；然而子宫的开端仅有一处，出口也只有一个，就大多数动物及体型最大的动物而论，它像是由极厚的肌肉与软骨状物质构成的颈管。这些部分中，其一称 hustera 或 delphus[2]（兄弟一词

[1] 原图已散失，各种校本根据文中叙述绘制了种种附图。

[2] hustera 或 delphus，均为“子宫”的名称，括号内兄弟一词“adelphos”据此应是由 delphus 加上前缀“a-”构成，意指“出自同一子宫的”。

adelphos 就是由此衍生的），另一部分即子宫的颈管或出口称为 metra①。一切胎生的动物，无论是两足还是四足，其子宫均位于胸膈之下，例如人、狗、猪、马与牛；一切有角动物的这些部分也同样如此。在顶端称为“角”的那些地方，大多数动物的子宫均有一处旋曲。

那些产卵于体外的卵生动物的子宫生得并不全都一样，实际的情况是，鸟类的子宫生得靠近胸膈，鱼类的子宫位置偏下，如同两足或四足的胎生动物一般，只不过鱼的子宫纤薄，为膜质而且较长，因而在极小的鱼那里，两处分叉的每一处看起来都像一粒卵，从而这些鱼——据说其卵碎散——显得有两粒卵似的；事实上不是一个卵而有许多卵，因此它们才散成许多粒。

鸟类子宫的下端管状部分为坚韧的肌肉，靠近胸膈的部分为膜质而且异常纤薄，以至于卵看上去就像到了子宫外面似的。在大一些的鸟那里，这膜要明显一些，倘若通过颈管充气，它就会膨胀而上升。在那些体型小巧的鸟那里，所有这些部分都变得更加不明显了。

四足而又为卵生的动物的子宫生得彼此相同，如龟、蜥
511a 蜴、蛙以及诸如此类的其他动物；因为下部的颈管单一而且富于肌肉，分叉的部分连同卵位于靠近胸膈的上部。无足动物中凡是在体外为胎生在体内却为卵生者，例如鲛与其他一

① metra，源自 meteer（母亲）。

些所谓的软骨鱼（软骨鱼称呼的是任何无足而又有鳃的胎生动物），其子宫均有分叉，从下端开始。①延伸至胸膈，就像鸟类一样。沿着分叉的两部分中间直至胸膈均很狭窄②，卵就在这里以及胸膈始端上面的地方产生，随后它进入宽阔的部位，由卵生出动物幼体。至于这些鱼类本身间以及它们与其他鱼之间在子宫方面的差异，在《论解剖》中会有关于其种种形态的更详尽的研究。

蛇这种动物无论是与上述动物相比较还是在同类之间进行比较，在这方面都存在着差异。其他诸种蛇全部都是卵生，唯独蝮蛇为胎生；这种蛇先在自身体内为卵生；正因为如此，蝮蛇子宫在各方面均与软骨鱼相似。蛇类子宫呈狭长形，与其身体相称，自下端开始，从一根管道连续不断地渐渐延伸至脊椎，就好像是于两侧各有一根管道，如此直抵胸膈；在此处成排地产出卵来，这些卵并非一个一个地产出，而是一连串地产出。〔凡是于体内及体外胎生的动物，其子宫均在胃的上部，凡是卵生的动物其子宫一律生在下面靠近腰间的位置。那些于体外胎生于体内却为卵生的动物，其子宫介于上述两种位置之间；因为子宫下端卵位于其中的一部分靠近腰间，出口周围的一部分则在肠腑之上。〕③

此外，各种动物的子宫彼此之间尚有以下差异。那些并

① 这两词是从第 8 行移上来的。
② 以 stene（狭窄）代替原文中意思不清的 teinei（延伸）。
③ 此段文字疑为后人所加。

非上下颚均有齿的动物于受孕期间，其子宫内具有胎盘子叶或绒毛叶，而上下颚均有齿的动物中，野兔、鼠与蝙蝠也同样如此；其他一切上下颚均有齿而且属胎生有足的动物的子宫全都平滑，它们的胚胎直接系附于子宫本身，而不系于任何胎盘子叶。

动物的各种非自同部分，无论位于体表还是体内，其所生方式即如上述。

【2】 一切有血的动物中，最共同的自同部分是血以及血自然生于其中的部分（这部分被称为血管）；其次是与它们类同的那些部分，即血清与纤维，以及动物身体最主要的构成部分——肌肉和再一部分中与此类同的成分；再次是骨和类同于骨的部分，如鱼刺与软骨；此外还有皮肤、膜、肌腱、毛发、指（趾）甲以及与它们一致的物质；在以上这些部分之外是脂肪、硬脂与残余物；残余物有粪便、黏液、黄色与黑色的胆汁。

既然血及血管的自然之体看来是动物之基始，那么我们应当首先对它们进行讨论。而且更有一层原因是，先前的一些人在这方面已经作过的论述令人很不满意。他们有所疏漏的原因是这些方面难于进行观察。死去的动物体内最主要的血管的本性很不明显，这是由于血液一旦流失它们立即大幅度地萎缩（血液迅即从它们中喷出，就像水从水管中射出一般；因为身体各部分并无单独存在的血液，仅心脏中存有少许，事实上所有的血都在血管中）。对活着的动物不可能观察到这些部分生得如何，因为它们的自然之体隐藏于内。因而，那些观察死去了的和解剖开了的动物的人没有观察到血管最主要的起源，那些在极度消瘦了的活人身上进行观察的人也不过是依据外部明显可见的情况来对血管的起源进行论断。塞浦路斯的医师苏恩耐西斯（Suennesis）这样讲：

> 那些粗厚的血管是这样生着的：出自眼睛经过眉部，沿着背经过肺部，至胸乳之下的部位；一者自右侧至左侧，一者自左侧至右侧。出自左侧的一条穿过肝脏进入肾脏及睾丸，出自右侧的一条进入脾脏、肾脏及睾丸，然后再由此通入生殖器。

阿波罗尼亚的第欧根尼（Diogenes ho Apolloniates）这样讲：

> 人的血管是这样生着的：有两条最大的血管；它们穿过腹部沿背脊骨延伸，一者至右、一者至左，分别引向各自一侧的大腿，向上则经过锁骨穿过咽喉引入头 512a
> 部。从这两条血管分出遍布整个身体的血管，出自右边的一条通入身体右侧，出自左边的一条通入身体左侧，最主要的有两条，引入脊椎一带的心脏，另外一些血管在稍上一些位置穿过胸部腋下区域进入其各自一侧的手臂，其一称为脾脉，其一称为肝脉。这两条血管各自在末端分支，一支引向大拇指，另一支引向手掌；从它们中又分出许多微细血管，通入手指及手的其他部位。另

有一些更为微细的血管自首要的血管引出，出自右边的一条引入肝脏，出自左边的一条引入脾脏及肾脏。引入腿部的血管在腿与躯干的会合处分叉，贯穿整个腿部。其中最大的一条在腿的后面下行，很容易显示出其粗大来；另一条下行于腿内侧，略微不如前一条粗大。随后它们继续下行，经过膝关节，至胫部及脚部，同那些通入手的血管一样；它们最终抵达脚掌，并由此通向各个脚趾。还有许多微细血管从大血管分出，伸向胃部及肋间。

贯穿咽喉伸入头部的血管在颈部中显然是粗大的血管，从这两条血管中的每一条的终止处分出进入头部的许多血管，出自右边者进入左侧，出自左边者进入右侧；这两条血管分别终止于每一耳侧。颈间在每一条粗大血管旁边另有两条血管，它们较前者要细小一些，出自头部的大多数血管均与它们相连。它们由内侧穿过咽喉；从其中每一条又引出伸入肩胛之下和进入手部的一些血管，可以看出这些是并行于脾脉与肝脉的另外一些比较细小的血管；当表皮下有某种痛楚时，医师便针刺这些血管；当痛楚发生于胃部周围时，医师便会针刺肝
512b 脉与脾脉。从这些血管又引出另外一些血管伸入乳下部位。

另有一对血管经由两侧穿过脊髓进入睾丸。它们较为纤薄。再有一对血管于表皮之下穿过肌肉伸入肾脏，

男子的这两条血管终止于睾丸，妇女的则终止于子宫。它们被称为精脉①。自胃部出来的那些血管起先比较宽厚，随后逐渐变得细薄起来，直到它们进行了换位，由右边到了左边和由左边到了右边。

血液经肌肉部分渗出后最为黏稠，当它们进入上述区域时就变得稀薄、温暖且多泡沫。

【3】 苏恩耐西斯与第欧根尼就作了这样一些论述，波吕勃斯（Polubos）另有如下论述：

有四对血管。一对来自头的后部，穿过喉部外侧，由任一侧沿经脊背，直至腰部并进入腿中，随后再穿过胫部抵达踝的外侧，并进入足间。所以医师会在膝弯及踝外侧放血，延缓病人在背部及腰间的疼痛。另一对血管出自头部，经由耳部穿过咽喉，被称为“颈脉”；这对血管继续在内侧沿背脊下行，经过腰肌而至睾丸，并进入股间，穿过膝弯内侧部分，再穿过胫部，抵达踝内侧及足间。因此，医师会在膝弯及踝（内侧）放血，以缓解病人于腰股与睾丸处的疼痛。第三对血管出自颞颥，穿过颈部，由肩胛之下进入肺部；其中一条自右边进入左边胸乳之下，并进入脾脏与肾脏，另一条则由左边进入右边，从胸乳之下的肺部进入肝脏与肾脏，两者

① 此句由下面第 8 行“……由左边到了右边”之后上移至此。

513a 都终止于肛门处。第四对血管来自头的前部及眼间，至颈及锁骨之下；它们由此下行，穿过上臂上侧进入肘关节，然后再穿过前臂至腕及指关节，它们也穿过上臂下面部分进入腋间，并保持在肋骨上方，直至其中一条抵达脾脏，另一条抵达肝脏，然后两者均越过胃部终止于生殖器官。

其他著作家所说的大致就是这么一些。还有一些研究自然的作家虽然并没有如此精确地探究过血管方面，但他们无一例外地以头及脑作为血管之始点；他们的论述并不令人满意。

如先前所述，这方面的观察是十分困难的；如果有人有意于这项工作的话，唯有在先已消瘦然后再被勒杀的动物身上才能进行恰如其分的研究。

血管的自然之体有如下述。在胸部从内侧与背脊骨齐平的位置有两条血管，其中较大的一条位于前面，较小的一条在它的后面；较大的一条位置更靠右一些，较小的一条则在左侧，有些人把它称作“主动脉”，其根据是即使在死去的动物身上仍可看见它的肌腱部分。这些血管起始于心脏，因为它们延伸途中不论穿越其他何种内脏，都完整无损地穿行而过，保持了血管的形态，而心脏正像是它们的一个部分——并且更像是在前的那条较大血管的一个部分，这是由于这两条血管一条在上一条在下，心脏正好位于它们中间。

一切动物的心脏于自身之中均有空腔，不过在那些格外纤小的动物中即便是最大的心腔也生得很不分明，中等大小的动物的第二大的心腔很不分明，最大的动物则三个心腔全都分明。在心脏中，心尖朝向前方，这一点在前面已经讲过了，其最大的空腔在右侧且位置较高；最小的空腔位于左侧；中等大小的空腔位于前两者之间；后两个空腔要比最大的空腔小许多。这些心腔全部都与肺部相通，不过这些通道 513b
由于细小而不明显，仅有一条例外。

大血管系附于最大的一处心腔，即在上方的位于右侧的那一心腔，随后它穿过中间心腔，引出后再度呈现为血管，仿佛心腔成了这条血管的一部分，血液在其中积成了一个湖泊似的。主动脉出自中间的心腔，不过与此不同的是它是由一条狭窄得多的管道与此腔通连。

于是这条血管穿过心脏，〔由心脏进入主动脉。〕① 这条大血管看起来似乎由膜质或皮质构成，主动脉比它狭窄一些，基本上为腱质，当它远远伸至头部以及伸至下身各部分时，变得异常狭窄起来并且完全成了腱质。

首先由心脏向上方引出的是大血管伸向肺部的一部分和主动脉的系管，这是一段无分支且又粗大的血管。由它们分出两部分，一者抵达肺部，一者抵达背脊以及颈椎最后一节。

延伸至肺部的血管首先分成两部分，因为肺本身就是两

① 此句与前文不符，原文似有讹误。

边分开的；然后它沿着每一条管道及每一处隙孔延伸，较大的血管沿较大的管孔，较小的血管沿较小的管孔，以此方式致使肺中找不到任何一个部分其中未曾布有隙孔与血管；当然其末梢由于极度细微，在大小上很不分明，而事实上整个肺都显得充满了血液似的。从这一血管分出的支管在由气管引出的管道上方。而伸至颈椎及背脊的那条血管再度沿背脊延伸，荷马在下面的诗句中便提到了它：

> 他齐整整地切断了那条血管，
> 那条正好由背爬上颈的血管。①

自这条血管引出一些小血管，经由每一肋骨伸向每一脊椎，到了肾脏上方的脊椎处它们便两边分开。

这些部分从大血管中分出的方式就如上述。

在这些血管上方，从自心脏伸出的那部分血管中，整条血管又分成两段。一段行至体侧及锁骨，随后穿过腋窝，在
514a 人中引入上臂，在四足动物中引入前肢，在鸟类那里引入翅翼，在鱼类那里则引入上鳍。这些血管的起点即它们首先分支的地方叫做“颈脉”，在此它们分支至颈部并与气管并行；有时候若是从外面扼住此处，人尽管并未窒息，也会失去知觉，双眼一闭而骤然倒地。它们以上述方式延伸，夹气管于其中而行，直至耳部，这里是下颌与头颅的交接处。由此它们再分为四支血管，其中之一折转而下行，穿过颈与肩部，

---

① 荷马：《伊利亚特》，XIII，546。

并在臂弯处与这一母血管先前的分支会合，另外一部分则进入手及手指而终止。

另一对血管中每一条从各自一侧经由耳部区间伸至脑部，再分出众多纤细的血管进入包裹全脑的所谓脑膜。一切动物的脑本身均无血，也没有大大小小的血管终止于此。从上述那条母血管分出的血管中，余下的血管有的环绕于头部，有的进入诸种感官及牙齿，其终止形态是一些极度细微的血管。

【4】 以同一方式，那条较小的血管即所谓的主动脉，也分出一些部分，与从大血管中分出的那些部分相并行，只不过出自主动脉的这些管道及血管比出自大血管的那些管道及血管要小得多。

在心脏下方的那部分大血管自由悬垂着通过了胸膈膜，由松弛的膜质管道与主动脉及背脊相连接。由它引出一条短而宽的血管穿过肝脏，从这条血管中分出众多的微细血管，进入肝脏而消失。穿过肝脏的血管分出两支，其中一支终止于胸膈膜或所谓的“隔板”中，另一支折回上行，穿过腋间进入右臂，在臂弯里侧与其他血管相会合；因此，医师切开 514b 这条血管时，病人于肝区一带的某种疼痛就会得到缓解。从它的左侧引出一条短而厚的血管进入脾脏，亦有一些小血管从中分出并消失于此间。从大血管左侧分出另外一部分，以同一方式上行而至左臂，只不过(右侧的)那一条穿经肝脏，这一条却不同于引入脾脏的那条血管。

此外，从大血管还分支出其他一些血管，一者至网膜，一者至所谓的胰腺。从后一条血管中又引出许多血管，穿行于肠系膜。这些血管最终汇合入一支粗大的血管，沿整个肠与胃而行，直至食道。而在这些部分周围，又有许多血管从它们中分出。

直至肾脏为止，主动脉与大血管各自都保持单一；到此处后它们变得更加靠近背脊，并且各自分为两支，呈-Λ-形；而大血管的位置也比主动脉靠后了些。不过主动脉系附于背脊骨最主要地发生于心脏一带，起系束作用的是一些腱质的细小血管。主动脉自心脏中走出时是一段相当宽松的空管，可是它愈行愈狭窄，且愈多腱。自主动脉引出一些血管进入肠系膜，与自大血管引出的那些血管一样，只不过它们在大小上要纤细得多，因为它们狭窄而又是纤维质的，它们终止于一些纤细而又杂乱①的纤维血管。没有一条血管自主动脉引入肝脏及脾脏。

从（主动脉与大血管中的）每一条血管都分出一支进入每一侧肋间，这两条分支都束系在骨头上。也有血管自大血管与主动脉引入肾脏，然而它们并不进入肾内空腔，仅仅于肾体中穿行而出。由主动脉引出另外两条管道进入膀胱，它们强韧而又连续。还有其他管道出自肾腔，其中无一与大血

① 以“poikilois”（杂乱的）替换“koilois”（空洞的）。

管相通。从每一肾脏中央各自发端出一条中空的腱质血管，它们沿背脊骨自身而行，穿过狭窄的部位，然后先是分别消 515a
失于每一侧肋间，尔后再度显现，朝肋间方向伸延。它们的尽头系附于膀胱，或者在雄性动物中束系于阴茎，在雌性动物中束系于子宫。没有任何血管自大血管引向子宫，但有来自于主动脉的众多密集的血管。

由主动脉与大血管的分支处还引出其他一些血管，其中有些大而空的血管首先行至鼠蹊，随后再穿过腿部进入脚部及趾间而终止。另有一些血管穿过鼠蹊及股间，一条自左边伸入右边，另一条自右边伸入左边，它们在膝弯附近与另外的血管会合。

各处血管所生的方式以及它们由之发端的起点，从以上论述中即可窥见。

就一切有血动物而论，血管的开端及最主要的血管便如上述。当然其他许多血管并非于所有动物中都相同。因为各种部分所生的方式就不一样，况且也并非所有动物都生有相同的部分。并非所有动物的情况都同样地清楚，事实上是血液最充足的也是最大的动物的血管情况最为清楚。因为在小动物和血液不充足的动物那里，或者由于自然原因或者由于其身体的肥胖，人无法对其同样地进行恰当的研究；这是因为这些动物的管道易于堵塞，恰如某些水渠为众多的淤泥所堵塞一样；其中另一些生有少数这样的纤维管代替了血管。但是就一切动物而论，大血管却极为清楚，哪怕是在那些小动物那里。

【5】 动物肌腱的所生方式有如下述。它们的起始之点也在心脏；心脏中最大的空腔本身就具有肌腱，而所谓的主动脉便是一条腱质的血管，其各处末梢则完全是肌腱；因为此处不复中空，血管伸至末梢就如同肌腱终止于骨间关节的情况一般。但应注意，肌腱并非是自某一开端始而连续的东西，就像血管一样。

各处血管如同一些素描线一样，可以勾勒出整个身体的
515b 轮廓，正因为如此，那些极度消瘦了的人身上显得处处都是细小的血管（因为这样一个消瘦了的人身上的空间大都为血管所占据，而占据胖人身上的空间的却是肌肉）；肌腱则仅仅分布在骨间的承接及弯曲处。倘若肌腱也是连续不断的，所有肌腱之连续在那些消瘦了的动物身上就该是清晰可见的了。

肌腱中最重要的部分是对跳跃起制约作用的部分（它被称为膝弯）；另有一种双重构造的肌腱，叫做筋腱；还有在身体发力之际起作用的肌腱，即 epitonos① 腱及肩腱。至于那些没有名称的肌腱，皆位于骨间关节一带；因为所有彼此束接在一起的骨头全凭肌腱来联接，而在所有这些骨头周围有着众多的肌腱。不过在头部没有任何肌腱，头颅乃是靠骨

① 肩及臂上的大腱。

头自身的接缝箍合在一起的。

肌腱这东西从纵向易于撕裂，从横向则不易撕裂并能承受很大的拉力。在肌腱周围会产生一种黏液，色白而胶着，肌腱由此得到营养，而且看来从中还可以生出肌腱。血管能够接受灼炙，但肌腱一受灼炙就彻底毁坏了；假若肌腱受到切割，它就再也不会愈合。身体中凡是没有肌腱的地方，从来不会感到麻木。

绝大多数的肌腱分布于足部、手部、肋部、肩胛一带，它们还分布于颈部及臂部一带。

一切有血的动物均生有肌腱，然而在那些没有体肢关节而呈无脚无手状态的动物身上，肌腱生得纤细且不明显；因此鱼类的肌腱仅在鳍的附近才最为明显。

【6】 纤维乃是一些介于肌腱与血管之间的东西。其中有些含有液质，即淋巴液，它们在自肌腱向血管或自血管向肌腱之间起联接作用。另有一种纤维出现在血液之中，但并非在一切动物的血液之中；一旦将它们从血液中抽出，血液便不能凝结，倘若不予抽出，血液自可凝结。它存在于大多数动物的血液中，可是在鹿、麀、羚羊以及其他某些动物的血液中便没有这种纤维；因而这些动物的血就不能同别的动物一样凝结。事实上，鹿血凝结的情况近似于兔血（这两种 516a
动物的血凝结得都不像其他动物那样坚固，而是形成松软的凝质，就同在没有兑足凝乳剂的情况下奶的凝质一样）。羚

羊的血凝结得好些，因为羚羊血之凝聚近似于鹿血，或者是略次之而已。

关于血管、肌腱及纤维，就讲这么多罢。

【7】 动物全身各处的骨头都与一处骨头相连，它们彼此绵连，如血管一般；没有任何一块骨头单单就其自身而为骨头。

一切具有骨头的动物中，背脊骨乃是全身骨骼之基始①。背脊骨由若干脊椎组成，从头部延伸至腰部。所有脊椎均有罅孔，在上方，头部的骨骼与顶端脊椎相接，此头骨称为颅骨。颅骨上呈锯齿状的部位是接缝。并非所有动物的颅骨全都生得一样；有些动物的颅骨由一块单一的骨头构成，如狗，另一些动物的颅骨由数块骨头组合而成，如人；女性的头颅接缝呈圆形，而男性有三道颅缝交合于头顶，呈三角形式。曾见一男性头颅，竟然全无接缝。头颅并非是由四块骨头组成，而是由六块骨头组成。其中两块位于耳部，比其余头骨要小。由头骨延伸出颌骨。〔其他所有动物皆运动其下颌，唯有河鳄运动其上颌。〕②两颌内部是牙齿一类，它们是一端有缺罅而另一端无缺罅的骨头；诸种骨头中，唯有牙齿不可雕凿。

---

① arkhe，或作本原、始点等等。

② 与 492^b23 处重复。

由背脊骨延伸出 peronis 骨①、锁骨以及肋骨。胸凭肋骨支撑，这些肋骨连为一体，另一些骨头却不并联；因为动物于胃部并无骨骼。此外是位于肩部的骨头，即所谓的肩胛骨；臂骨与此相连，而位于手部的骨头又与臂骨相连。凡是有前肢的动物，其前肢中的骨头都有着同样的构造。

在背脊骨的下部，位于臀骨之后的是髋臼骨；接着便是腿骨，包括股间及胫间的骨头，统称为 kolenes②，其中一 516b
部分是所谓的踝骨——在具有踝部的动物中，与此相连的是足间的各处骨头。

一切有血而又有足的胎生动物中，其骨骼并无太大差别，仅在软硬大小方面有所偏差。附带提一句，在同一动物的骨骼中，一些骨头含有骨髓而另一些并不含有。某些动物的各处骨骼中看来似乎全无骨髓，例如狮，这是由于它们只有极少量而且稀薄的骨髓，而且仅见于少数骨头之中；在它们的股骨及臂骨中还是有一些骨髓的。一切动物之中，狮的骨骼最为坚硬，它们有如此之硬，以至于拿其相互摩擦时，竟会像燧石那样迸出火星来。海豚身上长的也是骨头，而不是鱼刺。

其他各种有血动物的骨骼中，一些与以上所述略有不

① 此半句甚不明确，有些版本改作“在背脊骨上部一段是……”。peronis 是 peronee 的另一形式，主要作“尖针、钉、锥”等，也可指臂、腿等处的小骨头。

② 意为“肢（腿）骨”。

同，如鸟骨；另一些只在类比意义上是骨骼，如鱼骨。鱼类中胎生者具有软骨质的锥刺，如所谓的软骨鱼；卵生者则有与四足动物的背脊骨相仿的锥刺。鱼类有一独特之处，即某些鱼于肌肉中到处散布着纤纤细刺。蛇类与鱼类的骨质构造相似，因为它们的脊骨也是这样的锥刺。卵生的四足动物中，较大者的构架总是较多地偏于骨质，而较小者的构架往往更加偏于刺质。但一切有血动物的脊骨既可为骨质，亦可为刺质。

其他部分的骨骼见于一些动物却不见于另一些动物，实际上动物有无这些部分，也就决定了它们有无这些部位的骨头。凡是没有腿与臂的动物，自然也就没有 kolenes① 或肢骨；而动物即使具备同一些部分，这些部分的骨骼也未必相同；因为这些动物的骨骼在（偏于骨质的）程度多少上或在类比上互有不同。

诸种动物各处骨骼之自然本性方面的情况，就如以上所述。

【8】 软骨与骨头本性相同，但于程度强弱上有所差别。与骨头一样，软骨一旦被切去便不能复生。有血动物之中，陆生且为胎生的动物的软骨组织没有罅孔，也不像骨头
517a 一样含有骨髓；但在软骨鱼中（它们是有软骨的），其体

① 参见 516b1。

内[①]对应于脊骨的东西是类同于骨头的软骨状物质，这之中却是有髓状液质的。胎生而又有足的动物中，于耳部、鼻间以及骨骼某些端顶处可以见到软骨。

【9】 此外还有其他种类的一些部分，其本性与上述部分不同，却又差得不远，比如说指（趾）甲、蹄、爪以及角——在这些之外还有如鸟类所具有的喙——当然是在具有这些部分的动物中。所有这些部分都可以弯曲或分叉，但骨头既不可弯曲也不可分叉，而只允许被折断。

角、指（趾）甲、爪、蹄的颜色随皮肤及毛发的颜色而定。皮肤黑的动物其角、爪及蹄亦黑，皮肤白的动物这些部分亦白，皮肤颜色不黑不白的动物上述部分的颜色也相应适中。指（趾）甲的情况也同样如此。可是牙齿却随从于骨骼的性状。正因为如此，肤色黝黑的人，如埃塞俄比亚人及肤色与其类似的人，其牙齿与骨骼洁白，其指（趾）甲却同全身皮肤一样黝黑。

大多数的角自其附接于头部隆出至角内的骨头之处起是中空的，到了尖端却有一段内实，而且角的构造是单一的。动物中只有牡鹿的角通体坚实而且有许多分叉。再及，其他有角的动物无一会蜕角，也只有牡鹿年年蜕角，如果它们未受阉割的话。关于阉割，在后面我们将予以阐述。角更多地

① 此处省去原文中的“身体宽扁的这些鱼的”字样。

系附于皮肤而不是骨头，因此人们见到在弗吕吉亚以及其他某些地方有一些能够像运动耳朵一样运动其角的牛类。

具有指（趾）甲的动物中——凡是具有指（趾）的动物皆具有指（趾）甲，而凡是有脚的动物皆具有趾，唯有大象例外；象有无分叉且很不分明的趾，却全然没有趾甲——我
517b 们说有指（趾）甲的动物中，有些为直指（趾）甲，如人，有些为弯指甲，如走兽中的狮与飞禽中的鹫。

【10】 关于毛发和对应于毛发的东西以及皮肤，其情况有如下述。

凡是有足的胎生动物均有毛发，凡是有足的卵生动物均有角质棱甲，唯有鱼被有鳞，这是指那些产下碎散卵粒的鱼类。身体颀长的鱼中，海鳗不产这样的卵，鳗鲡亦然，而海鳝压根就不产卵。

毛发之粗壮、纤细及长短因部位而异，具体情况要看它们是在什么样的部分，以及它们所附的皮肤是什么样的性质。大多数情况下，皮肤愈粗厚，毛发也就越坚硬和厚实，而且于动物身上愈是凹陷和潮湿的部位，毛发生得愈加浓密和茂长，当然这些部位应当允许毛发生长。情况与此类似的是那些被有鳞的动物与被有棱甲的动物。那些毛发生得松软的动物倘若获得良好的喂养，其毛发便会变得硬实起来；而那些毛发粗硬的动物（在此种境遇下）其毛会趋于松软和稀少。毛发还会随动物所在地域的寒暖情况而异，以人类的毛

发为例，它们在温暖的地区生得硬实，在寒冷的地区则生得松软。

【11】 毛发本身就容易拽断。这于各种动物之间又有强弱程度上的差异。某些动物的毛发趋于刚硬，以至于它们不再形同毛发，竟如锥刺一般，刺猬便是一例。指（趾）甲的情况也与此相近，因为指（趾）甲这种东西在某些动物那里竟然刚硬得与骨骼丝毫无异。

与身体大小相比，一切动物之中人的皮肤生得最为纤细。一切动物的皮肤里面都含有一种黏稠的液体，一些动物的皮肤含得少些，而另一些含得多些，例如牛类的皮肤，人们拿它来炼胶。在有些地方人们也从鱼身上炼胶。皮肤受切割之际本身是没有感觉的，这一点于头部皮肤最为明显，其 518a
原因在丁没有肌肉介丁头皮与颅骨之间。丁皮肤单独存在的地方，倘若予以割除，它们便不复再生，如颚之薄处、包皮处以及眼睑处。就一切动物而论，皮肤也是连绵不断的那些部分之一，它仅仅中断于那些自然须有的管道排泄口以及口腔、指（趾）甲等部位。

全部有血的动物都具有皮肤，然而它们并非全都具有毛发，其实际的情况于前面已经说过。动物衰老过程中毛发的颜色要发生改变，人老了须发就要变白；其他诸种动物虽也要变，但不是十分显著，只有马例外。须发之变白始于尖端。而大多数灰发生长伊始就带白色；这可表明，灰发并不是像有些人所说的那样是衰颓的征象，因为没有事物生长伊始就衰颓了。

在那种突然发作的名为白病的疾病肆虐的情况下，所有的毛发都会变成灰白色；曾有一些病例，病人染疾期间毛发变得灰白，然而康复后这些毛发纷纷脱落，重又生出了黑发。〔常被覆盖的毛发比袒露的毛发更有可能变得灰白。〕① 人颞颥处的毛发最先变灰白，而且前面的毛发比后面的毛发更先变色，最晚变色的是阴毛。

有些毛发是与生俱来的，另一些则随年龄的增长于后天长成，诸种动物中这种现象仅见于人类。与生俱来的毛发或胎毛生长在头部、眼睑及眉处，后生的毛发首先是在阴部，其次是在腋窝，再次在下颏；于是胎毛与后生毛发生长的部位在数目上相等。随着年龄的增长，头部的毛发最先也最多地衰谢和脱落，不过这仅仅限于前面的头发；因为没有人后面的头发会秃脱。头顶光坦无发被称为秃顶；眉际光坦无毛则称“秃额”②；而上述两种秃脱无一会在一个人初涉性事之前发生。少年自然不会谢顶，妇女与阉割过的男子亦然。而倘使一个人于青春期到来前被阉割，后生的毛发便不会长出来了；若是在此后进行了阉割，这些后生的毛发便会脱落，不过仅限于阴毛外的后生毛发。

---

① Dt. 本删去了此句。

② anaphalanthiasis。

妇女下颏上不生须发，也有某一些例外，一些妇女在月经期停止后此处长出少量须发，在卡里亚的那些女祭师身上便发生过类似的事情，它们的发生被看作是即将来临的事情 518b
的先兆。其他的后生毛发也见于妇女，只不过不如男性茂密。男女两性都有终生不长后生毛发的情况，这中间也有些人缺乏生殖能力，比如说那些连阴毛也不长的人。

随着年龄的增长，其他的毛发也或多或少地按比例增长，在头部的毛发增长得最快，其次是下颏胡须，而细毛长得最长。有些人年事趋高之际眉毛渐浓，浓到需要剃去的程度；这是由于眉毛生在骨头的接合处，而人变老时这些骨头便趋于分离，因而这一部位就日益湿润起来。睫毛并不增长，但是它们会脱落，这是在人涉入性事之后；而且人涉入性事愈频，其睫毛脱落也就愈勤。在各种毛发中，睫毛最晚变灰白。

若是在盛年之前拔去毛发，它们将会再生，然而此后再予拔除的话，就再也长不出来了。每一株毛发的根部均带有一种黏稠液质，刚拔出的毛发若是以根部相触，能够黏带而提起较轻的物体。

凡是在毛发颜色上有差别的动物，其皮肤及舌之上皮的颜色必定已有差别。

有些人于上唇与下颏生有浓密髭须，另一些人这些地方一片光坦，却于两颊生有浓须；下颏光坦的人秃顶的可能性要小一些。

在某些疾病期间，毛发会有所增长，比如，在肺疾期间这种现象尤为突出；人在年老及死后亦会如此，而且毛发还会由软趋硬；在指（趾）甲方面也可以见到与此相同的现象。

人的性欲愈旺盛，其与生俱来的毛发就脱落得愈快，与此同时其后生的毛发也生得愈早。患有（静脉）血管肿胀的人不大容易秃顶，而且即便他们于患病期间秃顶，有些人也能够重生新发。

毛发被切断后不会于切处增长，而是从根部自下而上地长长。就鱼类而言，鱼鳞会长得更硬更厚，于消瘦和衰老之际鱼鳞也会变硬。四足动物变老之际，一切动物的体毛或另一些动物的绒毛会长得更长，但于数量上会趋于稀少；一些的蹄或另一些的爪会长得更大，这也包括鸟喙。动物爪之增长，如同其指（趾）甲之增长。

519a **【12】** 关于有翅的动物，比如说鸟类，它们中无一会随着年龄而改变（颜色），鹤类是个例外。这种鸟的翅原先为灰颜色，然而俟年岁增长，它又会变得更黑一些。而且由于气候变迁的影响，比如，在一场罕见的霜冻期间，某些颜色纯黑或近乎纯黑的鸟会变成白色，如乌鸦、麻雀与燕子。至于白色类转而变成黑色还没有谁见到过。〔而且随季节变迁，大多数的鸟会改变其颜色，结果是人们竟会误以为它们不是同一种鸟。〕①

① Dt. 本删去了此句。

某些动物毛发的颜色由于饮水的变化而发生改变，同一些鸟在有的地方呈白色，在另一些地方却呈黑色。于交配方面，在许多地方的水也具有这样的性质，公羊若是饮用这种性质的水之后再行交配就会生下黑色的羊羔，一个例子是位于色雷斯海岸卡尔克底基半岛上阿叙里提斯地区的“普苏赫罗斯”河①。还有位于安坦德里亚的两条河流，一者使羊变白，一者使羊变黑。看来斯加曼德罗河能使羊变黄，因此荷马提及此河时称“黄河”②而不称斯加曼德罗河。

其他各种动物体内一般无毛，而且其身体的尽端一般是上表面有毛而下表面无毛，然而野兔③是唯一的例外，它的体内与脚底均有毛。此外还有须鲸④，其口内不见牙齿，却有猪鬃一般的须毛。

毛发被切断后只会从下面往上长，而不会直接从上面增长，羽毛若被折断，则既不从上面也不从下面增长，而是连根脱落，蜂翅若被拔出便不会重生，凡是生有无分叉的翅翼的动物均会如此。蜜蜂若是失去了刺也不能重生，从此它便走向死亡。

【13】 一切有血的动物身上都可以找到膜。膜就像是

① Psukhros，意为“寒河”。
② ksahthos，意为“黄色”。
③ dasupous，意为“毛脚”。
④ mustakoketos。

一层精密而纤薄的皮肤，但却是另一种东西；因为它既不可分开也不可拽张。每一处骨头和每一处内脏外面都裹有一层膜，无论是较大还是较小的动物，但较小的动物的膜不大分
519b 明，这是由于它们的膜过于纤薄和细小。各种各样的膜中，最大的膜是裹着脑的二层膜，其中裹在骨上的一层较之于裹在脑上的一层更为强韧也更厚一些；其次要数裹着心脏的那层膜。假如膜被切离而裸置，它将不复与原处愈接，而且脱离了膜的被裸置的骨骼也会坏死。

【14】 网膜也是一种膜。一切有血的动物都具有网膜，但有些动物的网膜上带有脂肪而另一些没有。在上下颚均有齿的胎生动物中，网膜的始点和它所系附之点均在胃的中部，胃在此处就像是有一种接缝；至于并非上下颚均有齿的动物，其网膜之始点及系附点以同样的方式见于其大胃。

【15】 膀胱也属膜质，只不过这是另一种膜，因为它可以拽张。并非一切动物皆有膀胱，而只是全部胎生动物才有，卵生动物中唯有龟具备此物。膀胱倘被切离，同样不能愈合，只有于尿道开始之处予以切离才可能愈合，除非是极其少见的特例，因为这样的事情确也发生过。动物死后膀胱不再有泌液通过，而动物活着时这里也有干分泌物通过，由此产生那些患者身上的结石。曾经有这一类的某些事例，病人膀胱中形成结石，竟至于和海扇丝毫无异。

关于血管、肌腱、皮肤以及纤维与膜，还有关于毛发、指（趾）甲、爪、蹄、角、牙、喙、软骨、骨以及与它们相对应的部分，就如上所说。

【16】 肌肉，以及有血动物中在本性上近似于肌肉的东西于一切情况下均位于皮肤与骨头或对应于骨头的东西之间；在有骨头及有锥刺的动物中肌肉状物质之对应于肌肉，正如锥刺之对应于骨头。

肌肉可以从任何方向予以切割，不像肌腱与血管那样仅仅可以从纵向进行切割。动物消瘦之际，肌肉即行消失，动 520a
物成了一堆血管和纤维。当它们喂养得过于良好时，脂肪就代替了肌肉。肌肉丰厚的动物，其血管显小而且血液特别地红，其内脏与胃也显小。而血管大的动物其血液颜色较暗，其内脏及胃亦大，但肌肉却有所逊色。胃生得小的动物其肌肉往往趋于丰腴。

【17】 脂肪与硬脂彼此不同。硬脂于各个方向上都很脆弱，受冷就会凝固，脂肪可溶化而不会凝固；用带有肥脂的动物肉做的汤不会凝固，如马肉与猪肉汤，但用带有硬脂的动物肉做的汤却会凝固，如绵羊肉及山羊肉汤。这两者还在所生位置上有异；因为脂肪位于皮肤与肌肉之间，而硬脂却仅仅见于肌肉的尽端。而且，脂肪类的动物其网膜为脂肪质，而硬脂类的动物的网膜是硬脂质的。上下颚均有齿的动

物生有脂肪，而并非两颚有齿的动物则生有硬脂。

内脏之中，某些动物肝脏变成脂肪质的，如鱼类中的软骨鱼，将它们的肝脏溶化便可以制出油来。然而软骨鱼自身之中并无分离存在的脂肪，在肌肉及胃的位置均无脂肪。鱼身上的硬脂却是脂肪性的，它们并不凝固。一切动物均含有脂肪，有的在肌肉位置，有的不定在什么位置。凡是没有分离存在的脂肪的动物，其胃与网膜均不如其他动物丰腴，比如海鳝；因为其网膜周围仅有少量硬脂。大多数的动物的肥脂着于腹部，尤其是那些不事运动的动物。

脂肪类的动物其脑为油性，硬脂类的动物其脑为干（焦）性。动物内脏之中，肾脏周围最容易集结肥脂；右肾的脂肪总是要少些，但即使两肾脂肪都十分丰腴，在它们中间总有那么一处不着脂肪。硬脂类的动物于其肾脏周围尤易积有硬脂，各种动物中绵羊最为明显；因为这种动物往往会因肾脏完全为硬脂封严而死亡。肾脏为硬脂所环封乃是由于
520b 饲养过于良好，在西西里的列昂提尼地区的情况即是一例，由于这种缘故，那里的人们要等到天色将晚时才赶羊群放牧，以此来减少其食量。

【18】 一切动物眼睛中瞳孔周围的部分都是硬脂质的，凡是眼中生有这样一类部分的动物，只要它们不是生有硬眼，这一部分就是硬脂质的。

脂肪肥厚的动物，无论是雄性还是雌性，其生殖能力均

要差一些。所有年长的动物都比年轻的动物更容易发胖，当动物的体型达到一定的宽度与长度时这一点尤为明显，此后动物只管往高长。

【19】　这里我们来研究血液。于一切有血动物而言，血是最不可或缺和最共同的部分；它不是一种随后得来的部分，而是属于一切尚未衰亡的动物的部分。所有的血液都容于一系列导管中，即在所谓的血管之中，动物体内除非在心脏里面再无任何地方有血。没有任何动物的血液受触动时能有所感觉，血液不比肠胃中的残余物更有感觉；脑与髓受触动时同样也没什么感觉。不论从哪里切开肌肉，血液便会自动物活体涌出，只要其肌肉并未腐坏。健康状态下血液本身是甜的，其颜色鲜红，若因自然原因或疾病而败坏，其颜色将会暗黑起来。最优质的血既不太稠也不太稀，只要它们没有因自然缘故或疾病而败坏。在动物活体中，血总是温暖的液质，而一旦自身体中流出血就会凝结，所有动物中仅鹿、麀以及别的某种具有这类性质的动物除外；其余动物的血全都会凝结，只要其中的纤维不被抽出。公牛的血在一切动物中凝结得最快。

有血动物中，在体内体外均为胎生的那些动物比卵生的有血动物血液更丰富。或者由于自然原因或由于有利于健康的因素身体状态良好的动物，其血液不会像刚刚喝足了水的动物那样过分地多，也不会像过分肥胖的动物那样过分地少。肥胖的动物血液纯净，然而量少，而动物愈肥其血液供应就愈不充分；因为肥胖就表明缺血。

521a 油脂不会腐坏，然而血液及一切含血的部分腐坏得极其迅速，尤其是骨头周围的部分。胎生动物中，人的血液最精微也最纯净，公牛及驴的血最稠也最黑。身体上面与下面的部分的血会变得更稠和更黑一些。

所有动物身上一切部位的血液均在各条血管中同时搏动，而且血液是唯一滞留于动物全身每个部分的液质，只要这动物活着，它就永远如此。血液首先发源于动物的心脏之中，即便是在动物整体尚未分化形成以前。动物缺血或流血过多就会晕厥，倘若大量的血外流就会死亡。血液过于清稀动物便会致病；因为血液实际上变成了血清类的东西，它们能变得如此清稀，以至有些人曾经见到过病人出的血质的汗液。在某些人身上，血流出后完全不能凝结，或者仅于零星的、单独的某些部位得以凝结。睡眠中的动物外表的部位血液会有所减少，因而倘若予以刺破血就不会流得那么多。血液由血清炼制而成，脂肪则由血液炼制而成；倘若血液染有疾病，鼻孔及肛门一带就会出现血痔，血管也会有所肿胀。血液若在体内腐坏便会化脓，而脓又会形成某种硬块。

雌性动物的血不同于雄性动物的血。假如两者的健康与年龄情况相仿，雌性的血会更稠和更黑一些，雌性动物体表的血较少而体内的血较为充足。一切雌性动物中，雌性的人血量最充足，而且各种动物中所谓的月经也是女人的经血量最多。病态的这种血被称为溢血，不过相对而言女人较少罹染其他（血液）疾病。女人很少患有血管肿胀、血痔、鼻出血等；假若染上此中某种疾病，月经状况就会恶化。

血的数量及形式随年龄而发生变异，非常幼小的动物的血液状似血清且数量充足，年老动物的血液黏稠发黑且量少，盛年期间的动物情况居中。年老动物的血凝结得快，即使是体表部分的血亦然；年轻动物的血就无此特点。血清是 521b
未炼制好的血液，无论它们是尚未炼制完毕还是经分解稀释而成。

【20】　现在来看髓液；这是属于某些有血动物的一种液质。所有自然地存在于动物体内的液质都存在于众导管或容受体之中，如血液在血管中，髓液在骨骼之中。〔其他液质在膜质的皮肤或肠胃之中。〕①

动物幼体中，髓液含血极多，随着年龄增长，脂肪类动物的髓液转为脂肪质，硬脂类动物的髓液转为硬脂质。并非所有的骨骼都含有骨髓，仅中空者才含有，而且这样的骨骼中尚有不含髓液的。狮的骨骼中，有些完全不含骨髓，有些仅含少量；所以有些人说狮类压根儿不含骨髓，这在前面已经提到了。猪的骨骼中髓液亦少，而且其中有些完全没有骨髓。

① Dt. 本删去此句。

以上这些液质几乎总是动物与生俱来的，后生的液质有乳汁与精液。其中一者于它存在的任何时候、在一切动物身上都处于业已分泌好的状态，这就是乳汁；而精液则不是在一切动物身上均预先分泌好了，仅有某些动物如此，如在鱼类身上〔分泌的所谓的 thoros 液〕①。

凡是具有乳汁的动物，都在乳房中具有。凡是于体内和体外均为胎生的动物都有乳房，例如那些有毛发的动物，如人与马；还有鲸类，如海豚、豹形海豚与鲸鱼，——因为这些动物也有乳房及乳汁。那些仅于体外为胎生的动物或卵生动物既无乳房亦无乳汁，如鱼类与鸟类。

所有的乳汁均含有某种液态浆汁，称为乳浆；另有一种固态物质，称为乳酪；乳汁越稠则含酪越多。而非两颚有齿的动物其乳汁易于凝固（因此人们用这类驯化了的动物的乳汁来制酪），而两颚有齿的动物的乳汁不易凝固——恰如其脂肪亦不凝固，它们汁稀而味甘。最稀的要数驼乳，其次是马乳，再其次是驴乳；最稠的则数牛乳。乳汁受冷时并不凝
522a 固，而更有可能分解为乳浆；若经火煮它们会凝固和变稠。大多数情况下，没有任何动物会在受孕之前产生乳汁。动物一旦受孕，乳汁便会产生，不过乳在开端以及结尾均不适合于哺用。未曾受孕的雌性动物由于某些种类的饮食生出过少量的乳汁，不仅如此，还曾经见过一些年龄偏高的妇女

---

① 即鱼类的精液，洛布本删去了方括号内文字。

授乳之际产出些乳汁来，并且某些老妇所产乳汁的量已经足以哺养一名幼儿。

居住在奥伊太山一带的人们曾经捉住那些不肯让雄羊交配的母山羊，拿荨麻用力擦揉其乳房以使其疼痛，结果先得到一种血质的液体，随后是带脓的液体，最后产出了乳汁，已经丝毫不逊于那些交配过的母山羊所产的乳汁。

大多数情况下，包括男人在内的雄性动物无一会产生乳汁，尽管如此偶尔也有某些雄性动物得以产乳，在莱姆诺斯岛曾有一只公山羊自其乳头产出奶来——这公山羊有两只靠近生殖器的乳头，它能产出如此多的奶来，以至于人们以此来制作奶酪；而且，这头公羊所繁殖的后代再度重复了同一现象。然而这一类现象被人们视为某种征兆，于是那位莱姆诺斯主人去祈求神谕，神的答复是他将获得一笔财富。某一些男人于青春期后可以于自身中挤出少量乳汁，若已开始产乳，有些人竟能产出相当多的乳汁来。

乳汁中含有脂素，这在凝乳中变成了油质。在西西里以及在绵羊奶脂重的地方，人们把山羊奶掺入其中。凝结得最好的奶不仅仅是含酪量最大的奶，而且是能使酪制品最干（或油脂最少）的奶。

有些动物所产的奶多于哺养其幼儿所需量，这可以用于制酪及储存；这一点于绵羊及山羊尤为明显，其次是母牛。弗吕吉亚的乳酪中就混合了马奶与驴奶。牛奶中的酪质要比山羊奶中多，牧民们告诉我们，从 1“阿姆弗留斯”的山羊奶中能制出19块各值（重）1“奥布洛斯”的乳酪①，而从同样多的牛奶中能制出30块这样的乳酪来。另一些动物所产的奶仅够哺养其幼儿，再无任何多余，无法拿来制酪，例
522b 如一切乳房多于两只的动物；这样的动物无一产奶丰富，也就无法用于制酪。

无花果的汁和凝乳剂被用来凝化乳汁。先将无花果汁挤入羊毛绒中，待这些羊毛绒漂洗出来后再将其置入少量的奶中，而这份奶若是与其他的奶相混合，就能使之酪化。凝乳剂也是一种乳汁，因为它产生于尚在接受哺乳的幼小动物的胃中。

【21】　凝乳剂乃是自身含有火②的乳汁，这份火来自于动物凭其炼制乳汁的体热。一切反刍动物都产生凝乳剂，两颚有齿的动物中野兔亦生此物。凝乳剂存放时间越长，其质地就越佳；这样的凝乳剂——包括野兔所产——对于腹泻是最有效的良药。质地最优的凝乳剂来自于幼鹿。

有奶的动物中，其产奶量的多少因动物身体的大小及牧场的差异情况而相异。例如，在法西有一种小牛，每一头都

① “阿姆弗留斯”即amphoreus，为盛酒、奶等的一种细颈的罐或桶，其容量大小不一，盛酒时约为9加仑。“奥布洛斯”即obolos，为一种希腊币名，亦为重量单位，其币值为1/6德拉克马（drakhme）。

② 有的版本此处以“乳酪”（turon）代替“火”（pur），但《动物的生成》739b23处可见到同样内容的表述。

能产相当多的奶；而埃比罗斯的大母牛能从每两只乳头中产出 1 阿姆弗留斯① 再加上一半于此的量，挤奶者必须直立着，身体稍稍前屈，因为他要是坐着就无法够得着。不过，在埃比罗斯，驴以外的其他四足动物身体都很庞大，而牛与狗最大。大动物自然需要宽广的牧场，这一地带正好有着众多这样的良土，而且是一年四季适于放牧的丰美之地。这里的牛类出奇地大，绵羊与所谓的 Purrikos②（这一名称渊源于普罗士王）也不逊色。

有些牧场会使奶产量下降，例如紫花苜蓿草场，这对于反刍类动物尤其明显。另一些牧场则能使奶产量增多，如金雀苜蓿与大巢菜（野豌豆）；但需注意，金雀苜蓿开花之际不宜采用，因为它能升热，而大巢菜对有孕在身的牲畜不利，因为它会增加分娩的困难。总的说来，吃得多的四足动物产奶也多，正如对其受孕有利一样，这也使它们获得了很好的营养。一些能引起肠胃胀气的植物有助于产奶，例如大量给绵羊、母山羊、母牛以及幼母山羊喂以豌豆，因为这能使它们的乳房下垂。而分娩前乳房向下悬坠乃是产乳丰富的征兆。

全部有奶的母畜都能产很长时间的奶，只要把它们与公畜隔开并善加饲养即可，四足动物中母绵羊产奶时间最长，这种动物能够连续产奶长达 8 个月之久。总的说来反刍类动

① 参见 522a30 及注。

② 一种绵羊，其命名是为了纪念 Purros 王。

物产乳甚丰，而且其乳汁适于用来制酪。托罗尼一带的母牛仅于生产前数天中断产奶，于其余的一切时间里全都有奶。对妇女而言，颜色较为青灰的乳汁比颜色发白的乳汁更适合于哺乳；而且肤色黑的妇女比肤色白的妇女所产的奶更健康。含酪量最大的奶营养最丰富，但含酪量较少的奶更加有益于幼儿的健康。

【22】 一切有血的动物都能排精。至于精液在生殖方面产生什么作用以及以什么方式起作用，在别的地方我们将另作专述。就其身体大小而言，人排出的精液其量最多。被毛动物的精液十分黏稠，其他动物的精液却并不黏稠。一切动物的精液均呈白色，而希罗多德作了错误的记述，说埃塞俄比亚人排出的精液呈黑色。①

处于健康状态的精液自体内排出时色白而质浓；离开身体后它们变得清稀且发黑。在霜冻的天气里精液并不凝结，反而变得极为清稀，于颜色及浓度上均呈水状；可是一旦受热精液就会凝结和浓聚。假如精液于流出之前在子宫中滞留过久，它就会变得浓稠起来，有时候它出来时竟已干结至坚了。有生殖力的精液入水即会沉底，而没有生殖力的精液入水即归于溶解。克特西亚关于大象的精液所作的描述是不真实的。

① 希罗多德，III，101。

第 四 卷

【1】 关于各种有血的动物，前面我们业已阐明了它们共皆具有哪些部分以及它们中每一类独自具有哪些部分，这包括自同的与非自同的部分，位于体表与位于体内的部分。现在应当讲到无血的动物了，这些动物有许多的种类。

其中的一种是所谓的软体动物，它们是一些无血的动物，其肌肉状物质生于体表，若是有坚实物质的话则在体内——这一点与有血的动物相像；乌贼这种动物即是一例。另一类是软壳动物；它们是一些其坚硬物质生于体表而柔软的肌肉状物质生于体内的动物；它们的坚硬之物不易被击碎，却可被压扁；小龙虾类与蟹类即可为例。

再有一类是硬（介）壳动物。这一类动物的肌肉状物质在体内而坚硬物质在体表，这坚硬物质可以被击碎却不会被压扁；蜗类与贝类便是这样的动物。

第四类是（昆）虫类；这之中包含众多彼此不同的动物属类。虫类按其字义是指那些于其腹或背或腹背皆有节纹①

① entome，“虫类”一词为 entoma。

的动物，它们身上没有单独的骨质或肉质部分，只有介于两者之间的物质；事实上它们的身体内外一律是坚实的物质。有些虫类无翼，如 ioulos 及蜈蚣；有些有翼，如蜜蜂、金龟子与胡蜂；而且同一种动物既可有翼亦可无翼，例如蚁与所谓的萤火虫（有翼又无翼）。

所谓的软体动物体表的部分有下列一些：一者名为脚；二者是与此相联的头；第三是体囊，它包容体内各部分，有些人把它称为“头”，他们称呼得并不正确；此外是环绕体囊的鳍。一切软体动物的头均见于足部与腹部之间。它们全部生有八只脚，而且脚上全都有双列的吸盘（管），仅有一个种类的章鱼例外。乌贼、teuthis 与 teuthos 的一个特别之处是它们有两只长长的触手，触手的末梢生有两列吸盘而显得粗糙不平；这些触手被用来捕捉食物并将其送入口中，每当风暴来临，它们像使锚一样将触手抛向某处岩礁并牢牢抓住，悠然跌宕于浪涛间。它们借助于体囊四周的鳍来游泳。所有这些鱼的脚上都生有吸盘。

章鱼拿它的触手（腕）既当脚又当手用。它用口部之上的两只触手来取送食物；而最末的一对触手极其尖利，只有它们颜色泛白且于末梢处分叉——它（这样才能）在腕脊上舒展开来①（腕脊指的是触腕上远离吸盘的光滑表面）。于

① 此处原文含混，各种校订多有不同，今从洛布本以 lute（舒展）代 haute。

体囊前触手上方有一条中空的管道，章鱼由此将以口摄食时吸入的海水排出体囊外。它们时而将这空管移至右侧，时而移至左侧，并可经此喷出其墨汁。它沿着所谓的头的方向斜着向前泳行，其足外伸；照此种方式泳行它得以看见前方(因为它的眼睛位于顶部)，它的口部则生在后面。只要这动物还活着，它的头就是坚实的，仿佛充胀了似的。它以触手的底面抓取和握持物件，其足间的膜时时紧绷着，倘若这动物被搁伏于沙滩，便失去了抓握的能力。

章鱼与上述各种软体动物有一些差异。章鱼的体囊小，其足则长，然而上述动物却是体囊大而足短，短到无法用来行走的地步。相互比较起来，有些鱼如 teuthis 体型较长，乌贼则较为宽扁。所谓的 teuthos 比 teuthis 要大得多，因为曾见其身长达 5 肘尺者。有的乌贼身长达 2 肘尺，而章鱼的触手可以达到同样的长度，甚至更长一些。teuthos 这种鱼为数不多。teuthos 在形状上与 teuthis 有所不同，因为 teuthos 身体尖端部分相对宽一些，再就是其外围的鳍遍布体囊四周，在这一点上，teuthis 便有所不及。它与 teuthis 一样，亦属海洋生物。

在所有情况下这些动物的头都在足部之后，位于脚或所谓的触手中间。头的一个部分是口，口中有两颗牙齿，在这 524b
些部位上方是两只大大的眼睛，两眼之间有一处小小的软骨，裹护着很小的脑体。在口腔里有一不大的肉质器官，这些动物一概没有舌头，它们以此代作舌用。接着这一部位，于外面可以看见的是像一只套囊的东西。构成这东西的肌肉不能撕成长直的条形，只可以撕成圆片；一切软体动物于这一部分外都裹有一层表皮。口部后接一条长而狭的食道，这之后是一个大而圆的嗉囊，同鸟嗉一样。接着是胃，与反刍动物的第四胃（皱胃）相似，其形状则与法螺贝的螺旋形相像。从这一部位转而向口部上行的是一条纤薄的肠，这肠与食道相比算是厚的。

软体动物无一具有内脏，但是它们有一个称为 mutis 的部分，而且其上面有一个墨囊。此囊以乌贼为最大，其内储也最丰。一旦受到惊吓，所有的软体动物都会喷射出墨汁，乌贼喷出的汁量最多。mutis① 位于口的下面，食道由此穿过，在下面肠道伸至的地方是墨囊，它与肠裹于同一层膜内，从而墨汁与残余物从同一处泄口排出。这些动物身体内有一些毛发状的东西。

就乌贼、teuthis、teuthos 而论，其坚硬物质均在体内，在身体的背部；其中之一称“鲗骨”，另一称“剑骨”。其差别在于，鲗骨坚硬而宽扁，质地介于鱼刺与骨质之间，其中含有一种极易压碎、疏松多孔的物质，而 teuthis 的这一部分较为薄弱，质地更加近于软骨。在形状上这些部分各不相同，这些动物的体囊也彼此相异。章鱼体内没有这类坚硬物质，不过其头部周遭生有软骨状物质，一俟动物变老，这物

① 罂粟体。

质就会趋于坚硬。

雌性动物与雄性动物有异，雄性动物食道下面有一条管道，〔由脑部〕①延伸至体囊底部；它所伸向的一个部位类似于胸乳。在雌性动物那里，这样的部位为数有二，其位置要偏上一些。雌雄两性于这些部位下面均有某种红色的东 525a
西。章鱼的卵只有一个，其外部不平，生得很大；卵内液质色泽处处均匀，质地滑润，颜色为白色。卵体有如此之大，以至于可以充满一个比章鱼的头还要大的容器。乌贼有两只囊，其中可装为数众多的卵，宛如白色的雹粒。关于这些部分所生位置方面的诸般细节，可参阅《论解剖》中的有关图例。

所有这些动物的雄性均异于雌性，这一点乌贼尤为显著。其体囊的背部——较前部颜色更黑——在雄性那里比雌性更为粗糙，而且雄性的背部带有条纹，其尻部也更尖一些。

章鱼有众多的种类，其中一种尤喜接近于水面，体型也最大（靠近岸边的生物远比深海里的生物要大）。此外另有一些种类体型小，体色驳杂，它们不宜食用。另一种②名叫 heledone，其特异之处在于脚长而且是唯一脚上仅有单列吸盘的软体动物（因为其他软体动物全都有双列吸盘），有

① 原文似有误，有的版本揣为“出囊壳”。

② 从洛布本作“allo de he”。

些人把这种动物叫做 bolitaina，而另一些人称之为 ozolis。

此外还有两种动物居于介壳之中，其中一种被某些人称为“船夫”或“水手”，被另一些人称为“章鱼蛋”；它的介壳就像是一单瓣深凹的海扇。它们时常生活于岸滨，有时会被海浪冲至岸上干滩，俟其介壳脱离，这动物〔就会枯干并〕在陆上死去。这些动物体型皆小，外观上与 bolitaina 相仿。另有一种动物像蜗牛一样居于介壳之中，这动物永不出到壳外，而是仿效蜗牛深居其中。有时候它们会向外伸出其触手。

关于诸种软体动物，至此已论述完毕。

【2】 软壳动物中的一个种类是小龙虾，与此近似的另一个种类是龙虾，这类虾与小龙虾的区别在于它们有〔巨大的〕爪，以及其他方面不多的一些差异。另一种是真虾类，
525b 还有一种是蟹类。真虾类与蟹类各分许多品种。就真虾类而言，有“驼背虾”（对虾）、krangones（虾蛄）及一种小虾（这种虾不会长得更大）。

至于蟹类，其品种更是无所不有，数不胜数。体型最大的一种称“祖母”蟹；次大的是 pagouros 蟹（寄居蟹）与 herakleotikos 蟹；再就是河蟹或淡水蟹，其余诸种蟹体型偏小，不大容易叫出名来。在腓尼基一带的沙滩上有一种蟹，由于它奔跑起来迅速到难以追捉的程度，人们称之为“马蟹”。剖开这些蟹可见其体内空虚，此乃食料不足之故。〔另

有一种动物体小似蟹，但外形上却与龙虾相像。〕①

如前所述，所有这些动物的坚硬介壳均生在身体外部，占据了通常为表皮所占据的位置，其肌肉部分则在体内。它们的腹部程度不等地覆有桡片，这里是雌性动物产贮卵粒的地方。

小龙虾每侧各有 5 只脚，且于末梢处有爪；以同样方式，蟹类也有10 只脚且带有螯爪。就真虾类而论，对虾或驼背虾每侧各有 5 只脚，它们靠近头部而且尖利，在腹部一带每边另有 5 只脚，其末梢处宽扁。它们的腹部没有桡片，不过其背部与小龙虾肖似。krangon 或虾蛄很有些不同，因为它两边各有 4 只前脚，然后每边又有另外 3 只纤弱的脚与此相继，而身体其余的也是最大的一部分却全然无脚。所有这些动物的脚都斜向外弯，同虫类一样，只要是有螯爪，其螯爪均向内弯。小龙虾有一尾部，其上有 5 片鳍；真虾类中的对虾有尾部和 4 片鳍；虾蛄尾部也有鳍分列两侧。此两种虾尾部正中均带刺，不过后者的刺较为平钝，而对虾之刺更尖利。所有这类动物中，唯有蟹无尻部；而且真虾类与小龙虾的身体拖得很长，而蟹的身体浑圆。

雄性的小龙虾有别于雌性。雌性最前面的脚是分叉的，
而雄性的脚保持单一；雌性腹部的鳍形大并且叠覆于颈部， 526a
雄性的腹鳍则较小，且不相叠覆。再者，雄性最后面的脚上

① Dt. 本删去此句。

有又大又尖的距状突起，而雌性的这种突起既小又光坦。雌雄两性于眼睛前面同样生有长大而又粗糙的触须，眼后的其他触须则小而光滑。所有这些动物的眼珠都十分坚硬，它们可以斜向内或向外转动。大多数的蟹眼也能作类似的转动，其幅度甚至可以更大一些。

龙虾的整个身体呈灰白颜色，并间有黑色斑点。它后面的脚至大脚前为止共有 8 只，与这些脚相接的才是它的大脚，比小龙虾的大脚要大得多，其尖端也更为宽粗。它们的构形很不规则；因为，右侧的脚宽粗的顶端拉得长些，也更纤细，而左侧的脚此处既粗又圆。两只大脚或螯爪各于最末端分成颌状，上下均有钳齿，不同的是右螯上的钳齿小而且呈锯齿形，而左螯上尖顶的钳齿呈锯形，里面的钳齿却呈臼形；左螯下段有4 颗臼形齿紧密并列，其上段亦有 3 颗，排列则不那么紧密。两边螯钳均是上段可以活动，能够向下段钳压；而且两螯构形上均作弯曲，仿佛天生就适用于抓握和钳压似的。在两只大螯脚的上方另有 2 只毛茸茸的脚，稍稍低于口部；它们的下方是口腔一带的鳃状组织，多毛且为数众多。这些部分一直不停地活动着，两只毛脚一会儿弯曲，一会儿向口部伸展。靠近口的脚上生有一些纤巧的附属体。跟小龙虾相似，龙虾亦有 2 只牙齿，其上方是长长的触须，不过它们较小龙虾的触须要短，也更纤细一些。另外还有 4 根触须在形状上与它们相似，但更短也更纤细。这些触须上
526b 方是眼睛，小而且短，不如小龙虾的眼睛大。眼睛的上面有

一处尖凸而粗糙的突起，就像一前额，这比小龙虾的同一部分要大些。总的说来，较之于小龙虾，龙虾的面部更尖突，胸部则宽阔得多，而且其整个身体肌肉更多也更柔软。8 只脚中，有 4 只于尖端处分叉，另外 4 只则不分叉。被称为“颈”的一带外表上分为 5 个部分，第 6 个部分则是较为宽扁的最末端，带有 5 只桡片。体内的部分，即雌虾产卵于其中的部分，为数有 4 并且有毛绒。上述每一部分都有一个向外突出的短而直的尖刺。龙虾的整个身体尤其是胸部一带十分光滑，不像小龙虾的身体那样粗糙；不过，在大螯脚的外部还是生有长大的尖刺。雌性与雄性相比并没有什么明显的差异，因为两者都会有某一侧的螯爪（比另一侧的一只）生得更大。无论是哪一性别，还从来没见过两侧的螯爪生得同等大小。

所有这类动物都经由口腔吸入海水；吸过水的蟹微微闭住这一器官以排出海水，而小龙虾则通过鳃形器官排水；它们的这种器官为数众多。

为所有这些动物所共有的特征有下列一些：它们全都有 2 颗牙齿（因为小龙虾也生有 2 颗前齿）；口里面有某种小小的肌肉状物质用以代舌；紧接着口腔的就是胃（仅仅小龙虾于胃之前有一条细小的食道），然后从这一部位引出一根直直的肠。以小龙虾这一属类及真虾类而论，此肠径直通向尾部而终止，这正是这些动物由此排泄残余物之处，也是产贮卵粒的地方；以蟹而论，此肠终止于被有桡片的地方，并且在诸桡片的中央。〔这些动物皆产卵于体外。〕① 此外，这些动物中的雌性以沿肠部位作为自己的存卵区域。而且，所有这些动物皆有所谓的 mutis 或罂粟体。

至此就该研究每一种动物的特别之处了。

527a 正如前述，小龙虾生有 2 颗大而中空的牙齿，内中含有类似于 mutis 的液质，在两齿之间有一舌形的肌肉体。出自口腔有一条短短的食道，其后接有一只膜质的胃，在它的入口附近有 3 颗胃齿，其中两颗对向，余下的一颗位于下方。由胃出发，有一条单一的肠斜迂而行，通过整个身体，直至残余物的排泄口为止始终保持同样粗细。

〔以上是为一切小龙虾、真虾类和蟹类所共有的特征；因为蟹也生有 2 齿。〕②

再者，小龙虾有一条管道，系属于胸部而直抵残余物的排泄口；在雌性那里这条管道作为子宫，在雄性那里则用作输精管。此管道通向肌肉的内凹面，从而是夹在肌肉之间；肠道通向肌肉的外凸处而这一管道通向内凹处，它们所生的情况与四足动物的情况相仿。这管道在雄性和雌性那里没什么差别，因为在两者那里它均纤薄而呈白色，其里面含有浅黄的液质，此外在两者那里它都系属于胸部。〔真虾类的卵及螺旋处的情况也是这样。〕

① 原义不明确，Dt. 本删去此句。

② Dt. 本删去此句。

与雌性相比，雄性在肌肉上有某些特别之处，其胸部位置有两处单独的白色体，它们的颜色与组成均与乌贼的触手相似，这些白色体像法螺贝的罂粟体那样绞旋着。它们起始于位于最末一对脚下方的绒毛叶。在这里，肌肉鲜红，颜色如血，触摸起来黏黏的，已经不像是肌肉了。由胸部一带的绞旋处分出另外一处旋曲，如线绳般粗细，在这下面是两粒易碎的东西，它们连接于肠，作为储精之用。雄性的器官就有以上这些。雌性有红颜色的卵，这些卵充塞于胃的附近，沿着肠的每一侧直达肌肉质部分；它们裹在一层纤薄的膜中。

这些动物体内与体表的一应部分就有以上这些。

【3】 〔有血动物体内的各个部分已有既定的名称，所 527b
有这些动物体内无一例外地具备内脏；但无血动物中无一具备内脏；为全部两类动物所共有的只有胃、食道及肠。〕①

就蟹类而言，前面业已陈述了它们生有的螯与脚及其所生的状况；大多数情况下蟹的右螯一律生得更大和更强健。前面还曾述及蟹眼的情形，大多数的蟹眼都斜向而视。蟹体躯干单一，浑然不分，无论是头部还是其他任意某个部分。有些蟹眼生在身体上部的斜下方，紧挨着壳背之下，彼此间相距甚远；也有一些蟹眼位于中央，彼此隔得很近，例如 herakleotikos 蟹与“祖母蟹”。眼睛下方是口部，口中像小

① 此节重复较多，凡加〔 〕者均为 Dt. 本所删去。

龙虾一样生有二齿，只不过这些牙齿长而不圆。蟹齿之上有两片盖，其间构造与小龙虾齿旁的构造相仿。蟹类通过口腔吸水，以这些盖为滤水器；排水时则经由口腔上方的两条管道，蟹于此际关闭其盖，水正是由此吸入的。这些通道紧靠两眼下方。〔蟹吸入水后，随即以两盖关闭口腔，再照此方式排出海水。〕与牙齿相继的是一条极短的食道，食道短得看上去就像胃直接连于口腔似的。这之后是胃，其上分出两角，从胃中央引出一条单直而纤细的肠；此肠终止于外面的厣盖处，这在前面已经叙及。〔蟹于两盖之间的构造与小龙虾齿旁的构造相仿。〕在躯干内部有浅黄色的液质和一些小而长的白色体，还有另外一些缀有红斑的东西。雄蟹于身体大小、宽度以及齿盖方面有异于雌性，雌性的齿盖生得更大些，而且外突更显著，覆毛也更多，这与雌性小龙虾的情况相类似。

软壳动物各种部分所生的方式就如上述。

【4】 各种介壳动物，比如陆蜗与海蜗以及一切所谓的
528a 贝类，再加上海胆一类，它们的肌肉部分——就具有肌肉的那些动物而论——生得与各种软壳动物的肌肉部分相似；即是说，它们的肌肉部分生在体内，而介壳生在体表，身体内部完全没有坚硬物质。各种介壳动物彼此之间又有许多差异，无论是就介壳还是就体内肌肉部分而言。因为它们中有一些动物压根儿没有肌肉，譬如海胆，另一些动物虽有肌

肉，但除头部外尽皆生于体内，藏而不露，例如陆蜗、kokalia螺① （某些人称之为kokalia）以及深海动物中的紫骨螺、法螺、海蜗和其他各种螺壳动物。其余介壳动物中，有的为双瓣壳，有的为单瓣壳，我所说的双瓣壳，指的是身体裹于双介壳之内的动物，单瓣壳则指身体裹于单一介壳内的动物；后者的肌肉部分裸露着，比如说蜮。有一些双瓣壳动物能够张开其外壳，例如海扇与贻贝；因为所有这类动物的介壳一面与身体并接而另一面可以自由分离，故而能张能合。另一些动物虽为双瓣壳，然而介壳两面同样地与身体并接，如剃刀贝（管贝）。还有一些介壳动物整个身体裹藏于介壳之内，其肌肉部分丝毫不外露，例如所谓的tethua或海鞘。

此外，这些动物的介壳本身在彼此间也存有差异。有些动物介壳光滑，比如说剃刀贝、贻贝及某些蛤贝——有的人把它们称为“乳贝”；另一些动物的介壳则显粗糙，如池蠔、江珧、某些种类的蛤贝、法螺等。外壳粗糙的这些动物中，有些壳上有肋沟，例如海扇和某一种类的蛤贝；有些壳上无肋沟，如江珧与另一种蛤贝。介壳动物在壳的厚薄方面也有差别，这既见于整个介壳也可以是就某部分介壳而言——如壳唇一带；因为有些动物的壳唇薄，如贻贝，而另一些动物的壳唇厚，如池蠔。此外，这些动物中有一些能够运动，比如说海扇（某些人竟然声称海扇能够飞行，其根据

① 即玉黍螺。

是它们常常从捕捞它们的器具中跃出)；另一些动物由于附
528b 着于他物而不能运动，如江珧。一切螺壳动物皆能够运动及爬行，即便是蠘也能够脱离其所附着之物外出觅食。这些动物和其他硬壳动物共同的一点是，壳的内部十分光坦。就单瓣壳及双瓣壳动物而论，其肌肉部粘接于介壳，因而要使大力气才能将其剥离，而螺壳动物的壳肉连接得就没有这么牢固。所有后一类动物于外壳方面均有一特别的地方，即它们的外壳上离头部最远处呈螺旋形。此外，所有这类动物生下来便具备一厣。再有一点，一切螺壳动物的介壳均生在右边，它们运动起来也不朝螺旋的方向，而是朝相反的方向。

以上这些动物于体表部分可见的差异就有上述这样一些。

所有这些动物体内的构造却很有几分类似，这在螺壳类中最为显著(因为它们之间的差异仅表现于体型大小以及属性方面的“超过”上)，大多数的单瓣壳及双瓣壳动物彼此间的差别也不是太大。这些动物彼此间虽说差别甚微，然而它们与上述那些不能够运动的动物相比却有很大的不同。这一点在后面的论述中将展现得更清楚。一切螺壳类动物的身体构造尽皆相同，其差异如上所述只在“超过”方面(因为它们中较大者有着更大且更为显著的部分，较小者情况就相反)；此外它们间的差异也表现于坚硬、疏软以及其他一些诸如此类的属性方面。事实上所有这类动物壳口处外伸的肌肉都是硬实的，但有的更硬实些，有的则差些。在其中央是头及两角；这些角于较大的动物显大，在较小者那里却格外地小。所有这类动物探头的方式全都一样，倘遇某种惊吓，其头随即返缩壳内。它们中某些具备口与牙齿，如蜗类——其齿尖利、细小而精致。它们还像蝇类那样具备一只针状吻，这东西呈舌形。法螺与紫骨螺的这种器官生得十分坚硬，而且恰如马虻及牛虻的突吻能够穿透四足动物的皮层，这种针状吻甚至要强有力得多，因为它们竟能穿透被捕获动物的介壳。胃直接与口腔相接，蜗类的胃生得与鸟类的嗉囊 529a
相仿。这之下是两块白色的硬物，类同于胸乳；乌贼体内亦可见到此物，不过它们更为坚硬。从胃引出一条食道，单一而且很长，直通壳内最深处的罂粟体。在紫骨螺与法螺那里这些部分清晰可见，就在其螺旋处。食道之后是肠（其实食道与肠径直相通），肠全段单一，直通排泄口。肠的开端在罂粟体的旋曲处周围，在那里它显得宽一些〔因为就一切介壳动物而言，罂粟体之大部分是某种残余物或泌出物〕①；随后它弯折转来，向肌肉部分上行，而肠的终端就在头的旁边，这里便是这类动物排出残余物的地方；一切陆生的与海生的螺壳动物均是如此。在大的蜗类体内，自胃部引出一条与食道相平行的又长又白的管道，它裹于一层膜中，在颜色上类似于其上方的乳形物；管道内的部分有结节，如同小龙虾的卵块，只不过那虾卵呈红色，这里的卵却是白色。这东

① Dt. 本删去此句。

西并无任何泄口〔或通道〕，而是裹在一层纤薄的膜中，其间有一处狭窄的洞孔。自肠向下方引出粗糙而连续的黑色组织，与龟的同类组织相仿，只是颜色没那么黑。海蜗亦有这些黑色及白色组织，不过较小的蜗体内这些组织也小。

单瓣壳与双瓣壳动物一方面与螺壳动物类同，另一方面又有所不同。它们皆有一头、两角、一口及舌形器官；但是在较小的动物那里由于其身体微小这些部分生得不甚分明，并且在已死的或者在静处不动的动物那里这些部分亦不分明。它们全都具有罂粟体，但不尽在同一位置，其大小也不尽相等，外观也互不一样；蠔的罂粟体位于壳下部之深处，而双瓣壳动物的这器官位于壳间呈绞合形的地方。所有这些动物全都具备圆形的须状物，海扇即可为例。所谓的卵，就
529b 具有它们的动物而言，在有卵的时候其位置在壳之某一侧的半圆周上，形如螺类的白色体；这两者是彼此对应的构造。然而如上所述，所有诸如此类的部分在体型大的动物那里是分明的，在小动物那里则要么压根没有，要么甚难辨明。因此在大海扇那里这类部分最为明显，这些海扇是一些其双瓣壳之一瓣生得平坦的动物，形状有如一个壶盖。这些动物（除某一种外）某残余物之排泄口均位于某一侧边，有一条由此向外排泄的管道；〔罂粟体如前所述是一种泌出物，它们全部包在一层膜内。〕① 没有任何动物体内所谓的“卵”

① Dt. 本删去此句。

具有通道，其实这东西乃是肌肉本身的一处赘疣。这卵与肠不在同一部位，事实上卵在右侧而肠在左侧。其他这些动物残余物之排泄口就是上述这样，野蛾的情况却不然——有些人把它们叫做“海耳”。这动物的残余物自壳下排出，因为其介壳上有穿孔。在这种动物体内，明显可见胃后接于口腔，卵也很分明。至于所有这些部分的位置生得如何，可以参照我的《论解剖》。

所谓的寄居蟹在某种程度上既属于软壳动物又属于介壳动物。它在本性上与小龙虾相似，出生时为一独立单体，但它有钻入介壳并居于其中的习性，这又与介壳动物相似，因而由于这些缘故它显得兼属二类。简单说来，这动物的形状类似于蜘蛛，只是其头及胸下部位较之更大。它有两只纤细的红角，角的下方是两只长形的眼睛，它们不能缩回体内，也不能像蟹眼一样四面转动，而是直直地突立着。眼睛下面是口部，口周围生有许多东西，确实很像须状；与此相继的是两只分叉的（螯）脚，这动物以它们来抓取物件，而且每一侧还另有两只脚，以及小小的第三只脚。胸下方的部位处 530a
处柔软，剖开后可见其中有淡黄色的物质。有一条管道自口腔出发直抵胃部，但未清楚见有排泄残余物的管道。其脚与胸均坚硬，较之于蟹类则有所不如。这动物不像紫骨螺及法螺那样黏着于介壳，而是能够容易地与之脱离。见于螺壳内的寄居蟹与见于蜓壳内者相比体型更加颀长一些。

在蜓壳内发现的寄居蟹实际上是另外一种动物；它在其

他方面与别的寄居蟹近似，然而就其分叉的那对脚来看，其实是右侧的生得小而左侧的生得大，并且它行走起来更多地依赖于后者。〔在这些动物及别的某些动物壳内还发现有一种寄居蟹，人们把它叫做 kullaros。〕①

蜓类有一个大而圆的光滑介壳，形状上近似于法螺，不过其罂粟体与之不同，它不作黑色而作红色；它们紧紧地附着于（壳之）中部。风平浪静之际，这些动物自由自在地外出觅食，一俟风起，寄居蟹们便静静地躲避于岩石间，而蜓类则像蝛类那样傍岩避风；“血痔”螺②及所有那样一类动物的情况均同于此。它们抓住岩石时，其厣翻了过来，这看起来就像是一只盖；事实上在螺壳动物那里这厣就充当了另一部分壳——双瓣壳动物则兼有两部分壳。它们体内是肌肉部分，口腔也在壳内。“血痔”螺、紫骨螺以及一切诸如此类的动物的身体构造均照同一方式。

那些左脚生得更大的寄居蟹在螺壳中是找不到的，它们出现于蜓壳之中。某一些蜗类自身中有一些与出现在江河中的小虾的生物相同；所不同的是这些生物壳内的部分生得柔软。至于它们的外观如何，在我的《论解剖》中可以查到。

【5】 海胆不具备肌肉，这是它们的一个奇特之处，因

---

① 括号内文字较含混，各种版本多有出入。Dt. 本删去。

② haimorrois，所指不详。

为它们体内全都空空，里面竟然不见一丁点儿肉；但一切海胆都具备黑色体。海胆分许多种类，其中一种可以食用，这种海胆体内有所谓的卵，形大而且可食，不论长幼均是如此—— 530b
因为它们尚且幼小时体内便有了卵。另有两类海胆，即 spatagges 类和所谓的 brussos 类，它们生活于深海，十分罕见。此外还有所谓的“海胆母”，为所有海胆中体型最大者。在上述诸种之外，另有一种海胆体型虽小，但生有又大又硬的利刺，它生活于若干㖊深的海底，有些人用它来医治尿淋沥痛症。在托罗尼一带有种白色的海胆，其壳、刺与卵皆呈白色，体型比其他各种海胆显长；它的刺却不大也不够尖硬，而是较为绵软。自口腔生出的黑色体为数众多，它们与外面的管道相通，彼此之间则互不相通；由于这些黑色体，海胆的身体就像分隔开了似的。各类海胆之中，食用海胆运动得最灵便也最经常，一个标记是，它们的胆刺上无论什么时候总是带有这样或那样的什物。

一切海胆均有卵，但某些海胆的卵格外地小且不宜食用。海胆所谓的头及口居然位于身体下部，其残余物之排泄处却高高在上。〔同样的事情发生于一切螺壳类动物及蜮类身上。〕因为这种动物的食料来自于下方，故而其口部近于食料，其残余物则在上，近于壳背。海胆内还有五颗中空的牙齿，齿中间是代替了舌的一个肉质体。其后接有食道，然后是分为 5 个部分的胃，其中充满了分泌物。胃的所有分褶在残余物的排泄口会合于一处，这正是胆壳上有穿孔的地方。胃下方是所谓的卵，裹于另外一层膜中，卵的数目与一切海胆均相等，其为数总是一个奇数，即 5。上面是黑色体，附着于牙齿的始端；它们味苦而不堪食用。在很多种动物身上都可以见到这样的黑色体或与之对应的东西，比如在 531a 龟、蟾蜍、蛙、螺壳类以及各种软体动物身上，不过它们在颜色上有异，在一切情况下这类东西都不堪食用，或是彻底无法入食，或是甚难入食。以其始端及末端而论，海胆的身体是连续的，但从其表面上看它却不是连续的，而是像一只没有了外围护皮的提灯。海胆把它的刺当脚用，它全身的重量都压在这些刺上，挪动它们以从一处移到另一处。

【6】 在所有这些动物中，所谓的 tethua 或海鞘生得最为奇异。因为它们是唯一全身缩于壳内的动物，而且这壳介于表皮与介壳之间，因而切割起来就像是一块坚实的皮革。它们以其介壳状外壳附着于岩石，生有彼此相距甚远的两条管道，这些管道极其细微，不容易看得见，它们经此吸进和排出海水。它们没有可见的残余物——正如其他诸种贝类中，有些状似海胆，有些有着所谓的罂粟膏。切开来看，首先可见一层腱质的膜裹于介壳状外壳里侧，膜内即是海鞘的肌肉状物质，它一点也不同于其他各种动物的肉质，但就一切海鞘而言，这种肌肉全无不同。这肉质于两个地方斜向附着于膜与外皮，其所附着的地方正是每侧空间较为狭窄之处，肌肉由此向穿出壳体之外的两条管道延伸；这动物通过

它们吸入和排出食物及液质，就好比一者是入口，而另一者是残余物之排泄口。它们中一者较粗，另一者较细。在里面，每侧各有一腔孔，由小而连续的某种东西隔开；其中一个腔孔中发现有液质。海鞘不具备别的器用①或感觉之器官，并且也不像前面就其他各种动物所述的那样具备排泄残余物的器官。海鞘的颜色一为淡黄，一为红色。

还有一种奇异的动物即海葵。这动物虽像某些介壳动物那样附着于岩石——有时它们也会松开，但是它们并不具备介壳，而是通体皆为肌肉状物质。它们具备感觉能力，可以用手抓住走到它跟前的东西，就像章鱼用它们的触手所做的 531b
那样，这种情状下其肌肉会鼓胀起来。这动物的口生在正中，它们像牡蛎傍壳为生一样傍岩石为生，若是有某种小鱼游到其跟前，它们就会牢牢抓住，就像手抓的动作似的；任何可吃的东西游至它们跟前都会有如此遭遇，为其吞而食之②。它们中的某一种所食不限，它吞食〔任何游至其前的〕东西，既食海胆亦食海扇。看来它们丝毫也没有残余物，在这一点上跟植物相像。海葵的种类有二，一类体型显小且较宜食用，另一类体型大且肉质坚硬，如见于加尔基一带的那些。海葵的肌肉在冬天坚实（因而这时它们被捕获以作佳肴），然而到了夏天它们却归于消损，因为它们变得好

---

① organikon。

② 此句洛布本删减为：“这动物的口生在正中，它们靠小鱼为生，若是有任何〔可食的〕东西游至其跟前的话。”

似水浆。若是有人触抓之，它们会迅即裂成碎片，没有办法将它们完整地从其附着的地方撕离。不堪炎热时它们更是会钻入岩石之间。

关于软体动物、软壳动物与介壳动物体表诸部分及体内诸部分，以上一一做了论述。

【7】 这里让我们以同样的方式来讨论虫类。这一种动物本身又包含许多属类；并且尽管其中某些动物彼此紧密关联，却没有一个专用于它们的共同的名称，例如蜜蜂、大黄蜂、胡蜂以及所有诸如此类的动物；再有就是那些翅藏于鞘中的金龟子、鹿角虫、芫菁（地胆）和一切诸如此类的动物。

一切（昆）虫类皆有三个共通的部分，即头部、包容腹胃的躯干以及介于前二者之间的第三部分，这类似于其他动物的胸与背。就大多数虫类而言，第三部分是单一的，但在体型大且多足的虫类那里，这居间部分的分段与结节的数目大致相等。

所有虫类被切成两段时仍能存活，只有那些本来身体就极其冰凉和由于身体微小冷却甚速的虫类例外，就是胡蜂被
532a 切断后仍可存活。只要与身体中段连接，无论是头还是腹胃均可存活，而脱离了中段后头部并不能存活。那些体长且多足的虫类被切断后能够存活很长时间，虫体的切段能够任意向两端运动，因为它们既可朝切口方向运动，又可朝尾部方

向运动，例如所谓的蜈蚣。

一切虫类均具备眼睛，但没有明显可见的任何其他感觉器官，只不过某些虫生有舌一般的东西（所有的介壳动物均有此物），虫类以此尝味和吮吸它们的食料。有些虫类的这个器官生得柔软，另一些的则生得甚为硬扎，比如在紫骨螺那里。马虻及牛虻的这器官生得十分坚硬，而其余诸种虫类中几乎大多数均是如此。因为，一切不见尾刺的虫类都以这器官当作一种武器（凡是生有这器官的动物皆不生牙齿，仅少数几种例外）；蝇类通过接触以此吮吸血液，蚊蚋则以此叮刺他物。

某些虫类还具备螫刺。有些动物的螫刺生在体内，比如蜜蜂及胡蜂；另一些动物 的螫刺生于体表，如蝎，而蝎是虫类中唯一生有长尾者。再者，蝎类还兼具螯爪，这在出没于书卷之间的蝎状动物身上也可见到。

在其他部分之外，能飞的虫类还具备翅翼。其中一些飞虫具有双翅，如蝇类；另一些具有四翅，如蜜蜂；双翅类的飞虫无一具备尾刺。此外，有一些飞虫，翅上带有鞘，如金龟子；另一些则无鞘，如蜜蜂。一切虫类共同的一点是，它们的飞行并不凭靠其尾臀，而且它们的翅部既无翮状物亦无分叉。

此外，某些虫类于眼睛前面生有触角，例如蝴蝶与鹿角虫。以那些具有跳跃能力的虫类而论，其中一些的后肢生得更 长些，另一些生有像四足动物的后腿一样向后弯曲着的

“舵桨腿”（长后腿）。一切虫类的腹面与背面都生得不同，这与其他诸种动物无异。虫身的肌肉不是介壳质的，也不类似于介壳动物体内的部分——它不是那样的肌肉状物质，它
532b 是介于两者之间的一种东西。因此虫体既无刺质、骨质、鲫骨质亦无包裹身体的介壳；事实上虫体凭借其自身的硬度安然度日，无须另外某种东西来支撑。虫类有一层外皮，但是这层皮极其纤薄。

虫类动物见于体表的部分就有以上这些以及诸如此类的一些。

在体内，紧接于口腔的就是肠，大多数情况下虫肠直至排泄口为止都是平直单一的，但亦有少数的虫肠带有盘曲。这类动物无一具备任何内脏，也不具备脂肪，恰如其他任何无血动物的情形。有些虫类具备胃，从这里引出肠的其余部分，或者单直或者盘曲，草蜢即是例子。

蝉是这类动物——乃至其他各类动物——中唯一不具备口腔的动物，但它像具备前刺的虫类那样生有一舌形物；这东西长大、整合而无分叉，蝉通过它吮吸露水——这是它唯一的食料；蝉的胃里从未产生过任何残余物。这种动物分许多类，彼此间有大小之别，再就是所谓的鸣蝉于胸膈下方有分离处，并生有明显可见的膜，幼蝉却不见此膜。

海洋之中也有一些奇异的生物，由于其稀有我们无法将它们归入某一种类。某些有经验的渔人曾经声言他们见过海中如棒状者，色黑而体圆，周身同等粗细；另有一些人见过

有如盾状者，其颜色鲜红，有密集的鳍；其他人还见过外形及大小有如男性生殖器的生物，不过占据睾丸位置的是两只鳍，他们声称有一次曾于夜钓线的末端钓到过这样一只生物。

一切动物的部分，即体表与体内的部分及每种动物独特的与共通的部分，其所生方式正如上述。

【8】 现在应当进而论述诸种感觉。并非一切动物都同样地具备感觉，实际上有些动物具备全部各种感觉，而另一些动物所具感觉的种类相对少些。感觉最多便有如下一些，出此范围再未见有任何特别的感觉，其数目为五种：视、听、嗅、味、触。

故人与有足的胎生动物，此外再加上一切有血的卵生动物，全都具有这样五种感觉，只有发育曾经受阻致残的某一 533[a]
种类的动物才会例外，如鼹鼠一类。因为这种动物不具备视觉；从外表上看它没有眼睛，但若是将它的那层厚皮从头部剥去，在其外面通常应当有眼的部位，里面可见残缺了的眼睛，这里有同于正常眼睛具有的一切部分，即是说既有眼黑又有眼黑里面的部分——所谓的瞳孔，以及其周围的脂肪部分；当然，与显露于外的眼睛的相应部分相比，这些部分全都显小。由于厚皮的掩蔽，外面没有任何东西标明这些眼睛的存在，这表明这动物在发育过程中天性受阻致残；〔有两条坚韧的腱质管道自脑与骨髓的会合处引出，从这些眼窝旁边经过，终止于上獠牙。〕① 其他各种动物皆具备关于颜色与声音的感觉，此外还包括嗅觉和味觉。第五种感觉即所谓的触觉，为所有各种动物所具备。

有些动物耳上的感觉器官显而易见，而眼睛尤为显明，因为眼睛生在一个固定的部位。听觉器官也有其固定的位置，因为有的动物有耳，有的动物有明显可见的听觉通道。嗅觉的情况也是这样，因为有的动物有鼻孔，有的动物有嗅觉通道，例如鸟类动物。味觉器官即舌也是一样。在水生的有血动物中，鱼类具备味觉器官，即舌，然而有虽有，却不甚明确；因为鱼舌为骨质，且不能自如地活动。某些鱼类的上腭是肉质的，如鲤类中的淡水鲤，因而那些未作仔细观察的人会以此为舌。

显而易见，鱼类具有味觉；很多鱼偏爱某些特别的味道，若是以鲣或某种肥鱼的肉为饵，鱼就极容易咬钩，这表明鱼喜爱这种味道，爱吃这样一类的饵。鱼类没有分明的听觉及嗅觉器官；在应当有鼻的部位某些鱼可能会有鼻一般的东西，它们无一与脑部相通；其中一些如同死巷，另一些仅仅通至鳃。当然，鱼类明显具有听觉与嗅觉，因为明显可见它们倘遇大的声响便会逃散，例如三层桨战船的划桨声，因而洞中的鱼群很容易被捕获。水面上哪怕是很轻微的声音对于水中的任何生物都会转为令其惊恐难耐的巨大声响。捕

① Dt. 本删去。

捉海豚的情形正是如此：当渔人以他们的独木舟围住一群海豚时，他们便从舟中斜出身来在海水中造成声响，吓得海豚群飞也似地冲上岸滩逃命，尚未为声响所震慑之际，搁浅于滩的海豚们已经束然就擒了。可是海豚们依然不见有任何分明的听觉器官。再者，渔人们从事捕鱼之际会格外谨慎小心，不弄出一丁点儿响声，无论是桨声还是网声；当他们觉察到离得很远的某处有一群鱼时，便远远地下网，估计好此际的桨声及船体的溅水声均不至于影响其接近鱼群所在的地方，他们叮嘱船上所有水手最大限度地保持沉静，直至得以团团围住鱼群为止。而在希望鱼群聚得更拢些的时候，他们便仿照海豚捕捞者的办法，即是说他们会击石作声以惊吓群鱼，使其向同一地点聚集，这样鱼群就钻进了他们的网中。〔如上所述，在围住鱼群之前他们悄不作声，然而一旦将其围定，他们就令船上众人大声吆喊，听到嘈杂刺耳之人声的群鱼由于惶恐自会一头撞入网内。〕① 此外，当渔人们瞥见远处有大量密集的鱼群趁风和日丽之际嬉戏于海面时，若是他们想知道这鱼群的大小及其种类，便悄无声息地驶近，再骤施惊吓并趁它们尚在水面时捕而获之；但倘若有谁在到达之前不慎出声，便只好眼睁睁地看着鱼群四处逃散。再就是江河中有一些小鱼，被某些人称作 kottos 鱼，由于它们喜欢 534a
藏身于岩石之下，有些人便以石块扣击岩石，这些鱼听见扣

① Dt. 本删去。

击声后即于惊慌之中仓皇窜出，正好为人捉住。所以从上述事例中可以清楚可知鱼类能够听闻；有一些人甚至断言鱼类是一切生物中听力最为敏锐者，这是由于他们生息于滨海地带，常能遇到这类的事例。而一切鱼类之中，在鲱鲵、鲈鱼、salpe、khromis（石首鱼）以及其他各种诸如此类的鱼听力最为敏锐。其余各类鱼的听力要逊于上述这些鱼，因此它们更乐于靠近海底过活。

嗅觉方面的情况也与此相似。因为大多数的鱼类不愿去碰不新鲜的鱼饵，而且也并非同一些鱼饵能钓起所有种类的鱼，事实上需要各种特别的饵料，鱼类凭嗅觉自可区分这些饵料。有些鱼便爱吃带恶味的饵料，例如 salpe 就喜食粪便。此外，很多种鱼居息于洞穴之中，因而渔人们若是想诱其出洞以捉之，便以带有浓烈气味的腌渍物遍布洞口周围，鱼儿随即就朝这些东西游来。海鳝也可以此种方式捕获：渔人们把一只淹过东西的缸投入水中，而缸口里侧安置了一个名曰“滤筛”的机关。总的说来，一切鱼类都能更迅速地为气味所吸引。为了气味的缘故，渔人们将乌贼肉加以煎烧，再以此作鱼饵，鱼儿就更容易上钩。人们说他们把熏烤过的章鱼放置在渔笼中不是为了其他任何原因，仅仅是取其气味而已。此外，聚生的鱼类若遇洗鱼水或舱底污水泼来便会急速
534b 逃离，这表明它们不喜欢这种气味。人们说鱼类凭嗅觉可以极其迅速地嗅知其同类的血液，它们表现得很明显：一旦水中出现鱼血，它们就会一口气地逃离到很远一段距离以外。

大体上，只要笼具中放置的是陈腐的饵食，鱼儿就不乐意进入乃至游近；而一旦放上新鲜可口的饵食，鱼群立刻就会远远地赶来，贯拥入笼中。〔这种情况在上面提到过的海豚那里最为显著；因为如上所述，这动物并无明显可见的任何听觉器官，却会由于为声音所震惑而受捕获。它们也没有任何显见的嗅觉器官，然而其嗅觉却甚为敏锐。〕①

于是显而易见，上述这些动物均皆具有所有种类的感觉。

其余各种动物在种类上可以归为四类，这些种类囊括了其余动物中的大多数，它们是软体动物、软壳动物、介壳动物再加上虫类。其中，软体类、软壳类与虫类具备全部各种感觉，它们具备〔视觉、〕②嗅觉与味觉。虫类无论有翼还是无翼均可以察知很远处散发香味的东西，例如蜜蜂与knipes蜂（树蜂）就能够觉察出离得很远的蜜，这表明它们依靠嗅觉辨识事物。而且，有许多虫子死于硫黄的熏气。此外倘若于蚁巢穴口处撒上研细的薄荷与硫黄，蚂蚁们便会纷纷离巢；焚烧鹿角可以熏跑大多数种类的虫豸，而焚烧苏合香胶更会令虫豸们奔逃不迭。此外，乌贼、章鱼与小龙虾均可利用饵食捕获；章鱼能紧紧地抓牢岩石，以至于无法将其拉开，即使施以切砍它们还是紧抓不放，然而若是有人以蚤

① Dt. 本删去了这两句。

② 有的版本将其删去了。

草近前一熏，闻见此味的章鱼顿时便会撒手。味觉方面的情
535a 况也与此相似。虫类嗜求不同种类的食物，并非所有的虫类喜欢同样一些食物；比如蜜蜂从不停栖于任何腐坏了的东西上，而是一味地围着甜东西转。至于触觉，前已述及它为一切动物所具有。介壳动物既有嗅觉又有味觉——从用饵的事例中已可明察，比如紫骨螺这种动物就喜食陈腐的饵料，会朝这样一类饵料游来，表明在很远它们就觉察出来了。从同样的事例中明显可知动物具备味觉，因为若是一类动物由于辨识出气味而趋近某种东西，那就应当归结为它喜欢这种味道。此外，凡是具备口部的动物触尝有味的液汁时都会感到愉悦或痛苦。

在视觉与听觉方面，我们没有完全确实的证据，这方面的情况并非十分清楚。以剃刀贝来看，若是有人发出声响，它就会蛰入泥沙，而若是觉得铁器声接近，它将钻得更深（因为它们身体的一小部分探出地面，而其余部分就好像是埋在一个洞穴中）；再如海扇，假若其壳瓣张开时有人将手指伸近，它们会紧敛其壳，就跟看见了人的动作似的。再者，捕捞蜒螺者于诱捕蜒螺时，不会从上风位置动手，待蜒螺被诱向饵食之际，他们不言不语，静屏无声，这是由于（他们相信）它们既能嗅又能听；他们说，人若是开口讲话，蜒螺就会设法遁去。诸种介壳动物中，海胆看来是嗅觉最为迟钝的能行走动物，海鞘与藤壶则是听觉最不灵敏的静处不动的动物。

一切动物感官的情况就如上述，以下我们要论述动物的声音。

【9】 “声音”与“声响”互不相同，而“言语”则是它们之外的第三种东西。除咽喉外其他任何身体器官都不能发出声音，所以凡是不具备肺部的动物就不能发声。言语则是利用舌部理调声音的结果。故元音产生于喉部发音，辅音产生于舌及唇部；而言语乃是由这二者共同构成的。因此， 535b
凡是无舌或其舌不得自由活动的动物均无言语的能力，不过它们可以凭借别的器官发出声响。各种虫类既不能发音又不能言语，但它们可以靠体内气息（当然不是靠向外吹气，因为虫类中无一会呼吸）发出声响；尽管如此，有些虫类也可发出嗡嗡声，如蜜蜂等有翼的虫类；另一些虫类据说竟然可以唱歌，譬如蝉类。所有这些动物都靠位于胸膈——就那些身体于此分段的动物而言——下方的一层膜来发声，例如有那么一种蝉就靠气息的摩擦来发声，而蝇类、蜜蜂以及其他一切动物都凭借飞行中翅翼的张合动作来发声，这种声响其实起于体内气息之摩擦。草蜢摩擦其“舵桨腿”以发出声响。

诸种软体动物中，无一能够发出语声或发出任何自然的声响，诸种软壳动物的情形也是这样。鱼类发不出声音，因为它们既不具备肺也不具备气管及咽喉，但是它们能发出某种声响以及吱吱声——人们所谓的“语声”，例如魴鮄与石首鱼（这些鱼能发出某种咕噜声）与见于阿克亥洛斯河中的䲃鱼；此外还有 khalkeus 鱼① 与鸤鸠鱼，它们中一者发声就像是吹管声，一者近似于鸤鸠的叫声，这动物正是由此而得其名。所有这些动物之仿佛发声，有的是凭借鳃的摩擦——因为这部位多细刺，有的是利用了体内腹部一带，因为这些动物中每一个体内均含气息，而依靠气息的交相摩擦和运动就能产生声响。有一些软骨鱼看来也可以吱吱作声。

然而说上述这些动物能够发出声音是不恰当的，应当称之为声响。海扇于水上漂游时——人们把这称做“飞行”，发出嘘嘘之声，同样的情形也见于“海燕”；后一种鱼能离水飞行，干脆不接触海面，它们生有一些又宽又长的鳍。从而，正如鸟类飞行中翅翼发出的声响并不成其为声音，上述这类动物发出的任何一种声响同样也不能算作声音。

海豚出水置于空气中时会发出吱吱的尖叫声及呻吟声，
536a 这却不同于上述各种动物之发声，因为这动物发出的是声音。这是由于海豚既有肺又有气管，可是其舌不能自如地活动，再加上没有唇，因而它们无法发出清晰的声音。

在具备舌及肺的动物中间，卵生的四足动物能够发出声音，但其发音微弱无力；也有一些发音如吹管声，譬如蛇；有些动物的声音细微而软弱，另一些仅发出低微的嘶声，如

① 或作 khalkis。龟，蛙类。

舌部的构造十分特别，因为这动物舌的前部跟鱼类似的牢牢固定着，而其他动物的这部分可以自如地活动，然而蛙舌接近于咽喉的部分竟又能自如地活动而且还生有卷折；正是凭借了这样一种构造，蛙类才得以发出其特别的咯声。水中传出的咯咯蛙声乃雄蛙所为，这是它们在呼唤雌蛙以求交配。各种各样的动物中，每种动物为同一或相类似的目的各有其独特的讯声，例如家豕、山羊与绵羊的情形。〔蛙作咯声时将其下颌平置于水面之上，并全力鼓起其上颌。这种紧张致使蛙颌看起来几近于透明，蛙眼也闪亮如灯，因为交配大多在夜间进行。〕①

鸟这种动物也能发出声音，鸟舌生得扁平者发声最接近言语声，而其舌纤薄的那些鸟也巧于发声。某些种类的鸟雌雄两性发出同一种声音，另一些鸟则雌雄异音。体型显小的鸟比那些大鸟更喜啁啾作声，而每一种鸟于交配时节都会有此种表现。有些鸟边拼斗边鸣叫，如鹌鹑；另一些鸟则于拼斗之前先啼叫，如鹧鸪；或者如公鸡，于斗胜之后再雄声长啼。某些雄鸟之鸣唱几近于雌鸟，比如雄夜莺与雌夜莺就能同声歌唱，只不过雌莺于孵卵及哺雏期间暂时中断其歌唱。也有一些动物唯有雄性鸣唱，比如家鸡与鹌鹑，而它们的雌性干脆就缄口不唱。

胎生的四足动物能发出另外一种声音，但没有言语能

---

① Dt. 本删去。

536b 力。实际上，言语唯独属于人类；凡能言语者自能发出声音，而能发出声音者却未必全都能言语。那些生来耳聋者必定全都哑巴；他们确实可以发出声音，但根本不能进行言谈。孩童起初并不能控制好其舌部，恰如他们不能控制好身体其他的部分一样；而舌本身此际亦不完善，日后才渐臻灵转，故孩子们大多嗫嚅而喃讷。

声音与言语方式随地域而异。声音最主要地以其音调之高低锐钝而作区分；同一些种类的动物中，某一属类之内的声音并无任何差异；然而以清楚分明的声音——有人会说它们如言语一般——而论，则会在不同种类的动物中表现出差别来，而且即使在同一种动物中间也会随地域而相异，例如鹧鸪之中，有的作咯咕声，有的则尖啾而鸣。就小鸟而言，有的鸣唱时会发出不同于成鸟的声音来——要是它们离巢受哺并听多了其他鸟类的鸣唱的话。曾见一雌莺教导其幼莺歌唱，这表明“言语”的能力并不同声音一样得自于天赋，而是可以练就的。人类发出同一种声音，其言语则互有不同。大象之发声与鼻无关，而仅仅依靠了口腔本身，它发出一种吹气声，有如人叹息或呻吟之声；若是用上了象鼻，这声音便宛如破哑了的喇叭声。

【10】 关于动物的睡眠与觉醒，一切有足的有血动物均会入睡与觉醒，它们的这些活动可以明白无误地为人感知。凡是生有眼睑的动物，睡眠时一律要闭合其睑。此外显

然不只是人才做梦，而马、狗与牛均会做梦，还有绵羊、山羊以及任何一种胎生的四足动物；狗类睡眠中会吠，清楚地表明其有梦。至于各种卵生动物，这一点尚不明确，不过它们会入睡则可以说明白无误。各种水生动物亦然，例如鱼类、软体动物类与软壳动物类——小龙虾及诸如此类的动物。所有这些动物睡眠时间固然短暂，其入睡却是毋庸置疑 537a
的事实。不过不能以其眼睛的情况来作睡眠的证明（因为这些动物无一生有眼睑），而应以其木然不动为证明。

〔若非为虱或所谓的“蚤”所扰，一些鱼可以被抓获，甚至到可以用手轻而易举地捉住的程度；鱼此际的呆滞状态若是时间长了，这些小生物便会于夜间围攻并咬噬此鱼，它们的数量极其众多。它们出现于海底区域，其为数是如此之多，以至于随便用哪种鱼做成的饵食倘若在水底放久了，就会遭其叮噬；渔人们起钓时往往发现它们密密麻麻地叮在鱼饵周遭，就像一只环裹着的圆球似的。〕①

但由下列事例可以更加确实地断定鱼类会入睡。常常有这样的事情，可以逐渐接近鱼而不为其所察觉，乃至用手捉住它或予以击打都不见其察觉；在此期间鱼身完全呆滞，仅尾部偶有轻微动作。很明显这些鱼在睡觉，若是于其木然不动期间被惊扰，它们的反应就可说明这一点：它们的动作与从睡梦中惊醒的动物一模一样。此外，由于其入睡，可以利

① Dt. 本删去。

用火炬来加以捕获。船上监望金枪鱼的人常常设法于熟睡的鱼群周围下网；它们被捕上来时仍旧木然不动，并且是肚白朝天，这清楚表明它们在睡觉。它们在夜间睡得要比白天多，酣睡到网撒下来竟然无所反应的程度。大多数的鱼入睡时傍近水底地面、泥沙或某些石头，或者潜藏入岩石及沙丘底下。身体宽扁者睡在沙里，从沙中可以辨认出它们的身形来，用三齿鱼叉叉刺即可将其擒获。鲈鱼、金鲷、鲱鲵以及诸如此类的鱼由于睡着了在白天里也常常可以利用三齿鱼叉加以擒获；若不是睡觉，这类鱼中任何一只都不像是三齿鱼叉可以叉得到的。有时软骨鱼也会如此酣睡，以至于用手就
537b 可以捉住。海豚与鲸鱼这些具备喷气孔的动物睡觉时其喷气孔露出海面，它们通过此孔呼吸，同时轻微运动其鳍；真有那么一些人听见过海豚的鼾声。

软体动物睡觉的方式与鱼类相同，而软壳类动物的情况也与前两者相似。虫类动物亦会入眠，从下述事例中即可证明；因为，虫类会十分明显地保持呆静，纹丝不动。这于蜜蜂中看得最清楚，因为到了夜间它们就安然入睡，停止了其不绝之嗡鸣。而从那些最常见的虫类身上也看得很明显，因为它们于夜间安息并非仅仅是由于其视力欠敏锐（的确一切硬眼的动物视力都是模糊的），事实上若是以灯光照之，它们照样安睡不误。

诸种动物中，人类最容易入梦。儿童与尚且极幼的婴孩不会做梦，但是大多数情况下到四五岁光景就开始有梦了。

曾有过成年的男子和女子有生以来从未做过任何梦。这样一类事例中，有些人于高龄竟然又做梦，而接踵而来的便是身体方面发生的变化，一些人步入死亡，另一些人则趋于衰颓。

关于感觉、睡眠及觉醒就讲这样一些。

【11】　有些动物有雌雄之分，另一些却没有，只可以就某种相似性说它们生殖与妊娠。那些静居一处的动物完全无所谓雄性或雌性，总的说来各种介壳动物亦无性别之分。在软体动物及软壳动物中间有雌雄之分，还包括有足的有血动物，无论是两足还是四足，以及一切经过交配生下活体、卵及蚴的动物。

在其他种类的动物中，要么有单纯意义上的生殖，要么没有，例如一切四足动物中既有雌性又有雄性，但诸种介壳动物中并无两性之分，而是像植物那样，有的产育，有的不产——这些动物正是如此。而在虫类与鱼类动物中，有一些 538a
压根就没有两性之区分，比如海鳝即无雄雌之别，它们自身也不事生育。不过有些人说有时候可以见到某些海鳝身体有一些须发状或蠕虫状的东西，就像一缕缕海草，这些人出此草率之言时并没有切近观察过这些东西处在什么位置。因为这类动物无一会不经卵生而为胎生，而海鳝体内无论什么时候都没发现有过卵。凡是胎生的动物，其胎儿必定位于子宫中，附生于宫壁，而不是位于腹间；因为那样的话它就该像食物一样历受消化作用了。至于有些人讲海鳝雄性与雌性之差异在于前者头更大且更长，而雌性的头部较小和较扁，他们讲的并不是雌雄之差异，不过是种类上的不同而已。

有某一些鱼被人们叫做 epitragias 鱼（“阉鱼”），这类鱼与鲤鱼及 balagros 鱼①均见于江河之中。这样一类鱼从来不见有卵及生殖液，它们的整个身体坚实而肥胖，生有一小截肠；这些鱼一看就是上等鲜品。此外，正如介壳动物与植物中有虽事生育与繁殖却不经受孕者，鱼类之中亦如此生殖者有 psetta、eruthrinos 两种鱼与 khanna；所有这类鱼体内均见有卵。

各种有足的有血动物中，非卵生者的雄性大多数都比雌性体型大，活得也更长，骡却是一个例外，这种动物的雌性反比雄性活得长，体型也更大。而在卵生动物及蚴生动物中，就同在鱼类与虫类中一样，雌性体型要大于雄性，例如蛇、毒蜘蛛、壁虎与蛙。鱼类的情况也相仿，比如体型小的软骨鱼与大多数的聚生类鱼，还有一切栖息于岩石间的鱼类。至于雌性之寿命较雄性更长，这一点能够从捕到的雌鱼
538b 比雄鱼的年龄更老得到表明。一切动物身体的上部及前部都是雄性更矫健、更有力和更完备，而身体的后部较之于雌性则有显单薄。这样一种情况通见于人类以及其他所有有足的胎生动物。再者，雌性动物筋腱较弱，关节也较松，而且凡

① balagros。

有毛发者其毛发亦较纤细，无毛发者则其对应于毛发的东西显细。而且雌性动物肌肉组织比雄性动物要松弛些，膝关节更加内曲，胫骨则较显单薄；雌性动物的脚——当然是就具备这一部分的动物而言——较为精巧。至于声音方面，就具备声音的动物而言，一切雌性的动物之发音都更加柔婉而尖细，牛类当属例外，雌牛之嗥叫声比雄牛还要低沉。关于那些天生适用于争斗的器官，比如说牙齿、獠牙、角、距刺以及其他一切诸如此类的器官，在有些种类的动物那里总的说来是雄性有而雌性无，譬如雌鹿无角，而且有距的鸟类之中，某些种类的雌鸟竟至于全然无距；同样地，母猪不长獠牙。在某些动物中，雌雄两性均具备这类器官，但是在雄性动物那里更健壮；例如雄牛的角就比雌牛的角生得更强壮。

第五卷

【1】 以上我们业已陈述了一切动物体内及体表具有
538b30 的各种部分，并进而详述了各种感觉、声音、睡眠、何者为
539a 雄何者为雌等。剩下来需要讨论的是动物的生殖，让我们首先从最初始的谈起。

生殖的方式多种多样，有许许多多的差异，在有的方面迥然不同，在有的方面又呈现出几分相似。先前既已区分了诸般种类，此际我们也应努力遵照同一方式来做研究。只不过先前我们是从人的各种部分开始，此时却要等到最后才予以讨论，因为其中情节最为繁复。

首先应从介壳类动物开始，这之后是软壳动物，再照此方式依次论及其他诸种动物；它们是软体动物、虫类以及其后的鱼类——既包括胎生的也包括卵生的鱼类，然后是鸟类；在此之后我们将讨论到有足的动物，讨论卵生及胎生的有足动物。某一些四足动物是胎生的，而两足动物中唯有人类才是胎生动物。

有一共同点见之于动物恰如见之于植物；即植物中有些

由另一些植物的种子生成，有的则自发地生成——伴随有某种此类初始物质的形成，这些自发生成的植物中有的从泥土中获得养料，有的栖身于别的植物体内得以生长，正如我们在《论植物》中所述。与此相同，动物中有些从形状上看由与其同种的动物生成，有些自发地生成，无须与其同种的动物；这样一些动物中有的从腐土及植物中生成，比如许多虫类之滋生，有的则从动物身体内各部分的泌出物中生出来。

其生成得自于同种动物的那些动物中，有雌雄之别者须经交配而生殖；然而在鱼这种动物中，某些鱼既非雄性亦非雌性，在种上它们与别的鱼虽然相同，在属类上却又相异；还有一些鱼异乎寻常地奇特。有些鱼虽呈雌性，可是它们中全无雄性；这些鱼所产的卵恰如在鸟类中见到的风卵。鸟类中的这种卵悉皆不能孵化——鸟类的本性即能够单由雌性进行直至育卵阶段完毕的生殖过程，除非它们以另外某种方式经受了雄性的交配；后面我们将就此作出更加详细的说明。也有某一些鱼，当它们产下能够自发孵化的卵后，从这些卵又生长出新的动物活体来，不过其中一些得以独立生成，另一些则有赖于雄鱼。关于这里的方式，通过后面的讨论将会看得更加清楚，因为鱼类的生殖方式与鸟类大致相仿。至于那些得以从动物体内、从泥土中、从植物中或从上述事物的一部分中自发生成的动物，若有雌雄之分，经二者交合虽能产出某种东西，这东西将不像是出自于双亲中任何一方，它们实际上是不完备的。例如，由虱子相互交配产下所谓的虮子，由蝇产下蛆，由蚤产下卵形的蛆；由这些生物产出的既不是同于亲种的动物也不是另外某种动物，而是诸如此类的某些东西。

首先让我们来讨论动物的交配——就那些进行交配的动物而论，在此之后再依次讨论其他各种问题，既包括就个别种类动物而言的问题，也包括各种动物间共通的问题。

【2】 那些含有雌雄之别的动物自会进行交配，然而其交配并非各各相同，也并非彼此类似。凡是胎生而有足的有血动物均有用于此种行为的器官，但是其交媾的方式却并非全都相同，事实上，后向尿的动物于后部进行交合，例如狮、野兔与林独；然而野兔中也经常可以看见雌兔首先骑到雄兔背上。

其他动物中大多数也采用同一方式，大多数的四足动物都采取最佳的交配方式，即雄性骑伏在雌性身上，而鸟这种动物全都采取并且仅仅采取这一方式。不过鸟类中也存在着某些差异，因为有些鸟是雌性蹲伏地上，雄性再骑伏于其上，如鸨及家鸡；另一些鸟的雌性并不蹲伏于地，如鹤类，这些鸟由雄性跨在雌性背上进行交配，并且很快就完事，就像麻雀那样。四足动物中，熊进行交配时交互躺卧，采取的方式则同于其他站着行事的动物，即雄性腹部贴压于雌性背部上。刺猬直立着，腹对腹地进行交配。

就体型巨大的胎生动物而言，雌鹿很少有能够承受雄性交配至完毕的时候，母牛亦不能如此久地承受公牛，这是由于雄性之生殖器僵直；事实上，雌性一边从下面挣脱一边接受着精液，这一点从雌鹿身上即可察知，更不用说从驯鹿身上。狼交配时采用的方式与狗的交配方式相同。猫交尾时却不从后面进行，而是由雄性直立着，雌性再蹲伏于其下。雌猫生性淫荡，惯于引诱雄猫以行性事，并且于交合之际屡作春鸣。骆驼交配时由雌性蹲伏着，雄性跨伏于其上而不是对接于其后部，这倒与其他四足动物相像；骆驼的交配要花一整天。它们进行交配时会躲到某一僻静处，除了其豢养者外任何人最好都不要走近其身边。雄驼的生殖器筋腱坚韧，以至于被人们用来制作弓弦。象亦在僻静处进行交配，尤其喜欢在它们惯常栖游的河滨；交配时雌象蹲伏且两腿分开，雄象则骑伏其上与之交配。海豹之交配与后向尿的动物相仿，它们长时间地媾合在一起，就跟狗类一样；雄海豹的生殖器生得十分地大。

【3】 卵生的四足动物交配时也采用同一方式。有一些像胎生动物那样采取骑伏的方式，如陆龟及海龟，另一些……①这些动物有一个若干管道聚合入其中的器官，交配中它们以此相互交合，例如trugon(es)②、蛙及这一种类的

① 原文有空缺。

② 字义为“鸠鸽”或“刺魟”，与蛙不属一类，有的版本校改为 phrunoi（“蟾蜍”）。

所有动物。

【4】 无足的长形动物，如蛇与鳗鲡，交配时腹部对腹
540b 部地相互缠绕。蛇相互间缠得那样地紧，竟至于它们的身体整起来看就像一条生着两头的蛇。蜥蜴这种动物也采用同一种方式，它们也是相互交缠以行交配。

【5】 除了身体扁宽的软骨鱼类外，一切鱼类交配时都是腹对腹地并排而躺卧。然而身体宽扁且有尾部的鱼类，如魟与刺魟以及诸如此类的鱼，不仅并排而躺，而且也采取骑伏的方式，雄鱼以其腹部贴压于雌鱼背上，这是指其尾部尚未厚大到足以造成障碍的那些鱼类。而扁鲛及诸如此类的尾部粗大的鱼类交配时仅仅是腹对腹地相互挤擦。有些人说他们曾看见过某些软骨鱼像狗那样以身体后部相交。一切软骨鱼中都是雌性较雄性为大，其他鱼类中大致上也是雌大于雄。软骨鱼有前曾述及的那些，还有牛鱼、lamia、鹫魟、电鲰、鲛鱇以及一切角鲛（狗鲨）。故而一切软骨鱼就照上述方式进行交配，许多人都观察到了——这是因为一切胎生动物的交合时间都比卵生动物要长。

海豚和一切鲸类也采用同一种方式，它们交配时雄性在雌性身边相并而躺，历时不短亦不太长。

在某些软骨鱼中间，雄鱼有异于雌鱼，其残余物之排泄口附近生有两个附属物，雌鱼身上却没有这些东西；角鲛即

可为例，其实上述这些鱼全都具备这一特征。

鱼类及其他各种无足动物无一具备睾丸，但雄性的蛇及鱼生有两条管道，在交配时节管道中充满了精液，所有的雄蛇及雄鱼都能排射出乳状的液体。这些管道也可合而为一，恰如鸟类那样；鸟类于体内是具备睾丸的，其他一切有足的卵生动物亦然。这一会合了的管道一直延伸下去，直至进入 541[a]
雌性的接受部位。

胎生的有足动物外表上由同一根管道供输精与排泄液态残余物之用，其体内却另有一条管道，这正如先前我们讨论动物的各种部分时所述。非胎生的动物外部可见同一根管道兼作排泄干残余物之用，其体内还是有两条彼此离得很近的管道。雄性与雌性在这方面均是如此；因为这些动物除龟外均无膀胱；雌龟仅有一条管道，它们却是有膀胱的，而龟当然在卵生动物之列。

卵生鱼类的交配过程不大容易看得见；因此很多的人都以为雌鱼吞下雄鱼的精液而受孕。而这一过程的确常常见有发生；在交配时节，雌鱼追随雄鱼之际常有此举，它们以吻部撞击雄鱼的腹部，雄鱼便会更迅速和更多地排射精液。而且在产卵时期雄鱼还会追逐雌鱼，吞食雌鱼所产之卵；幼鱼便是从幸存下来的卵中孵生出来的。在腓尼基一带，人们分别利用其彼此来进行捕捞，即以雄性灰鲱鲵作为诱饵，乘雌鱼围集而以网捕之，并反过来以雌性诱捕雄性。

由于这种现象时常可见，便生出了此即交配过程的说法；其实四足动物同样会做这样一类事情，在交配时节其雄性与雌性均有一些液质泌出，它们会互嗅对方的阴私部位。

〔至于鹧鸪，雌鹧鸪若是处于雄鹧鸪下风，便会受孕；而且假如它们正在发情期中，听见了雄性的声音，或者感受了雄性从上面飞过时向下呼出的气息均会受孕。雄鹧鸪与雌鹧鸪交配时都大张着口，舌头也在外面伸着。〕①

卵生鱼类真实的交配过程很少为人所见，这是由于它们一俟相并而游，即会迅速排释而游离；但是这些鱼类以上述方式进行的交配仍然被观察到了。

541^{b} **【6】** 软体动物如章鱼、乌贼及 teuthides②，全都以同一方式进行交配，即以口部互缠，其触手与触手交接。当一只章鱼将其所谓的头部安置于地上并且散敞开其触手时，另一只章鱼便投身于这些敞开的触手之中，它们便以触手上的吸盘彼此吸接。

有的人讲雄性章鱼于某一只触手中有某种生殖器状的东西，这就是其上生有最大的两只吸盘的那只触手；他们说这东西好像是腱质的，整个系附于触手的中段，正好可以插入雌章鱼的鼻孔。

乌贼与teuthides互缠而游，其口部及触手正好相对而

① Dt. 本删去此段。

② 参见 $523^{b}29$，$524^{a}25$。

接，它们泳行的方向彼此相反。它们所谓的鼻孔由一者插接入另一者之中；泳行时一者尾部朝前一者嘴部朝前。雌性于所谓的“喷水孔”产卵，有的人认为它们以这一部位相交。

【7】 各种软壳动物，如小龙虾、龙虾、各种真虾以及诸如此类的动物，交配起来与向后尿的四足动物相似，即一者翘起其尾部之际，另一者则以尾部贴压于其上。它们的交配开始于早春，在靠近陆岸的地带；所有这些生物的交配都已经被观察到过。有时候它们也在无花果开始成熟之际交配。龙虾与各种真虾也采用同一种交配方式。

蟹类以身体的前部相互交合，它们斜掩的鳃盖彼此相接。先由身体较小的蟹从后部爬上较大的蟹，一旦骑上了后者身体，较大的蟹便斜转过身来。雌蟹与雄蟹别无差异，只是雌蟹鳃盖更大，隆突更甚，其覆毛也更浓密；蟹卵即产于此中，残余物也经此排出。蟹类并无一动物插入另一动物体内的器官。

【8】 虫类以身体的后部交合，由体型较小者骑到体型较大者身上；较小者即雄性。 542a
雌虫从下面将它的生殖通道向上推入了骑在上面的雄虫体内，而不是像其他动物一样由雄性进入雌性体内。某些虫类的这一器官与它们的整个身体相比显得过大，即使它们的身体非常地微小；另一些虫类的比例失调情况则缓和一些。关于这一点，一个人只要拉开正在

交配的蝇便可明见。它们却难于离开彼此，因为这类生物的交合历时十分漫长。从其中为数众多者如蝇及芫菁身上即可看得很清楚。所有这类生物均以这种方式进行交配，蝇、芫菁、sp(h)ondule、〔毒蜘蛛〕① 以及其他任一有交配行为的这类生物皆然。毒蜘蛛（兵蛛）即那些织结蛛网者以下述方式进行交配：雌性从中央扯拽张悬着的蛛网，雄性再作扯拽以为回应；这种动作数度重复后两者就聚到了一起，以尾部对尾部相交合；由于其肚腹浑圆，这种方式的交配对它们是适宜的。

一切动物的交配方式即如上述；至于交配发生的季节及年龄，各种动物自有其定数。

大多数动物本性上都乐意在同一时令进行交配，即在由冬季转向夏季之际；这就是春季，大多数的动物——天上飞的、地上走的及水中游的——在这一季节都有交配的欲求。有些动物也在秋季及冬季交配与生育，例如某些种类的水生动物及飞鸟。人类则能最大限度地在任何季节里交媾与生育，很多种为人驯养的动物由于居所及充足的食料亦能如此，这里指的是那妊娠期较短的家禽，如母猪与母狗，还有那些频频生育的飞鸟。许多动物预想到将要出生的幼儿的哺育方面，遂选择合乎需要的时节进行交配。就人类而言，男
542b 性在冬季里更容易有性交的欲求，女性则是在夏季。

① Dt. 本删去。

如前所述，鸟这种动物大多数都在春季及夏初进行交配与生育，翠鸟却属例外。

翠鸟在冬至前后生育。因而当天气平和时，人们把冬至的前 7 天及后 7 天称为“翠鸟天”，正如西蒙尼德诗云：

正值凛冽冬日
宙斯拨出 14 个昼夜，
人称无风的日子，神圣的时节，
多彩的翠鸟啊
径顾着哺育它们的雏儿。

这些日子里天气晴朗，正当南风轻拂于冬至，而昴星已然北去。据说翠鸟花 7 天时间来筑巢，在另外 7 天里产卵和孵育雏鸟。在我们这里冬至时分并非总能遇上翠鸟天，然而在西西里海这期间差不多总是风平浪静。翠鸟大约产 5 只卵。

【9】 凫水鸥及海鸥产卵于海滨的岩石间，为数 2 或 3 只；海鸥在夏季产卵，凫水鸥则在冬至后春天开始时产卵，并且像其他种类的鸟一样抱孵其卵。这两种鸟均不为此另觅僻处。

翠鸟是一切鸟类中最为罕见者，它们大致上只在昴星没去前后及冬至时分出现；在船抛锚停泊的地方，它们会在小船周围俄作翩飞，随即便全然不见踪影。故而斯特西柯罗（Stesikhoros）在诗中就此作过这样一番记述。

夜莺亦在初夏时分产卵，它们产下 5 到 6 只卵；自秋季至春季它们蛰居于僻处。

虫类也会在冬季求偶与生育，只要有南风拂暖的晴朗天气；这里指的是那些不作蛰居的虫类，如蝇类及蚁类。大多数的兽类一年仅有一次生育，只要它们不像野兔那样可以重复受孕。

与此相仿，鱼类中大多数也是一年生育一次，比如群生
543a 鱼类（群生鱼类指的是那些可以用网围捕的鱼类）、金枪鱼、pelamus、灰鲱鲵、khalkis、花鲭、石首鱼、psetta 以及诸如此类的鱼，唯独鲈鱼例外；只有这种鱼每年生育两次，后一次产出的幼鱼较为孱弱。trikhias 与岩鱼每年生殖两次，唯独红鲱鲵年产三次，这一点从它们的卵鲕上便可得到推证，因为在某些地方一年可以三次见到其卵鲕。鲉或海蝎一年繁殖两次，sargos 鱼年产两次，时间在春季与秋季；salpe 则只在秋季生殖一次。雌金枪鱼生殖一次，然而由于其卵鲕有的早些有的迟些，看起来它们就像年产两次似的。其产卵最早在冬至前的波塞冬月①，较晚的卵则见于春季。雄金枪鱼有异于雌鱼，即腹下面雌鱼有而雄鱼没有名曰 aphareus 的一处鳍。

【10】 软骨鱼类中，唯有扁鲛每年生殖两次；它们在

① Poseideon，古希腊十二月名之一。

秋季开始之际生殖一次，并在昴星没去时第二次生殖，而秋季时它们的产育情况要好一些。一次生殖大约产下 7 至 8 只卵鲕。某些角鲛，如星鲨，似乎月产两次，而之所以有这种情况，是因为所有的卵并不是一齐成熟。

有些鱼类可在所有季节里生殖，譬如鳗鲡。这种鱼产卵很多，所产之鲕能迅速地由小长大，就同马尾鱼的卵鲕一样——这些鱼起初微乎其微，可是转眼功夫已然是庞然大物了；不过鳗鲡是一年四季均可生育，而马尾鱼只在春季生育。smuros不同于 smuraina（鳗鲡），鳗鲡色彩斑斓而相形孱弱，smuros则通体一色且茁壮，其体色有如杉松，并且于内外均生有牙齿。就像在其他动物中一样，人们说它们一者为雄而另一者为雌。这些鱼会冲上干滩，常常为人抓获。

大致上，一切鱼类都会十分迅速地长大，这对小体型鱼中的鸦鱼来说一点都不假；它们产卵于陆滨杂草丛生处。海 543b
鲈也是迅速地从小长大；而 pelamus 及金枪鱼产卵于滂沱海（黑海），它们不在另外的地方产卵。灰鲱鲵、金鲷和鲈鱼最喜欢在江河的入海口处生殖；orkus① 鱼、鲭鱼以及其他许多种类的鱼则产卵于海洋之中。

【11】 大多数种类的鱼在三个月份繁殖，即在穆吕奇

① 一种大金枪鱼。

翁月、萨尔格利翁月与斯克罗弗里翁月①。少数鱼也在秋季繁殖，如 salpe、sargos 以及其他各种诸如此类的鱼，它们在秋分前不久产卵；电鳐与扁鲛亦然。有些鱼还会在冬季及夏季产卵，这在前面已经讲过了，比如产卵于冬季的鲈鱼和灰鲱鲵与产卵于夏季希加托姆拜翁月②前后的管鱼。雌金枪鱼在夏至前后繁殖，它们产下一囊形物，其中藏有为数众多的细小卵粒。群聚鱼类也在夏季繁殖。

各种灰鲱鲵中，khelon 在波塞冬月开始有孕，sargos、所谓的（s）mukson 鱼以及"头鱼"亦是如此；这些鱼的妊娠持续30天。某些种类的灰鲱鲵之生成并不经过交配，而是从泥沙中生成。

通常情况下，大多数的鱼类在春天里受孕，不过如前所述，另有一些鱼也在夏季、秋季及冬季受孕。然而无论是在单纯意义上还是就个别种类的鱼而言，所有这些季节的受孕情况并非一律相同，这不像春天里大多数鱼类的受孕情况；而且，在其他时节受孕者所孕的卵数也没有那么多。总的说来不应忘记，正如在植物及四足动物那里，地域因素不仅造成身体健康的改变，而且造成交配及生殖频度上的差异；同样，地区因素本身就可以对鱼类造成许许多多的差异，不仅是在体型大小及健壮方面，而且会波及其生殖与交配方面；

① Mounukhion，Thargelion，Skirrophorion，均为古希腊月名。
② Hekatombaion，古希腊十二月名之一。

在一地频频繁殖的同一种鱼类移至另一地方繁殖次数便会减少。

【12】 各种软体动物也在春季里生殖。海生软体动物 544a
中产卵时间最早的是乌贼。它们用全天时间来产卵，其生殖过程历时 15 天方告完毕。卵一旦产出，雄乌贼便跟过来浇洒精液于其上，这些卵随即变得坚硬起来。这种动物成双成对地漫游，较之于雌性，其雄性体色更加斑杂，背部也更为黝黑。

章鱼在冬季交配，其生殖则在春季，其间要蛰居两个月左右。它们产下的卵状如葡萄藤蔓之曲结，与白杨的籽实相仿。这种动物产卵甚多，一巢卵产下来简直难计其数。雄章鱼有别于雌鱼的地方在于其头部更加颀长，而且于某只触手上生有一只渔人们所称的阴茎，呈白色。雌章鱼产下卵后，抱孵于其上，为此它们变得十分虚弱，因为这期间它们是不会外出觅食的。

紫骨螺大约在春季里生殖，而法螺于冬季将尽之际生殖。总的来看，在春季及晚秋可见介壳类动物的所谓的卵，唯独可食用的海胆例外；这种动物虽然在这两季节产卵极为丰饶，然而它们是通年不断地有卵，而在月圆时分及晴暖天气里产卵最丰。见于普拉海峡的海胆当属例外，它们在冬季才最得时宜。这些海胆体型虽小，其含卵却十分丰盛。

一切蜗类显然也无一例外地在同一季节里受孕。

【13】 如上所述，各种野生鸟类中大多数一年仅有一次交配及生殖，可是燕与黑鹂鸪年产两次。然而黑鹂鸪头窝的雏鸟悉数死于冬寒（因为这是一切鸟类中繁育时间最早的一种鸟），其后一窝雏鸟方得哺养成长。那些为人驯养的或者可被驯养的动物年产数次，例如鸽类便于整个夏季不停地产卵；家鸡一类亦然，公鸡与母鸡交配后，母鸡就持续不断地产卵，仅仅在冬至前后数天里稍作停顿。

544b 鸽的种类可是十分众多的，因为普通鸽与岩鸽并不是同一回事情。岩鸽体型较小，普通鸽则更容易被驯服；岩鸽既黑又小，其足红而粗糙，因而没有人愿意豢养之。这一类动物中最大的一种是环鸽，次大者是原鸽（欧洲野鸽）；原鸽体型较普通鸽要小。这类动物中体型最小的是鸠鸽。鸽类一年四季均可生殖与育雏，只要它们得以拥有阳光充足的一方暖地和必要的给养；如若不然，它们便只在夏季生养。春天与秋天的鸽雏体质最佳；而夏季里的及受哺于炎夏的鸽雏体质最次。

【14】 诸种动物在适于交配的年龄方面各有不同。首先，大多数种类的动物开始泌出精液时并非同时具备了生殖的能力，事实上这种能力是后来形成的。因为一切尚且幼小的动物最初的精液并无生殖力，即便是能够生殖，生出的幼体也较弱和较小。这一点在人类与胎生四足动物以及鸟类中

最为显著；在前两者那里是胎仔较小，在后者那里是卵体较小。

至于各种进行交配的动物适于生殖的年龄，绝大多数动物都在同一段时间；除非是由于某种异乎寻常的变故有所提早或由于自然的损伤（有所延迟）。

人类生殖力之成熟表现于语音和阴私器官的大小以及外观方面的改变上，还表现于乳房方面相类似的改变，最明显的征象则见于阴毛部分。人类大约在 14 岁开始排释精液，约在 21 岁具备生殖能力。

其他动物却不生阴毛（因为一些动物全无须毛，另一些动物腹部光坦无毛或者较背部须毛稀少），至少精液开始泌生及生殖能力之已然具备，某些动物以声音的改变来表明，另一些动物则以身体器官的变异来显示。总的说来，大多数动物之雌性声音更为尖利，年幼者较年长者声音尖利，即使 [545a] 是鹿类，雄鹿的呦声也比雌鹿低沉。雄性动物在交配时节发出嘶叫，雌性动物会因惊恐而失声。雌性动物的声音短促，而雄性的声音悠长。狗类趋于衰老时，其吠声也会日渐低沉。

马类之嘶声也有些差异；雌驹刚刚生下来即发出细弱而轻微的嘶声，而雄驹之初嘶虽亦轻微，明显较雌驹之嘶声更大且更低沉；随着时间的推移，这声音愈见雄壮，马类长满 2 岁即可始行交配，此时牡马的嘶声正当雄壮而低沉，牝马声也比以前壮了些和清晰些；大多数情况下，这种趋势要持续至20岁时，而在那之后，不论是雄性还是雌性发出的嘶声均转趋衰微。

就通常情况而论，诚如我们所言，雄性动物的声音之有异于雌性在于雄声比雌声更为低沉，这里指的是那些声音可以拖长的动物，却不能包括所有的动物在内；事实上某些动物的情况刚好相反，例如牛类的情况；因为牛之雌性发声比雄性更低沉，而且牛犊声比牡牛声更低沉。这也说明了受过阉割的动物之声音会向相反的方向转变，即阉过的动物会转现雌性之声调。

关于动物可行交配的年岁有如下述。雌绵羊及雌山羊1周岁时即可交配并怀孕，雌山羊尤其如此；它们的雄偶同样可以有交配能力，不过这种时候雄羊所产之羔不同于其他动物的幼仔；因为周岁的雄性动物比随后长老了的动物产出的仔更好也更大①。猪类在8个月时初次交配，而母猪须满周岁才能生产（因为这段时间正好用作妊娠）。雄猪8个月即具生殖能力，但未足岁者所产猪崽体质自然较弱。如前所
545b 述，交配年龄并非是一成不变，有些时候猪类4个月即可行配及受配，6个月即可以生殖及哺崽，不过有些时候公猪要长足10个月才始行交配。猪的生殖能力直至3岁依然良好。通常情况下狗类满1岁时而能行配及受配；有时候8个月时它们即有此类行为，不过这种事情于雄狗比于雌狗更多见发

① 此句原文甚不确定，有多种校订，此处据洛布本。

生。其妊娠期持续 61 天或 62 天，最长为 63 天，短也短不过 60天，而倘若不足天数生产，幼崽则不能被哺养长大。雌狗至产后 6 个月可再度受配，但却不能提早。马类 2 岁时开始行配及受配，并得以生殖，当然这种时候所产之驹较小和较孱弱。大多数情况下马类在 3 岁时交配。而此后直至 20 岁为止，马类所产之驹越往后越优良。牡马直至 30 岁尚堪行配，而牝马 40 岁时犹可受配，所以它们差不多是终生可行交配，因为以多数情况而论，牡马大约可活 33 岁，而牝马可活 40 余年；曾经有那么一匹马，竟然活到了 75 岁。驴类 30 个月即可行配及受配。当然，通常情况下不满 3 岁或 3.5 岁它们不会生殖。然而也曾知一牝驴，周岁时即受孕并得以养大其仔。还见过一牝牛 1 岁时即生产，并且得以哺犊至大；这只犊长到通常可望长到的大小，但没有长得更大。

关于以上这些动物生殖之发端就讲这么一些。

人类生殖之极限在男子可达 70 岁，在妇女则止于 50 岁；不过这种光景的生育实在是稀罕。因为在这种年龄尚堪生育者仅少数人而已。就常情而论，男性以 65 岁为限，女性以 45 岁为限。

母绵羊之生殖可持续至 8 岁，倘遇精心照料，尚可延长到 11 岁。大致可以说雌雄绵羊均能在终生时间行配及受配。
牡山羊之肥胖者生殖能力较差（正是出于这一缘故人们把不 546a
结果实的葡萄藤称为“山羊种”），但适度消肥后，它们还是能够配种及生殖的。

雄绵羊首先情愿同年岁较大的雌羊交配，却不去追逐那些年轻的雌羊。恰如我们在前面所讲，年轻的雌羊产出的羔羊逊于年长者所产。

公猪的交配能力直至 3 岁仍属上佳，可是再年长者所产猪仔就趋孱弱；因为此后其精力状况将不再有长进。公猪往往习惯于饕餮一顿之后再行交配，并且不愿在先已与另一雌偶交配之后接着再作交配；如若不然，交配费时就会稍稍长些，产下的仔也将显得较小。母猪初次生产时产仔数最少，第二窝产仔时其身体状况当属最盛；年龄渐长之际它们虽照样生产，但已缓滞于性事。一旦长到 15 岁时，母猪便不复生产，成了一只老母猪。倘若喂养得宜，母猪不论幼长对交配的欲求都会有加；但若于妊娠期间过于肥胖，分娩后其乳汁便趋稀少。以亲猪的年龄而论，它们处于盛年时产出的猪仔最优良；以季节而论，则要数产于初冬的那些仔。最差的当属夏季出生的猪仔，它们既小又瘦，还甚囊膪。至于公猪，只要饲养得宜，于一年四季均能进行交配，且不分白昼与黑夜；如若不然，它们只在清晨性欲最盛。随着年岁趋老，它们的交配能力日益减弱，这在先前已经述及。时常有这样的情况，公猪或者由于年龄或者由于身体不适而显无能，它们不能够迅速地进行交配，母猪由于对持久的站姿感到疲惫遂而卧伏于地，于是两者相并而躺着交合。母猪若于发情期间双耳下垂，最有可能是受了孕；不然的话，就得等到下一个发情期到来。

雌狗并非终生可以受配，而是要在达到某一盛壮年龄之后。大多数情况下，它们须待到 12 岁方可受配及妊娠。然而曾知某些雌狗及雄狗于 18 岁和 20 岁时尚能交配及生殖。不过衰老将减消它们的生殖能力，以至不复有繁殖或生育，恰如其他动物的情况一样。

雌骆驼属后向尿动物，其受配方式有如前述；在阿拉 546b
伯，骆驼之交配时间在迈马克特里翁月①。其妊娠期达 12 个月，再产下一头幼驼；因为骆驼属单胎生动物。牝驼满 3 岁始有性配，牡驼亦始于 3 岁。牝驼分娩后要中断交配 1 年时间。

雌象最小须待到 10 岁方可初次受配，受配年龄最大不超过 15 岁；而雄象 5 至 6 岁时即能交配。象的交配期在春季。雄象一次交配后须待 3 年才能再度交配，它一旦使某头雌象受孕后，便不会再去碰她。妊娠期长达 2 年，然后产下一头象仔；因为象属于单胎生动物。而象仔与 2 至 3 个月的牛犊一样大。

关于各种须经交配的动物之交配情况即如上述。

【15】 现在应当讨论各种须经交配与不经交配的动物的生殖情况，首先让我们从介壳类动物开始。因为，这类动

① Maimakterion，古希腊十二月名之一。

物可以说是唯一一种其全体均不经交配的动物。

紫骨螺在春季里聚集到同一处地方构筑其所谓的“蜂巢”。这东西形状如（蜂）巢，只不过没有那么整齐，而像是大量的白山藜豆豆荚的堆砌物。这些东西向外没有任何通道，紫骨螺也不由它们生成；实际上这种动物以及其他诸种介壳类动物均从泥土及腐败物质中生成。其实这东西好比是紫骨螺与法螺的排泌物之混成；而法螺确实也构筑这种巢形物。尽管这些筑巢的介壳动物以与其他所有介壳类动物相同的方式发生，然而它们更多地出现于先前已有其同类动物生存的地方。它们开始筑巢时，排释出一种胶着的黏液，那荚砌物即出于这种黏液。这些荚砌物将全部归于消融，其中所含之物则沉积入地，而由土中生出的微小紫骨螺正是出现在
547a 这沉积处；于捕获到的成螺身上也可见到这些小骨螺，其中一些是如此之小，以至于无法辨明其形状。假若在筑成其巢前为人捕获，有时候它们会在渔笼中吐筑其巢，但不是在其中任意一处，而是要聚集于同一处，仍像在海中那样；而由于此间地方狭窄，它们就像是一嘟噜葡萄。

紫骨螺的种类可谓众多，某些种类甚大，例如见于西吉昂和勒克唐一带者；另一些形小，如见于欧里浦斯峡内及加里亚岸边者。在海湾里发现的骨螺形大而粗糙，而且其中大多数之螺花呈黑色，但也有一些呈红色且显得小些。某些大螺可重达 1 米那。出现于岸滩及礁岩之间的骨螺体型甚小，其螺花呈红色。此外，在北方地区发现的骨螺呈黑颜色，而

南部的骨螺呈红色，可以说绝大多数情况皆然。人们在春季里捕捞骨螺，这正是它们筑巢的时节。但在天狼星莅照的日子里是捉不到它们的，因为这期间它们不复摄食，而是隐身于窟穴之中。它们的螺花生在罂粟体与颈部的中间，这些部分衔接紧密，从颜色上看状如一层白膜，这正是人们予以撕离之物；若是用力抓捉之，它们就会弄污你的手，给你染上螺花的颜色。有一种血管状的东西穿过其中，这东西就是我们所看见的花。螺体其余部分的物质犹如一种收敛剂。一俟紫骨螺筑成巢居，其螺花即至最衰败之际。人们连壳打碎形小之螺，因为很难予以剥离；至于那些较大的螺，人们剥去其介壳以求取螺花。为此也须持颈部与罂粟体分离开，因为这螺花就生在二者之间，在所谓的螺胃上方；所以，将它们相剥离是必要的。人们竭力要趁其活着时击碎骨螺，因为倘若于此前死去，它们就会呕出其螺花来；故而人们将骨螺保存在渔笼里，直至他们捕捉了一定数量并腾得出手来处理它们为止。早先人们并不随钩放下渔笼，也不固定渔笼于其上，致使收钩时已经拉上来的骨螺时时脱坠水中；如今渔人们固定渔笼于钩上，一旦它们陷身其中，就再也不至于失落。这动物若是体内充实，就极易脱钩；若体内空空可就难以挣脱了。关于紫骨螺的特别之处，就有以上这些。 547b

法螺也和紫骨螺以同一方式在同一季节发生。而且，这两种动物连同其他各种螺壳动物都具备厣盖，所有这些动物生来皆具此物；它们伸出厣下那所谓的舌以摄食。紫骨螺此舌之大小大于人指，它们以此摄食及穿透其他贝类动物以及其同类的介壳。紫骨螺与法螺均算得上长寿，因为骨螺大约可活 6 年，而每年之增长从介壳上螺旋的间隔表明出来。

贻贝也会营造其巢居。

关于所谓的池蠔，凡是有淤泥之处，就是它们的原态最初滋生的地方；扇贝、蛤贝、剃刀贝以及海扇滋生于沙土中。江珧径直从水底的沙或泥里生长出来。这些生物体内寄生有“江珧卫士”，有些体内是一只小小的真虾，有些是一只小蟹；一旦失去了这些卫士，它们很快就会归于死亡。

总的说来，一切介壳类动物都自发地从泥土中生成，但因泥土之差别而有异；牡蛎生于烂泥中，扇贝以及上面提到过的各种介壳动物则生于沙泥中；在岩石的罅空间生有海鞘、藤壶以及常露于水面的各种动物，如蝛与蜒螺等。所有这类动物都生长得十分迅速，尤以紫骨螺与海扇为甚；因为它们一年内即长具成形。某些介壳类动物体内附生着白色的蟹，其大小微乎其微，其中大多数都生在槽形贻贝内，江珧中就有所谓的“江珧卫士”。海扇及池蠔体内亦有寄生生物，它们永不见有任何明显的增长。人们说，它们是与其寄生于其中的主体动物一同诞生的。海扇也会在沙中蛰居些许时日，就跟紫骨螺一样。

贝类即是照上述方式生长的，它们中有的生长于浅水，
548a 有的长在岸滩，有的在泥地里，有些在坚硬崎岖的地段，有的在沙土中。有些贝类迁徙各方，另一些则不然。不作迁徙

的贝类中，江珧立地生根，剃刀贝与蛤贝虽也画地为牢，但并不生根；可是倘若被迫迁移，它们就没法活下去了。

〔所谓的“星鱼”生性是如此燥热，以至于为其捉挂的任何东西猛然被抽出时，都跟烫焦了似的。渔人们说，这种鱼实为普拉海峡的一大祸患。其形状如同画中星辰。另还有一种所谓的“海肺”，属自发生成的动物。画家所用的介壳比一般要厚出许多，而且介壳外面覆有绞花。诸如此类的生物最经常地出现在加里亚海岸附近的地区。〕①

寄居蟹从土里及淤泥中长出其原形，随后便爬入中空的介壳内，而长大一些之后它们再行爬入另一更大的介壳，比如说蜒类、蛾螺或其他这类动物的介壳；它们也常常入住小法螺的壳内。当爬入空壳后，它们便背负此壳四处游转，并于此中觅食。〔再次，而且在有所长大之后再行迁入另一更大的壳内。〕②

【16】 也有一些不具备介壳的动物以与介壳类动物同样的方式发生，如见于岩石罅空间的海葵及海绵。海葵有两个种类，一种生活于空隙处，从不离开岩石，另一种生活于光坦的礁岩上，自由自在，时常四处游转。〔蝛也自由自在，可以四处游转。〕③

---

①② Dt. 本删去这两段文字。

③ Dt. 本删去。

从海绵身上的各处罅隙中可以找见“江珧卫士”。海绵腔孔的上方有一状如蛛网的东西，它们开阖此网以捕获各种小鱼：为使小鱼进入，它们大张其网，一俟鱼入其中，这网即告关闭。

海绵分为三种，一种蓬松多孔，另一种组织紧密，第三
548b 种即所谓的“阿基里斯”海绵，它极其细致，组织极其紧密并且最为坚韧。这种海绵被用来衬垫头盔及胫甲，从而减弱打击造成的震响。这是极其罕见的一种。组织紧密的海绵中，非常坚实而粗糙者别号“山羊”。

一切海绵或者附着于礁岩或者附着于岸滩，其食养则得于泥中。一个表征是：当它们被采捞上来时，周身裹满了泥；这种情况同样发生于其他如此为生的生物，即那些通过附着某处而得其食物的生物。组织紧密的海绵较之于蓬松多孔的海绵要脆弱一些，这是由于它们的附着面积相对小了些。

据说，海绵也具备感觉。这种说法的一种证明是：假如海绵觉察到有人即将把它们拽出来时，便会紧缩其身，这时就难以拽离了。风高浪急之际，它们会有同样举动，以免从其附着处脱落。也有一些人对这一类说法不以为然，如托罗尼人。

海绵于自身体内养息了一些生物，有蠕虫以及别的一些东西，当它们脱离海绵后，就成了岩鱼的口中餐，岩鱼还会吞食海绵余下的根须。如果海绵碎缺了，将有新的组织从残

剩的部位再生，使碎缺处充盈如初。

体型最大的海绵当数组织疏松者，它们于吕克亚一带最见丰旺；最柔软的海绵则数组织紧密者，因为“阿基里斯”海绵比后者更加坚硬。总的说来深水及静海中的海绵最为柔软，因为海风及风暴会使海绵像其他许多生物那样趋硬，并且抑止其增长。正因为如此，赫勒斯滂的海绵粗糙而又组织紧密；而且总起来看，马勒亚海峡以远与以内的海绵分别在软度与硬度方面有些异常。海绵却也不宜长在过于温暖的地方，因为那样将致使它们像植物一样腐烂掉。所以最为理想的居处是近岸水域，只要具备了相当的深度；因为依仗水的深度，它们才得以安然免于上述两种弊害。

尚且活着的海绵未经洗净时外观乌黑。它们的附着处既不限于某一部位，亦非任意在全身各处；这是因为其身体间有一些中空的孔道。它们的底部布有一层膜状物，而它们的 549a
附着点为数十分众多。顶部的另一些孔道却是闭合着的，但有四五条显见开通着；因而有些人认为海绵乃是从这些地方吸入食料的。

还有另一种海绵，人称“洗不净”，因为它是无法洗净的。这种海绵具有一些大的孔道，其余所有部分却生得甚为紧密；剖开后可见其组织较普通海绵更紧密和更胶着，而整体上这东西呈肺状。各地的人们都毫无保留地承认这一种海绵具备感觉而且长寿。它们与海中普通种类的海绵迥然有别，差别在于普通海绵中〔不〕含污泥时其色发白，而这种海绵任何时候只呈黑色。

关于海绵及关于诸种介壳类动物之生成，就讲这么一些吧。

【17】　软壳类动物中，小龙虾于交配后受孕并怀卵三个月时间，即斯克罗弗里翁月、希加托姆拜翁月及麦它格特尼翁月①。在此之后，它们将卵产入腹下面的褶皱里，这些卵遂像蚴一样地开始长大。同样的情形还发生在各种软体动物以及凡属卵生的鱼类身上，因为所有这些动物的卵都有一个长大的过程。

小龙虾的卵十分碎散，它们分成八个部分。因为对应于侧面的每一梡片都有一种软骨状物质，卵粒即附生于此物四周；其整个组成就像是一挂葡萄，因为这软骨体分成好些个部分。若是将它们拉开，这一点就会变得十分明显，尽管一眼看上去这显得像某种完整连续的构造。最大的软骨体不是靠近腔道者而是位于中央者，位于最远端者最小。这些小卵粒的大小与无花果果籽相当；它们并不径直继接于腔道，而是位于中央位置；因为在两个尽端即尾部方向的一端与胸部方向的一端带有两处分隔，梡片也正是这样生着的。侧面的这些梡片不能阖合，但以尾梡弯覆其上时便可全部予以掩合，这尾梡就成了它们的一种盖。

① Metageitnion，古希腊十二月名之一。

看来它们将卵产到那些软骨体上，同时弯转尾之扁平部 549b
分遮盖于其上；它们用力憋挤后，随即在一种弯曲姿势中产下其卵。其软骨体在这种时候会作扩张以容接这些卵；因为它们产卵于这些软骨体上，恰如乌贼产卵于枝丫间及漂木中一样。

小龙虾便以上述这种方式产卵。在此间大约孵养 20 天后，它们将遗弃团拢的卵团，这一过程可以从外部清楚看见。再过大约 15 天，新的小龙虾就从这些卵中产生出来了；它们被捕捞上来时，其大小常常不及指头大。它们在（九月份）大角星升起之前产卵，再于此星升起之后遗弃其卵团。驼背真虾（对虾）的妊娠期持续 4 个月左右。

小龙虾出没于岩石嶙峋处，龙虾则生活在平坦的地方；两者均不见于淤泥间。因而在赫勒斯滂与萨索斯一带出产龙虾，而西吉昂及阿索斯则产小龙虾。从而，渔人们每当打算出海捕虾时，便通过海岸以及其他诸如此类的线索来判明水底区域之石磷或泥泞的情况。在冬季与春季，它们趋近岸边，在夏季里则出游远海，就这样时而趋暖，时而逐凉。

所谓的熊蟹产卵时间约略与小龙虾相近；因此它们在冬季和春季产卵前最为鲜肥，一到产卵之后，它们的情况便一落千丈。

它们像蛇蜕去所谓的“老龄”一样在春季里蜕去身上的壳，刚刚出生不久以及随后的年月里均是如此，蟹与小龙虾亦然。一切小龙虾的寿命都很长。

【18】 软体动物在配对交媾之后产下白色的卵；这种卵同硬皮动物的卵一样，过些时间即趋于碎散。章鱼将卵产入僻洞中，或者产入旧陶罐及类似的其他空地方；这些卵状如葡萄藤蔓之曲结，或如白杨之籽实，这在前面已经讲过了。这些卵一旦被产出，就拥悬于洞僻间各处。章鱼的卵为数甚丰，若是取出它们，竟然可以填满一只比其“头”——卵即含于此中——更大的容器。

章鱼卵大约于 50 天后孵化，那时卵体破裂，众多的小章鱼从这些卵中爬出，这与毒蜘蛛的情况相仿；它们的肢体构造尚不能一一看清，但是其整体形状业已了然。由于其微小和孱弱，它们中大多都夭亡了。它们看上去是那样微渺，以至无法辨清其部位，然而一受触碰，它们就会游动。乌贼所产之卵则像桃金娘的浆果，既大又黑；而且它们彼此挨接在一起，整个儿看像一嘟噜葡萄，从四周环围于某一中心，不大容易把它们扯散开。这是因为雄章鱼给它们洒上了某种黏稠的液体，从而造成了这种胶着状态。这些卵逐渐长大，刚开始时呈白色，而洒上雄性生殖液后，它们长得更大，转而变成黑色。

小乌贼成形时——其整个胚形在卵内由白色物质生成，卵体归于散裂，它们遂从中爬出。一旦雌乌贼产下卵，其内部就会形成如雹珠状的东西，而胚乌贼正是以头部系着的方式从这之中生出来的，正如胚乌贼以腹部系着的方式生长一样。这里的脐系是何种情况，至今尚未被观察到；观察到的只限于胚乌贼渐长而卵白渐少直至完全消失，鸟类的卵黄也正是这样，它们最终归于消尽。跟其他动物的幼胚一样，胚乌贼的眼睛一开始就显得很大；比方说，以 A 来表示卵，以 B 及 Γ 来表示眼睛，以 Δ 来表示胚乌贼本身。

乌贼在春季里受孕，历经 15 日后产卵；产卵之后再过 15 日就会从中生出葡萄束状的东西，这些东西散裂后小乌贼就会从中爬出来。假若有人于它们完全成形之前切开卵包，胚乌贼就会释放一种液质，其颜色也会发生变化，由于受惊而从白色变得发红。

软壳动物将卵置于身体下面以抱孵（之），而章鱼、乌 550b
贼以及这一类的其他动物则产卵于体外，妊娠在什么地方，孵化就在什么地方，乌贼尤其如此：常常可见这种动物的体囊暴露于离岸不远的地方。雌章鱼时而抱伏于卵上，时而蹲在洞口前，触手平伸着。

乌贼产卵于靠近陆地的地方，在海藻、芦苇以及它们碰到的任何这类物体之间，譬如漂木、枝丫或石块；于是渔人们有意地堆积起枝丫，雌乌贼就会朝上面产下一长串外表延续的卵，类似于葡萄藤之曲结。乌贼费很大劲才产出或迸出卵来，看来这排卵是一个痛苦的过程。teuthides 产卵于远洋，像乌贼那样，它们产下一连串的卵。

teuthos 与乌贼活的时间都不长；因为除了其中极少数的一些外，它们大都活不满 2 岁；章鱼的情况也同样如此。

从一只卵中生出一条小乌贼；teuthides 的出生情况亦然。〔雄性 teuthides 有异于雌性；如果有人把雌性的鳃部拉开往里看，可见生有两个乳状的红色体，而雄性并无此物。乌贼也有这一区别，而且，雄性体色比雌性更斑杂，这在前面已经讲过了。〕①

【19】　关于虫类动物，前面曾说明了其雄性体型小于雌性并且会骑伏到雌性背上，其交配采取何种方式以及如何难于把交配中的它们拉开。一旦交配完毕，大多数虫类很快就会生产。凡经历交配的虫类均会产下蚴或蛆，仅有某一种蝴蝶例外，这种蝴蝶的雌性产硬卵，如同红蓝花的籽实，内含浆汁。蚴之生长不是像卵那样从其某一部分中长出动物来，而是整个地增长并分化出动物的雏形。

虫类之中，有些是由亲种的动物生成，如毒蜘蛛出于毒
551a 蜘蛛，普通蜘蛛出于普通蜘蛛；以及蝗虫、草蜢与蝉的情况。另一些虫类不由动物生成，而是自发地生成；其中有的由落在植物叶片上的露滴生成，自然的时间是在春季，但常常也可以是在冬季里，只要天气晴朗而且南风长时间地吹拂；有的在腐泥、粪秽中生成；有的在木头中生成，或在活木中或在枯木中；有的在动物的毛发中生成，有的在动物的肌肉中生成；有的在残余物中生成，其中一些出自已排出体

① Dt. 本删去此段文字。

外的残余物，一些则出自尚积留在动物体内的残余物，如所谓的肠蠕虫。这些蠕虫分为三种，一种名为扁蠕虫，一种名为圆蠕虫，而第三种名叫做蜱螨。从它们中不再衍生出另外任何蠕虫来。不过扁蠕虫有点例外，它们紧附于肠壁并产生出某种状如甜瓜子的东西，医师们由此物可以断定病人肠内有此虫在作祟。

所谓的蝴蝶[1]自蠋中生成，而后者长于植物绿叶上，最主要地长在“拉凡诺”（卷心菜）的菜叶上，有些人把这种菜叫做卷心菜。起初它不及一颗粟粒大，随后长成一条小蛐，再过三天后又变成一只小蠋。在此之后，它们不停地增长，变换其形状，被人们称为蝶蛹。此时它们有一层坚实的外壳，若受触摸其中会有动静。它们以蛛丝状通道系附于壳壁，既无口亦无其他任何清楚可辨的器官。过不了多久，蛹壳裂散，从中飞出来那带翅的动物，我们称之为蝴蝶。先前，尚且是蠋的时候，它们既饮食又排泄残余物；而变成蝶蛹后，它们不吃任何东西，也不排泄残余物。

其他由蛐生成的动物也遵照同一方式：无论是经过动物交配而生成的蛐还是不经交配而生成者。蜜蜂、大黄蜂与胡蜂的蛐尚幼时皆摄食且显见有余秽；然而当从蛐期进入成形 551b
期时——这时它们被称为蛹，它们就不再摄食，也不再有余秽，而是环裹于内，寂然不动，直至完全长成为止，那时它

① psukhai，另一义为“灵魂”。

们将拱破用以封盖其身的蛹壳钻出。huperon 与 penion①也出自于这一类的某种蠋，这种蠋行进时屈伸起伏：它们向前伸出身体的一部分，再曲收身体的其余部分，借此爬行前进。每一种长成的动物都从其蠋获得各自的本色。

从某一种极大的蚴——它们有角状物而且有异于其他种类的蚴——中首先经过蚴形的改变生出一蠋，随后是茧，再从茧中生出 nekudalos②；在六个月中要经历所有这些形状变换。有一些妇女曾解开这类生物的茧，她们抽出其丝线，再纺织成衣物。据传第一个这么做的人是柯斯岛上一位名叫帕姆菲乃的女子，普拉特奥的女儿。以同一方式，从林木间的蚴中生出鹿角虫；首先蚴转入静寂状态，然后（蛹）壳散裂，鹿角虫从中爬出。

从“毁坏者”中生出“韭菜噬虫”③；这些虫亦具备翅膀。牛虻出自于河面上飞来飞去的扁形小动物；因此在有水的地方这一类生物最为多见。从某一种黑而且毛茸的不大的蠋首先生出不能飞的萤火虫，这些虫再度变形，从中又生出能飞的生物，人称“蜷虫”。

蚊蚋自血蠕虫中生成。这些血蠕虫或孑孓滋生于井泥或其他任何积水造成淤泥的地方。起初，这些淤泥趋于腐败，其色发白，随后转入黑色，最终则变为血红色；到了这一生

① 字义为“捣杵”与“纺轴”。

② 或解作“蛾”。

③ 原文不确定，今从洛布本。

长阶段，泥中开始长出状如葡萄串的极其微小的孑虫，其色 552a
猩红；它们在一段时间里团在一起扭动着，然后纷纷散游入水中，这就形成了所谓的血蠕虫或孑孓。些许日子后它们径直蹿上水面，僵硬而不动；随后其外壳散裂，现出端坐于其上的蚊蚋，它们在等待可借以起动的阳光或阵风，那时它们将展翅飞去。

其他一切蚴以及自蚴中生成的动物，其最初的启动都有赖于阳光或风力。

血蠕虫更多和更迅速地滋生于那些杂乱无章的地方，比如在麦加拉及其田畦间①；因为这些地方能够更迅速地产生腐质。在秋天里它们会更大量地繁生，因为这时候四处的水分趋于涸少。

扁虱出于狗齿草，金龟子出于牛或驴的粪便间的蚴。粪蜣螂把粪秽滚成一个球团，冬季它们就蛰居其间，并在里面产下蚴，从这些蚴中再生出新的粪蜣螂来。照方才述及的方式，还有一些具翅的动物从豆荚间的蚴中生成。

蝇类出于分砌成堆的粪肥间的蚴或蛆；忙于此事的人不辞辛劳地分理开其他混在一起的粪便，到时他们就可以说肥已经“做好了”。这些蛆一开始时十分微小，起初这阶段就已发红，它们由静态转入动态，好像染上了桔梗色似的；此后化出一条不动的蛆；这蛆动弹一段时间之后再度归于静

① 原句难解，洛布本揣作“在麦加拉的水草地里”，此处从贝克尔本。

寂；由此中生出发育完全的蝇来，一有风吹或光照，它们就翩然而动。马虻生于木材之中。芽噬虫出于须经变形的蚴，
552b 这种蚴出现在白菜的茎梗间。芫菁由无花果、梨树及枞树上的蠋生成（因为所有这些树上都产生蚴），还有狗荆棘上的蠋；芫菁喜逐恶味，因为它们正是从这类物质中生成的。醋蝇来自于醋之沉淀物所生的蚴。

还有一些生物产生于通常被认为最不易腐坏的物质，譬如久积的雪。积久了的雪转而发红，其中的蚴自然也呈红色，而且长着毛。麦地亚的雪中生出的蚴又大又白；它们全都懒于动弹。在塞浦路斯冶炼铜矿的地方，矿石日复一日地层层堆积，在这冶火之间竟然生出了某种动物，比大蝇稍大一丁点儿，而且有翅，它们能在火中跳跃和穿行。这些动物离开了火以及上述那些蚴离开了雪均会死去。至于某些生物居然能够身立火中而不遭焚毁，蝾螈就清楚地作出了表明；因为据人们说这种动物爬经火焰时，火焰随之而熄灭。

位于基美里亚的博斯波罗一带的胡巴尼斯河上，在夏至时分有某种比葡萄大一些的胞囊状的东西顺流而下；这些肥囊裂开后出来一些具翅的四足动物；它们活着、飞舞着，直到傍晚为止，而日没之际它们趋于消散，日落则其身亡，刚好活了一整天，因而被称做“一日虫”。

大多数自蠋及蚴中生成的虫类起初都系连于蛛丝状的物质。

以上各种虫类之生成方式即如上述。

【20】 别名为“猎户”的胡蜂（它们比别的胡蜂小些）杀死毒蜘蛛并把它们搬至墙壁或诸如此类的带有洞孔的地方，它们以泥涂封洞孔，产卵于其中，从这些卵生出新的猎户蜂来。某些具备鞘翅的虫类以及一些无名小虫于墓石上或墙壁上以泥造窟，并产蚴于其中。 553a

以大多数虫类而言，生成期从开始至完成约需 3 到 4 周时间。大多数的蚴及蚴形生物须生长 3 周，而卵生动物通常需要花 4 周。然而后一类动物自交配后历时 7 天方才成卵，在其余的 3 周时间里亲虫抱伏卵上以孵化之——这里指的是那些生育子嗣的虫类，比方说蜘蛛及诸如此类的其他某种动物。每次变形大多按 3 到 4 天间隔发生，恰好与热病的间歇转折相对应。

虫类的生成方式即如上述。虫类死于身体器官的萎缩恰如比它们大的动物之死于衰老。有翅的虫类在秋天里也因翅翼皱缩而亡；马虻则死于眼睛浮肿之际。

【21】 关于蜜蜂的生成，并非所有人都首肯于同一种方式。有些人断言蜜蜂既无生育亦无交配，而是搬来子嗣；对此又有人认为它们从“扫帚花”那里搬得，有人认为是从苇花那里，还有人认为是从油橄榄花那里。主张油橄榄花的人有一个证明，他们说，每逢油橄榄大丰收的时候，总会引出最繁茂的蜂群来。另一些人则说，蜜蜂从上述某一种花木

那里搬来雄蜂（懒蜂）的子嗣，至于蜜蜂（工蜂）的子嗣则产于首领蜂。

蜂王分为两种，较优的一种为红色，另一种为黑色且带斑，它们的大小为劳作之蜜蜂的两倍；而其胸膈以下的部分最多不过身体的一半长，有些人把它们叫做“蜂母”，意即它们为繁殖者。他们提出的一个证明是，即使巢内没有首领
553b 蜂，雄蜂的子嗣仍然得以产生，但是蜜蜂的子嗣却不见产生。另一些人认为蜂虫施行交配，而且懒蜂为雄性，蜜蜂为雌性。

其他各种蜂均在蜂巢的空窝中生成，唯有首领蜂生成于下面附接于蜂巢的地方，这些地方离巢悬垂着，为数 6 到 7 窝；它们的生长方式与其他蜂嗣的截然不同。

蜜蜂生有螫刺，雄蜂则不带刺。蜂王或者首领蜂亦备螫刺，但它们从来不使用，致使有的人认为它们本无螫刺。

【22】 蜜蜂分许多种类：最优的一种小而浑圆，体色斑杂；另一种体长而与大黄蜂类似；第三种诨号“强盗”，色黑而腹扁；第四种为懒蜂，它们的体型在所有蜂种中堪称最大，却既无螫刺又懒于动弹。由于这一缘故，有些养蜂人于蜂巢前布网，以使蜜蜂得以入内，而懒蜂碍于其大不得穿网而入。

首领蜂有两种，前面已有述及。每一蜂巢均有不少首领蜂，而不是仅有一只；而且倘若没有足够的首领蜂，蜂巢将毁于一旦（这倒不是由于缺乏治理，而是如人们所说，它们

在蜜蜂的繁殖上尽了力)；然而巢中首领蜂太多了也会坏事，因为那将形成帮派之争。

若逢春季迟于回暖，或值旱涝天气，蜂嗣的数量将会减少；干旱的日子里蜂类更多地忙于采酿蜂蜜，霖雨天气它们转而顾养其子嗣。正因为如此，油橄榄丰收之时，也就是群蜂簇现之时。

蜂类首先要筑巢，然后将子嗣放置其中——照有些人的说法，它们从别处搬得子嗣，以口衔入巢中；以后它们再置入蜜作为养料，一次在夏季一次在秋季进行；而秋季的蜜质地更佳。

蜂巢由花做成，封巢的物质（蜡）取自树上的胶。蜜汁滴自空中，最多地是在星辰升起以及彩虹渐降的时候；总的说来，在昴星莅升以前尚无蜜质产生。〔如上所述，蜂类的确以花制巢（蜡），至于蜂蜜，则不由它们制出，它们所做 554a
的不过是采集（空中的）蜜滴而已；一个表征是：养蜂人发现一两天内蜜汁就充满了蜂巢。此外，秋天里虽仍开花，但若是取走巢中之蜜，将不再有新蜜产出。而倘若蜜蜂果真以花制蜜，在产出之蜜已被取走并且巢中食料告罄或者所剩无几的情况下，理当有新蜜产出。〕①

蜜至稠熟之际会趋于浓敛；起先它清稀似水，在数天里呈液状（因而这些天里取出的蜜缺乏稠度）；大约要 20 天才

① 此段文字与下文不符，Dt. 本删去。

见其浓敛。糜香草的蜜一眼就可识别出来，这要归因于其特别的醇甜与浓稠。

蜜蜂从一切具有花萼的花中采蜜，还采蜜于其他各种具有甜味的花朵，但从不损伤任何花果；它们用一种舌状的器官采取花汁并将其带回巢中。

人们在野无花果出现的时候取蜜。蜂类酿蜜期间，产下最好的蜂蚴。蜜蜂于腿部一带携带蜡及蜂粮，它们将蜜吐入蜂窝。放下蜂嗣后，它们像鸟那样抱伏于其上。蜂蚴尚小时斜躺于巢内，之后它们自己挣扎着站起来摄食；它们紧贴于蜂巢，以至于像是固定在上面似的。

蜜蜂与懒蜂的子嗣呈白色，从其中生出蚴；蚴再长大，就产生了新的蜜蜂与懒蜂。蜂王的子嗣带些红色，其体内物质的稀浓程度约同于黏稠的蜂蜜；这东西一开始差不多就有由此生出来的蜜蜂那么大。从中并不预先生出蚴，而是径直生出蜜蜂来，据说就是这样。

每当蜜蜂于巢内产下子嗣时，总会朝上面覆一些蜜。蜂蚴被封住后将长出足及翅来；当它们完全长成后便拱破封膜
554b 而从中飞出。尚为蚴时，它们一直排泌秽物，此后却不复排泌，除非它们如方才所述，走出了封闭。如果有人在蜂蚴长翅之前除去其头部，蜜蜂就会吃光它们；要是有人掐去某只雄蜂的翅膀后再予以放回，蜜蜂就会吃掉其余雄蜂的翅膀。

蜜蜂的寿命约为 6 年，某一些可活 7 年。如果一窝蜂保持了 9 到 10 年之久，就表明它们受到了精心料理。

在滂沱有一些特别白的蜜蜂，它们一个月产两次蜜。(而在忒尔摩冬河附近的忒米斯库拉，蜜蜂在地下或在蜂房里构筑巢穴，其中含蜡不多，但含有十分稠浓的蜜；这巢穴既光滑又平整。）但它们并非一年四季如此，而只是在冬季里产蜜；因为在滂沱有大量的常春藤，它们在这一季节开花，蜜蜂遂从此花中采蜜。有一种既白又异常稠的蜜从更高的地方带到了下面的阿米索，蜜蜂制这种蜜时不用蜂巢而是制于树上。滂沱的另一些地区也出产这样一种蜜。

还有一些蜜蜂在地下营造三层式蜂巢；这些巢内含有蜜却没有幼虫。不过并非所有的蜂巢都是这样，也并非所有的蜜蜂都营造这样一种蜂巢。

【23】 大黄蜂与胡蜂造巢以育其嗣。当它们没有首领蜂而四处寻觅却不得时，大黄蜂遂于高处建巢，胡蜂则建于洞穴之中；一旦有了首领蜂，它们就会在地下建巢。它们的巢穴一无例外地呈六角形，同蜜蜂的巢穴相似，但这种巢不是由蜡构成，而是由一种类似树皮的网状材料构成；大黄蜂的巢穴远比胡蜂的巢穴整齐。像蜜蜂一样，它们将蜂嗣置入巢内，这些蜂嗣不过水滴大小，被放入蜂窝的侧边，并贴附于 555a
窝壁之上。不过并不是所有的窝室同时放上了子嗣，实际的情况是，有些窝室里面的蜂嗣已经大到足以飞动的程度，有些窝的仍不过是蛹，还有一些窝内尚且停留在蚴期。这些蜂也只在幼虫期排泄秽物，这与蜜蜂无异。一旦进入蛹期，它

们便静处不动，窝室也被封起来。在大黄蜂的巢居内，蜂窝里的蜂嗣上覆有一滴蜜。这些蜂的蜂蚴不在春季里产生，它们产于秋季；在月盈期间它们增长得极为明显。再就是蜂嗣及蜂蚴并非贴连于窝室的底部，而是贴连于窝室之侧壁。

【24】 有一种土蜂在石头或类似的某种物体上构筑尖锥形的巢，并以唾沫状物质涂封之。这种巢极其厚实与坚硬，就是用枪尖也难以将其撬开。它们在其中生殖，产出裹于一层黑色膜内的白色蜂蚴。除此膜外，巢内还有一种蜡质，这种蜡要比蜂蜡黄得多。

【25】 蚁类经过交配而产下蚴，这些蚴不附着于任何地方，它们起初为小而浑圆的东西，继而不断长大直至分化成形；这类动物的生成发生于春季。

【26】 地蝎也产生大量的卵形蚴并抱孵之。孵育终了时，亲蝎被掀弃到一边，并为亲子所残杀，就像蜘蛛的情形一样；很多时候子蝎的数目多达 11 只左右。

【27】 一切蜘蛛均以前述方式进行交配，它们首先生出小蚴；而蜘蛛是由蚴经过整体变形后产生的，而不是出于蚴的某一部分，尽管刚开始时蚴体呈圆形。蜘蛛产下蚴后将
555b 予以抱孵，历时 3 日蚴即分化成形。

一切蜘蛛均产蚴于蛛网中，有的产于小而纤薄的网中，有的产于厚实的网中；另有一些将蚴整个地产入一种圆形的囊内，有些产下的蚴则只有某一部分环裹于蛛网中。并非所有的小蜘蛛能同时孵化出来，不过小蜘蛛立时就能够蹦跃和吐网。蚴体中的液汁挤出时与幼蜘体内的液汁无异，黏稠而呈白色。

草地蜘将蚴产入蛛网中，这网一半系于它们自身，另一半悬在外面；就是在这上面亲蜘孵育其蚴直至其长成。毒蜘蛛（兵蜘）将蚴产入其特意纺制的一种厚韧的篮形物中，它们于此上孵育。光蜘蛛产蚴的数量相对要少一些，毒蜘蛛所产数量却十分众多；小毒蜘长大后便团团围住生养了它们却反遭黜弃的母蜘，将其杀死。很多时候雄蜘亦遭殃及，若是它们被捉住了的话；因为它们往往与雌蜘蛛合力孵蚴。有时候，一只毒蜘蛛所产蚴数可达 300 之多。蜘蛛完成由小长大的过程大约需 4 周时间。

【28】 草蜢以与其他虫类相同的方式进行交配，即体型较小者骑伏于较大者背上（因为雄性体型较小）。雌蜢生产时要以尾部上的一根空管插入地中，而雄蜢并无此管。它们把全部的卵一并产在同一地方，以至于看起来这就像是一处蜂巢。它们生产后，这地方出现一些卵形的蚴，这些蚴裹在某种膜似的薄泥中，它们在里面悄然长大。这些幼胚十分稀软，可以说是一触即散。它们不在地面之上，而在稍许偏

下的位置。当它们长成后，便钻出包裹的泥层，露出其小而黑的蜢躯。随后其外皮裂开，它们很快得以长大。

556a 草蜢在夏末时分产卵，产后即死去；因为它们产卵的同时，其颈部一带已生出了蚴。而雄蜢大约也在同一时间死去。这动物在春季里从地下钻出来，在山地或贫瘠之处是看不见草蜢的，它们只见于平坦而土质疏松的地方；因为它们产卵于土隙中。冬季里它们的卵留在土中，而一俟夏季到来，立即就见草蜢从去年的卵胚中产生出来。

【29】 蝗虫照同样的方式产卵，产后亦是归于死亡。倘秋雨滂重，它们的卵将毁于雨中；然而若逢干旱之时，蝗虫的数量就会猛增，这是由于它们不会同等地遭到毁害；它们之毁灭似属无常，其发生全随机缘。

【30】 蝉分为两种，小的一种最早出现而最晚消逝，大的一种出现在后而消逝在前。无论是小蝉还是大蝉中间，都是一些于胸膈处分隔，此乃鸣蝉，而另一些没有分隔，乃不鸣之蝉。有些人把那些大而能鸣之蝉称为“响蝉”，把小蝉称为蜇蝉；不过后一类中有分隔者亦能作轻微的鸣唱。

无树木的地区不见有蝉类，因此居勒尼城外的平地里全然无蝉，然而城周围却随处有蝉，在生长着油橄榄树的地方更是不计其数，因为这些树没有浓阴。蝉不生活于阴凉处，所以不出现于浓阴蔽日的树丛上。

大蝉与小蝉的交配方式彼此相同，两性各以腹部互作交接。雄蝉以某一部分进入雌蝉身体，而不像其他各种虫类那样由雌性进入雄性身体。雌蝉具有一个带有分叉的生殖器，交配时雄蝉进入此中。

蝉类产卵于未经开垦过的荒地，以生于身体后部的尖利器官钻洞入地，就像蝗虫所做的那样；蝗虫亦在野地里产 556b 卵，因而居勒尼地区到处可见飞蝗。蝉还将卵产入用以支撑葡萄藤的支架，它们在架上面钻孔；它们还产卵于海葱的茎管。这些卵胚钻入地下。雨多时节它们为数尤丰。蝉蚴于地中长大后变成一只“蝉娘”，这时其味最美，尚在其壳破裂之前。夏至时分，它们在夜间出壳，其壳旋即裂开，现出一只取代了“蝉娘”的蝉来。它们迅即变黑，变得更硬和更大，而且开始鸣唱。上述两种蝉中都是雄蝉鸣唱，不做声的则属雌蝉。初时雄蝉为一道美味，交配后则以雌蝉味美，因为它们含有了白色的卵粒。

蝉从上面飞过时若是有人出声吆吓，它们会洒下一些水状的液滴，农夫们把这称作蝉尿，即是说，它们是有排泄物的，而它们仅以清露为生。如果一个人动着手指接近蝉，弯曲手指头并重新伸直，这比手指直直伸着接近更能使蝉呆在原地，而且蝉会就势爬上他的手指。这是由于蝉的视力微弱，以为它们爬上的是一片飘动的树叶。

【31】 虫类中那些虱属非肉食性却以活体肌肉之液质

为生的动物，如虱、蚤及虱虫等，它们经过交配后全都产生出所谓的虮子，从这些虮子中不再产生出任何别的生物。

这些虫类中蚤产生于少量的腐败物质（因为凡是有干粪的地方，就会有蚤类滋生）；虱虫产生于动物体表凝结的湿垢；虱产生于动物的肌肉。

虱将产生之际，动物身上会出现疹状小斑块，但丝毫不含脓质；如若有人挤压这种地方，虱就会蹦出来。对某些人而言，当其身体大幅度地水肿时，就会罹染上这一种病症；
557a 而且确曾有一些人死于此症，比如据说诗人阿尔克曼以及叙利亚的弗内库德斯就是这样。而在某些疾病中，也会产生出大量的虱。

还有一种虱被称为野虱，它们比常见的虱更坚硬一些；很难将这种虱的外皮去掉。小孩的头上容易长虱，成年男子头上较少长虱。妇女比男子更容易长虱。不过就那些头部生虱的人而言，其头痛的机会减少了。其他各种动物也会大量地生虱。鸟类就有虱，而且那所谓的雉鸡若非不时尘浴其身，便会为虱咬杀。其他各类生有翎管的具翅动物亦会生虱，还包括各种被毛的动物。不过驴例外，它们不染虱，亦不生扁虱。

牛类既生虱又生扁虱；绵羊与山羊生扁虱却不生虱。猪身上长的虱硕大而坚硬。在狗身上有所谓的“灭犬虱”①。

① kunoraistes，狗身上的扁虱。

在那些带虱的动物中，所有的虱都出自于动物自身。那些有虱的入浴动物，若是更换其浴用之水，虱会愈发增多。

在海中，鱼身上也会生虱，但这些虱并非出于鱼自身，而是出于污泥；看上去它们像是多足的木虱，只不过其尾部扁平。海虱只有一个类别，它们无处不在，而红鲱鲵身上尤为多见。所有的这些虫类均多足而无血。

金枪鱼身上的寄生虻见于其鳍上，其形与蝎相仿，大小则如蜘蛛。在居勒尼与埃及之间的海中，有一种附生于海豚身上的鱼，人们称之为“虱”。这种（虱）鱼长得肥而又肥，这是由于它们趁海豚逐猎时获得了充足的养料。

【32】 其他种类的微型动物如前所述，有一些产生于羊毛或羊毛制品中，例如衣蛾。当毛制品中积有尘垢时，里面就会生出更多的微型动物；而倘若其间闭有一只蜘蛛时，这 557b
类动物就会最大限度地繁生；因为那将吸干里面可能有的任何湿液，使周围变得干燥起来。人的衣物上也可找见这种蚴。

在搁置已久的奶酪中也会产生出动物，正如在木材中一样；这似乎就是一切动物中体型最显微末者，被称为 akari，色白而微小。书卷间也产生另外的微型动物，有些类似于衣服上所见者，另一些类似于无尾之蝎，其形微乎其微。总的来看，这类动物可以说是无所不在，无论是在趋于潮湿的干东西还是在趋于干燥的湿东西中，只要是能够包容生命的东西即有可能。

有一种小小的蚴，名叫做“负薪者”，这类动物中再没有比它更奇怪的了。它那带花斑的头伸在壳外面，其脚生于末端，这与其他种蚴无异，然而其身体的其余部分却包藏于一个蛛网状的甲罩中，罩周围带着干的枝禾，从而看上去就像是它们走路时不慎挂上的一样。可是这些干枝竟然是连生在罩上的——这整个构造对于这种蚴，正如介壳之对于蜗体，它们从不脱落，只可以拔掉，就像各种附生物那样；若是有人剥去其罩，它们就会趋于死亡，变得跟剥去了介壳的蜗类一样没有指望。经过一段时间后，这种蚴就像蠋那样长成一只蛹，木然不动地活着；至于将来从中生出何种具翅的动物，尚不得而知。

野无花果的果实中藏有所谓的无花果蜂（psen）。这生
558a 物初时为一小小的蚴，后来其壳皮散裂，从中飞出弃壳皮于身后的无花果蜂来；它们经由果嘴隙孔钻入家栽无花果的果实内，可使此果不致坠落；由于这一缘故，农人们将野无花果悬于家栽无花果树上，并在附近的地方种上野无花果树。

【33】 至于四足而有血的卵生动物，其生殖均在春季，但交配并不全在同一季节，而是有的在春季有的在夏季，还有的在秋季前后；每一特定季节皆以即将到来的季节适合于将生幼雏生长而定。

龟产出的卵有坚实外壳，卵体分两色，这跟鸟卵相似；它们产卵之后将其埋入地中，并从上面踏踩结实，这一切做完

后，它们不时回来抱孵于其上，这些卵将在次一年孵出。淡水龟出水产卵，它们掘一桶状的坑，再将卵产入坑中，不出30天时间，它们又来刨出这些卵并迅速地予以孵化，尔后立即将新生幼龟带入水中。海龟亦在陆上产卵，这卵恰如家养鸟类的卵，它们将卵埋入地下，夜间再抱孵于其上。它们产卵的数量很多，因为它们可产卵达100只。

蜥蜴与鳄无论为陆生还是河生均产卵于陆地。蜥蜴的卵在地上自行孵化，因为蜥蜴活不到第二年；据说这动物的寿命不过为6个月。河鳄产卵甚丰，最多可达60只左右，其颜色为白色，它们要在上面蹲坐60天（因为它们能活很长时间），从小不可言的卵中长出了极其庞大的这种动物。这些卵不比鹅卵更大，而且幼鳄也相应见小，可是日渐增长后，竟可达17肘尺之长。有些人说它们只要活着就一直往大里长。

【34】 蛇类之中，蝮蛇是先在自身体内为卵生，再于体外为胎生。其卵同鱼类的卵一样，颜色单一而且为软壳。幼蛇在其表面上形成，而且没有角质介壳包裹于其外，这也与幼鱼的情况相似。亲蛇将小蝮蛇产入膜中，这膜三日后破 558b
裂，而小蝮蛇有时会从里面咬穿此膜夺路而出。亲蛇于一天之内一次性地产完卵，所产卵数在20只以上。其他种类的蛇于体外为卵生，其卵彼此相连，宛如妇女的项圈。将卵产入土中后，亲蛇将予以抱孵。这些卵将于下一年里孵化。

第　六　卷

【1】 蛇类、虫类以及卵生四足动物的生殖情况即如上述。

一切鸟类皆会产卵，但交配的季节与生产的情况却不尽相同。因为，有一些鸟于一年四季均可交配与生产，例如家鸡与鸽类；家鸡于全年之中仅在冬季里冬至前后两个月时间暂作歇息。某些鸟种虽属纯种，在孵卵之前也能产下许多卵，可达 60 只之多；当然纯种的鸟类不及品种较次的鸟类产卵丰富。亚得里亚母鸡体型甚小，但几乎是天天产卵；它们性情凶厉，常常杀死身边的雏鸡；这种鸡的颜色堪称五花八门。有一些家养母鸡日产 2 卵，曾知某些母鸡极其大量地产卵后忽然死亡。如前所述，家鸡连续产卵；普通鸽、环鸽、鸠鸽与原鸽一年产卵 2 次，不过普通鸽一年也可产卵 10 次。大多数鸟类在春季产卵，有些鸟甚为多产，它们以两种方式多产：或如鸽类年产多次，或如家鸡产出多卵。一切具备钩爪的鸟类产卵都甚少，唯有茶隼例外；这种鸟为具备钩爪的鸟类中产卵最多者：一巢中见到过的就达 4 只，它们甚至可以产出更多的卵来。

其他鸟类一般将卵产入巢中，然而不能飞行的鸟无一产卵入巢，比如鹧鸪和鹌鹑，它们将卵产在地里，并以杂枝掩 559a
蔽之。百灵与 tetriks 也是这样。这些鸟都在隐蔽处筑巢，而被波奥提亚人叫做 merops（蜂虎）的那种鸟却十分独特，它们钻入地上挖好的洞穴建巢。

鸫或画眉像燕那样用泥料在高树上筑巢，它们筑出彼此相续的一系列巢，由于紧密挨接，以至于看起来这就像是一串巢的珠联。在自孵其卵的鸟类中，唯有戴胜不事营巢，这种鸟钻入树干并产卵于其空隙中，而不去张罗任何用来筑巢的东西。杜鹃①筑巢于房屋或岩崖上，被雅典人叫做 ouraks 的 tetriks 既不在地上也不在树上筑巢，只是在低矮的植物上。

【2】 所有的鸟卵一律带有硬壳，只要它们产自交配并且未曾受过损伤（因为有些母鸡就生软皮蛋）；鸟卵之卵体分两种颜色，外呈白色而里为黄色。生活于江河及沼泽地带的鸟类所产之卵有异于生活于旱地者的卵，水鸟卵的卵黄所占比例远远大于卵白。鸟卵的颜色随鸟的种类而异，因为一些种类的鸟卵呈白色，例如鸽卵和鹧鸪卵，另一些种类的鸟卵却呈黄色，例如泽鸟的卵；有的鸟卵带有斑点，如珠鸡及锦鸡的卵；茶隼的卵则红若朱砂。

---

① kokkaks，洛布本作“kirkos”（鹞），Dt. 本作 kupselos（捷燕）。

卵的外形并不对称，因为某一端尖突而另一端较为圆钝；分娩时圆钝的一端先行产出。长而尖的卵为雌卵，外形浑圆或尖端圆溜者则属雄卵。经亲鸟抱孵之后鸟卵得以孵
559b 化，然而也有自行从土中孵化者，如在埃及，人们把鸟卵埋入粪堆之中；据传在叙利亚有过那么一位贪杯者，曾将鸟卵置于其坐席下的地中，再长时间地连连豪饮，直至鸟卵悄然孵化。曾有这样的例子，置于温暖容器中的鸟卵趋于匀化，得以自行孵出。

一切鸟类的精液均呈白色，这与其他诸种动物无异。受配之后，雌鸟将雄鸟的精液上引至横膈下。胚卵起初显得又白又小，随后转而发红，跟血似的，增长过程中它完全变成了黄色或橘黄色。长得更加成熟一些后，卵体发生分化，卵黄聚到中间而卵白环围于外。完全长成时，这卵便脱离原位而逸出母体；正是在此排产之际卵体由稀软转为坚硬，就是说直至排离过程开始进行这卵尚且不硬，恰恰在产出时它立刻变得硬挺起来——只要产前没有遇上什么病变。曾经出现过这样的情况，雄鸟被剖开后发现其胸膈下有状如正处于某一临变期的卵的东西（它通体匀黄，很像是后期的卵黄），而雌鸟也正是在这一部位怀卵；这些卵状物外观上完全呈黄色，其大小与鸟卵对等。这种情况通常被认为是凶异之兆。有人断言风卵① 为先前经交配而生的鸟卵之残余，他们说

① 参见 541a30 及注。

得并不正确；因为我们观察到了足够多的实例，家鸡与鹅的新雏虽然不曾交配过，照样会产下风卵。与种卵相比，风卵在体积上较小，味道也不太好，而且偏稀，然而其数量却更加众多。若是把风卵置于母鸟身下，其中液质并不会浓凝，事实上其卵黄及卵白均保持原样。许多种类的鸟都产风卵，如家鸡、鹧鸪、鸽类、孔雀、鹅及狐鹅等。母鸡孵卵在夏季 560a 比在冬季更快，母鸡在夏天花 18 天即可孵出，然而在冬季里有时候要花 25 天时间。不用说，鸟与鸟不同，在抱孵的本领上自然是各有所长。母鸟孵卵期间倘遇响雷，这卵将会遭受毁损。被有些人称作“狗胎”或“尿蛋”的风卵在夏季里更为多见。某些人把风卵叫做 zephuria①，这是因为它们见到有些雌鸟在春天里感受风吹而有卵；而且用手以某种方式抚摸雌鸟，也可以造成同一种效果。风卵可以转而具备繁殖能力，而且已经经过交配而怀上的卵也可改变其种类，变成另外一种卵，只要是怀风卵或可育卵的雌鸟在卵体由黄转白之前曾受配于另一种类的雄鸟；风卵遂而变成可育之卵，而先已成孕的卵转而承袭了后作交配的雄鸟的品种。假如卵体业已由黄转白，那么风卵既不会变成可育之卵，所孕之卵也不会转袭后授配者的品种。而且假如在现有的卵尚小时终止交配，此前的卵便不再增长；而一旦母鸡再度受配，卵体就会迅速长大。

① “受（西）风的”。

卵黄体与卵白体之对立不仅表现在颜色上，而且表现在性能上。因为卵黄受冷即凝固，而卵白非但不凝固，反而变得更稀；卵白受火即趋凝固，但是若非烤透，卵黄却不会凝固，而是保持稀软；其实水煮比火烤更能使之凝聚和硬固。有一层膜将两者彼此隔开。近于卵黄之始端的“雹珠”完全不像有些人所认为的那样对卵体之繁育起过任何作用；它们为数有二，一者在下一者在上。关于卵黄及卵白还有下述情况发生，若是有人从许多卵中将这两种东西（分别）取出，
560b 把它们一并倒入一只容器里，再以缓火慢煮，则卵黄将趋聚于中央，而卵白将至四周环围之。

在家鸡中，子鸡在春季刚刚开始时率先产卵，而且比老鸡产卵更多；但子鸡所产之卵在大小上有所不及。一般地，雌鸡（鸟）若是不孵卵就会消损而致病。然而一旦受配，雌鸡（鸟）立即抖擞而振作，经常扬撒得四周全是杂物（有时候它们产卵后也会有如此举动）；鸽类则会以尻部拖地而行，鹅会入水潜游。以大多数鸟类而论，可育卵之受孕及风卵之发端都来得十分迅速，正处于发情期的雌鹧鸪即是例子。因为倘若处于雄鹧鸪的下风，雌鹧鸪立时就会受孕，这使得它们不适于用来作诱鸟，因为鹧鸪的嗅觉看来十分灵敏。

交配之后，卵之形成以及再由卵质混匀而得来的雏胎之生成所需的时间于诸种鸟类不尽相同，这要视亲鸟的大小而定。通常情况下，母鸡的卵于交配后10天内具形及成熟，

而鸽卵所需时间要稍微短一些。雌鸽即使是在临产之际仍能持留其卵；假若受到来自人的某种惊扰——或是巢穴受扰，或是羽毛被拔，或是遭受其他某种苦恼及不安——雌鸽能够缩留其卵，拒不产出那正待排产的卵。

鸽类于交配方面有以下特别的地方。即是说，当雄鸽即将骑到雌鸽身上之际，它们要互相亲吻，否则雄鸽便不肯行配——年岁较大的雄鸽只在开始时不肯省略亲吻，往后也就可以不经亲吻径直骑到雌鸽身上了，然而年轻的雄鸽却总要做了这件事之后再行交配。这番举动确实十分特别。此外，在没有雄鸽的情况下，雌鸽们会骑上彼此的身体，并且会像
雄鸽一样先作亲吻；而且尽管它们相互间并无任何交合，却 561a
能比受精时产出更多的卵来；从这些卵中不能孵出任何鸽雏，事实上这类卵全部都是风卵。

【3】 如前所述，一切鸟类全都以同一种方式从卵中生成，然而完成生成过程所需的时间却各有不同。就家鸡而言，历时三天三夜而始露雏形，至于体型较大的鸟类，则需更多的时间，而体型较小者所需时间亦较少。在这段时间里，卵黄逐渐得以上移至尖的一端，而卵之发端正在于此。卵也正是从这里孵出来的；心脏出现在卵白中，恰如一滴血点大小。这血点分明搏击着、活动着，宛如赋有了生命似的；从中又隐约引出两条血管状的脉管，其中含有血液，蜿蜒地前伸，直至每一侧环裹着的胞衣。而这时候已有一层内

含血丝的膜环裹着卵白，它出于那两条血管状的脉管。稍后不久，胚体已然清楚可辨了，初时它极其微小，颜色发白。头部十分清晰，其间的眼睛最大限度地膨突着。这种状态持续相当长一段时间，在后来某个时候眼睛才收缩变小。起初胚体的下部较之于上部显得全然不成比例。从心脏引出的两条脉管中，一条延伸至环围于四周的胞膜，另一条延伸至卵黄，就像是一条脐带，胚雏之发端始于卵白，其养料则得自出于卵黄的脐带。

10 天时，整个雏鸡及其所有各部分已经明晰可见了。其头部依然大于身体其余部分，而眼睛又大于头部，但是它们尚不具备视力。大约在这时候眼睛开始趋于外突，它们比豆粒更大一些，而且呈黑色；若是剥去其外皮，里面可见白色而冰凉的液质，在光照下格外晶莹，其中并无坚固物质。
561b 眼睛方面及头部的情形即如上述；这时候各种体内器官也可以看清楚了，既包括胃部的器官也包括肠腑等物，先见从心脏引出的那些血管此时已位于脐部附近。从脐部引出两条血管，一条伸向裹着卵黄的那处膜（此时卵黄已经很稀了，并且比原本要大），另一条伸向另一处膜，这膜整个地既包容胚雏置身于其中的那层膜，又包容环裹卵黄的那层膜，还包容介于其间的那些液质。〔胚雏增长过程中，一部分卵黄一点一点地上移，而另一部分渐渐下移，位于中间的则是白色的液质；卵白位于下部卵黄的下面，这与开始时无异。到了第 10 天，卵白仅见于最外圈，数量已经十分稀少了，其质

胶着、凝稠而且泛黄色。〕①

各种组成部分的位置排列有如下述。最先也是最表面地贴近外壳的是卵膜，这里指的不是壳膜，而是内贴于壳的一层膜。其中含有白色的液质，随后是胚雏，环裹于一层膜内而得以隔离开，这使得胚雏不至于浸在液质中；雏体下面是卵黄。〔上述血管中的一条进入此中，而另一条进入周围的白色物质。这整个构造裹在一层含有血清状物质的膜内。尔后还有另一层膜环裹着胚雏本身，将其与液质隔离，这一点已经提到过了。这下面是裹于另外一层膜内的卵黄，出自心脏及大血管的一条脐带伸入其中，以使胚雏不至浸入两种液质之任何一种中。〕②

大约在第 20 天，若是人们剥开这卵并触摸鸡雏，它会在里面吱吱作声并作活动；它已经披上了茸毛，一旦超过了 20 天，它就会破壳而出。鸡雏的头部位于右腿上方肋部之上，翅膀则在头的上方。此时明显可见胞衣状的一层膜位于 562a
环裹卵壳的最外层的膜之后，并有一条脐带伸入此中（在这时候鸡雏已经整个地在里面包裹着），此外还有一层膜也形如脐带，它环裹着卵黄并有另外那条脐带伸入其中；这两者均出自心脏及大血管。这时候伸至外层胞衣的那条脐带崩裂而与幼体脱离，然而伸入卵黄的那条脐带则连接于鸡雏那纤

① Dt. 本删去。
② Dt. 本删去。

薄的肠；而且至此卵黄中的大部分已经包容于鸡雏体内，在鸡雏的胃中见有黄色的积淀。大约也是在这时候，鸡雏开始向外层胞衣排泄残余物，其胃中见有残余的秽物；排到外面的残余物呈白色〔而且在里面也会形成某种白色的物质〕。最终，卵黄不断地趋于减少，直至彻底耗尽及含留于鸡雏体内（以至于若是有人切开业已孵出 10 日的鸡雏，仍可发现有一小块残存着的卵黄连接于肠上），但它已经脱离了脐，而且在两者之间不再有任何物质，卵黄已经完全耗尽了。在上述期间里，鸡雏老是睡着，若受惊动亦会醒来，四下张望并吱吱作声；它的心脏同脐带一道搏动着，就像在呼吸似的。鸟类从卵中生成的方式就是这样。

某一些鸟类所产之卵不能繁育，即使是经交配而产生的卵，这些卵经抱孵后无一能够孵出新雏来。这种现象在鸽类中间最为显见。

双胚卵有两只卵黄；有些双胚卵中有一纤薄的白色隔层，以使两黄不至于相互混融，另一些双胚卵中不含此隔层，从而两黄连为一体。有些母鸡所产之卵悉数为双胚卵，〔关于卵黄的上述情况〕就从它们这里观察到过。某只母鸡曾产下并孵出了 18 只双胚卵，其所产风卵还要除外。故而双胚卵是可育的，不过孵出的双雏中，总是一者较大而另一
562b 者较小，有时候较小者呈畸形。

【4】 鸽属中的所有鸟类皆产2只卵，比如说环鸽与鸠

鸽，大多数情况下均是如此，最多时可产 3 只卵（如鸠鸽与环鸽）。前面曾说过，家鸽在所有季节里都产卵，鸠鸽与环鸽则只在春季里产卵，产卵次数不超过两次。当产出的头一巢卵遭毁后——很多种类的雌鸟都会毁掉头一巢卵——它们就产下第二巢卵。正如方才所说，有时候鸽类可产 3 只卵，然而它们从不孵育出 2 只以上的鸽雏，有时甚至仅仅孵育出 1 只而已；余下的那只永远是只风卵（“尿蛋”）。

大多数的鸟类于孵出的当年绝不会生殖，但是所有鸟类一旦开始生育，可以说就会接连不断地产卵，尽管在某些鸟类那里，由于其体型微小而不大容易看得见这一过程。

多数时候雌鸽产雄卵与雌卵各一只，而其中多数情况下先行产出雄卵，产后要间歇一天时间才再产另一只卵。雄鸽在白天里值班抱孵，夜里则轮到了雌鸽。头一巢产下的卵在 20 天内孵化出鸽雏，母鸽将在孵出的前一天啄破卵壳，两只亲鸟要一起温孵鸽雏一段时间，恰同先前温孵鸽卵一般。哺雏期间，雌鸟的性情要比雄鸟暴躁，其他种类的动物生产后同样是这种情况。它们一年产卵 10 次，也曾见过某些雌鸽年产 11次，埃及的雌鸽甚至产达 12 次。鸽类在一年内就可行配与受配，其实只需长足 6 个月它们就能够行配和受配了。有些人断言环鸽与鸠鸽在 3 个月时即可交配与生殖，他们以这些鸽类之不计其数来作证明。雌鸽怀卵及生产需 14 日，孵卵又另需同等长的时间，鸽雏尚还需要 14 日以长好
翅翼，以使别的鸟类不那么容易追得上它。〔人们说环鸽或 563a

斑鸠竟能活满 40 年，而鹧鸪亦能活 16 年以上。孵出头一巢雏 30 天后，雌鸽将再次产卵。〕

【5】 兀鹫于绝崖峭壁上建巢，因此人们很难得看见其巢穴及幼雏。由于这一点，希罗多罗斯——智者布吕松的父亲——声称兀鹫来自于为我们所不知的另一处地方，这一点被说成是表证，即没有任何人看见过兀鹫的巢穴，而且随大军开过之后它们会大量地出现。不过虽说难于得见，但还是有人看见过。兀鹫产两只卵。

其他诸种肉食鸟类一年产卵未见多于一次，燕是唯一一年两次筑巢的肉食鸟类。若是有人在燕雏尚幼时剜出其眼睛，它会渐渐长愈并在后来获具视力。

【6】 鹫产三只卵，但只孵出其中两只，正如缪塞奥在其诗中所说：

鹫产三只卵，孵二而哺一。

大多数情况下均是如此，不过也曾发现过一窝三雏。鹫雏长大些后，母鹫把两只中的一只抛出巢外，因为它觉得喂起来太辛劳。同时，这一时期内母鹫据说会禁食①，以免去猎取野生动物的幼雏。于是在少许日子里其利爪转钝，其羽翼也趋于苍白，因而这时候母鹫对子雏的态度变得凶狠起来。被

---

① apastos，由于难解，洛布本揣作 aetos，即“禁飞”。

弃于巢外的鹫雏为 phene 所收留和抚养。鹫的孵卵期大致为 30 天。

对其他体型巨大的鸟类而言，孵卵所需的时间基本上也是这么长；例如鹅与大鸨；体型适中的鸟类约需 20 天时间，例如鸢与鹰。鸢大多数情况下产两只卵，但有时候它们也会育出三只鸢雏来；所谓的 aigolios 有时候能育出四只雏。大乌鸦并不像有些人所说的那样仅产两只卵，而会产出更多的 563b 卵来；这种鸦孵育 20 日左右便将其幼雏逐出巢外。别的鸟类同样会做这种事情，那些产卵众多的鸟类往往要逐弃一只雏鸟。

鹫这一族类中，对待幼雏的态度并非全都一样；事实上，白尾鹫态度凶狠，而黑鹫喂养其雏时却甚为慈祥；尽管可以说一切生具钩爪的猛禽俟其幼雏刚刚可以飞行之际都会将其扑逐至巢外。如前所述，其他种类的鸟中，几乎是大多数都会做这种事情，将幼雏孵育出来后它们就不再关心其未来会如何了；唯有乌鸦例外；这种鸟会悉心照料雏鸦一段时间，而且当它们已经能飞之后，母鸟还会相并而飞并且哺之以食。

【7】 据有的人讲杜鹃是从鹰变来的，这是由于在这段时间里鹰消失不见了。它很像……① 一旦杜鹃的布谷声传

① 原文有空缺。

来，几乎连别的鹰也看不到了，仅少数几天里例外。杜鹃只在夏季中短短一段时间里出现，到了冬季就消失得无踪无影。但鹰具备钩爪，杜鹃则不具钩爪。此外，后者于头部一带也不像鹰；其实在以上两方面杜鹃都更加接近于鸽类。事实上只有从颜色方面看杜鹃才与鹰相像，这还要除却下述差异不论，即鹰的色彩呈条纹状，而杜鹃的色彩呈斑点状。当然在大小及飞翔方面杜鹃与最小的一种鹰相似，通常情况下这种鹰在杜鹃出现的期间里趋于消匿，尽管人们曾经观察到过二者同时出现。而且，有人曾看见过杜鹃为鹰所吞食，而同一种类的鸟绝对不会做出这种事情来。

他们声言，从未有人看见过杜鹃的幼雏。这种鸟确实产卵，但是并不筑巢。实际上有时候它们将自己的卵产于体型较小的鸟类的巢中，并把那鸟的卵吃掉，最经常地是产在斑
564a 鸠或环鸽的巢中，事先还要吃掉巢里的鸠卵。少数时候它们会产两只卵，但大多数情况下仅产一只。它们还产卵于 hupolaidos 的巢内，后者遂孵化其卵并哺育其雏。在这一期间，这种鸟长得十分肥腴，不失为一道美味。〔鹰雏在这种时候也格外味美及肥腴。有那么一种鹰筑巢于荒远而陡峭的悬崖间。〕

【8】 与前面关于鸽类所说的一样，大多数的鸟类由雄鸟与雌鸟交替抱孵其卵，然而有些鸟类只在雌鸟去为自己找些食物时才由雄鸟代孵。鹅类仅仅由雌性抱孵，它们一旦开

始此事便不作间歇，一直坚持到抱孵完毕。

一切泽鸟的巢均建于杂草丛生的沼地，因此这些鸟类得以静静地孵卵；能够十分方便地得到食物而不至腹中空空地捱度时日。

乌鸦也是仅由雌鸟孵卵，而且亦是一会儿也不停顿直至孵出；不过雄鸦会给它们带回食物并喂养之。雌斑鸠从下午开始伏于卵上，捱过整个夜晚直至清晨早餐时光，其余的时间里则由雄斑鸠代劳。鹧鸪将它们的卵置入两个巢房中，雄鸟于一房中抱孵，雌鸟则于另一房中抱孵，而且待幼雏孵出后它们各自哺养各自的雏儿。待将雌雏领出巢房时，雄鸟立即与之交配。

【9】 孔雀大约可活 25 年之久，最多到 3 岁时它们就可以生殖了，这也是它们长出多彩屏羽的时候。它们在 30 日或稍多一些的时间内孵出其卵。雌孔雀一年仅产一次，产卵 12 只或稍少。她们并不是一连不停地产卵，而是要间歇 2 到 3 天；头一拨卵最多在 8 只左右。雌孔雀也会产风卵。
孔雀在春天里交配，交配后紧接着就会产卵。正当最先一批 564b
树木开始落叶时，它们也开始脱羽，而当这些树木再着绿荫时，它们同时也重披新羽。喂养孔雀的人将它们的卵放到母鸡身体下面去抱孵，这是由于雌孔雀抱孵时雄孔雀会飞来骚扰以伺机践踏这些卵；由于同一缘故，某些种野生鸟类之产卵及孵卵都要逃避开雄鸟。最多只可以把两只孔雀卵放到母鸡身体下，因为它只能够孵育出这个数目。养孔雀者须格外用心，得在旁边放上食物，以免母鸡抽身而去，中断孵卵进程。

在交配期间，雄鸟的睾丸明显膨大，交配能力越强者睾丸膨大就越显著，例如家养的公鸡与雄鹧鸪；在不连续进行交配的鸟类那里，这一现象便不那么显著。

关于鸟类的妊娠及生殖，就讲到这里罢。

【10】 鱼类如前所述并非全都属于卵生。因为软骨鱼类即属胎生，其他种类的鱼方属卵生。然而软骨鱼类于胎生之前要先在体内怀卵，还要先在体内哺雏，鮟鱇则是一个例外。

上面还曾讲到过鱼类具备子宫，可是在构造上却有一些差异。卵生鱼类的子宫有分叉且位于身体下部，而软骨鱼类的子宫则更加接近于鸟类子宫的形式。但是其子宫又异于鸟类子宫，即某些软骨鱼的卵并不聚集于胸膈附近，而是位于肋骨之间，它们在有所增长后便移至他处。

所有鱼类的卵都不作两种颜色，而只有一种颜色；卵体颜色更接近于白色而不是黄色，在起初以及幼雏现于其中时均是如此。

鱼类之从卵中生成不同于鸟类，由于这里没有两条脐带中伸向卵壳后那层膜的另一条脐带，至于在鸟类那里伸入卵黄的那条管道，鱼类仅仅在上述两者中具备了后一者。及至从卵中生成的其余过程，鱼类与鸟类完全相同；即是说，生
565[a] 成基始于卵之尖端，血管以同样的方式最先自心脏引出，初

时头、眼睛及身体上部生得极其地大。同样地，胚雏增长过程中卵黄一直在减少，并且最终归于消失，转向胚雏体内，这与鸟类中所谓的 neottos（卵黄）的情况无异。

脐带于口部稍下一些位置系附于鱼腹。幼胚尚小时这脐带十分地长，随着其长大而变短，最终趋于微细，直至退入幼胚体内，就像关于鸟类所讲过的那样。幼胚与卵裹于一层共同的膜中，这膜后面另有一层膜，专门环裹幼胚于其中；这两层膜之间充盈着液质。幼鱼胃中发现的食物同雏鸟胃中的食物相像，有的白有的黄。

关于子宫的构造，从《论解剖》中可以查见。但不同的鱼类彼此之间在这方面存在着差异，例如角鲛较之于其同类以及较之于身体扁平的鱼类。就某些角鲛而言，其卵附着于子宫中部近于脊骨的位置，这在前面已有述及，例如“小狗鲨”；卵于增长过程中会挪动其位置。由于其子宫像其他诸如此类具有分叉而且系附于胸膈部位，增长中的卵会挪入子宫两部分中的另一部分。这种鱼（“小狗鲨”）以及其他角鲛的子宫在胸膈稍稍往前处生有无孕的时候便归于消失的乳状白色物。

“小狗鲨”与魟鱼生有卵壳形的东西，在其中发现有卵质状的液体。这卵壳的形状有如风笛之笛舌，而且有须的管道贴附于壳上。就“小狗鲨”即某些人所称的斑身角鲛而言，当卵壳破裂而散落时，幼鱼由之生出；至于魟鱼，其幼鱼则在其产出卵后卵壳归于裂散时游出。有刺角鲛存卵于胸

565b 膈附近胸乳上方的位置，其卵产下之后，由卵滑离原位而生幼鱼。狐鲨类之生殖也采取同一种方式。

所谓的光身角鲛存卵于子宫的两部分之间，这与“小狗鲨”相似，这些卵会移入子宫两角中的另一角而下行，儿鲛生出时带着与子宫相连的脐带，从而卵中物质耗尽时这幼胚的境遇能与四足动物那里的情况看上去相仿。这脐带颇长，系接于子宫在下的部分，每一条脐带似乎都系属于一个胎盘子叶，再连接于胚体中部，即肝脏所在的位置。若是剖开这胚体，即使其中不再含有卵质，也可以发现卵状的东西。每一幼胚各有其专门的胞衣及膜层环裹于外，恰好同四足动物的情况一样。尚幼时胚体的头部位于上面，长大成熟之后就转到了下面。雄性幼胚生自子宫左侧，雌胚生自右侧，而同一侧也可以一并生出雄胚及雌胚。而且，切开胚体后即可见到与四足动物相仿的情况，里面有十分巨大的内脏——比如说肝脏，而且还含有血状物质。

所有的软骨鱼类均在胸膈上方位置一并怀持诸卵，其卵有大有小，为数众多，而胚体已经在下面形成了。因此许多人推测这类鱼每月都会产卵及交配，因为它们并不一并产出所有的幼鱼，而是常常要拖拉很长一段时间。但是位于子宫下部的那些卵胚却是一并化生和完成其生长过程的。

其他类别的角鲛都可以放出和收回其幼鱼，无论是扁鲛还是电鲼（曾经观察到一只巨大的电鲼在自己身体内含持了80只左右的胚鱼），唯独具刺的一类角鲛不能够回纳其幼鱼，这是由于其上带刺。身体扁平的软骨鱼类中，刺魟及鳐（魟）鱼由于其幼鱼尾部粗糙而无法将它们纳入体内。鮟鱇亦不能够回纳其幼鱼，这要归因于它们那过于硕大的头部及利刺；这也是以上这些鱼类中唯一不属胎生的一种，前面我们早已讲明了。

诸种软骨鱼类彼此的差异以及其自卵中之生成就讲上述 566a
这些。

【11】 在交媾期间，雄鱼的那些管道中充满了生殖液，以至于一受挤压就有白色的精液从中流出来。这些管道分叉为两支，始自于胸膈膜及大血管。在这期间〔较之于雌鱼的子宫〕雄鱼的这些管道已经显得很分明了，然而一旦错开这一期间，在那些不太懂行的人看来它们就不那么分明了。因为，在某些鱼身上且于某些时间里，这些管道整个就看不清楚，正如我们关于鸟类睾丸曾讲过的一样。

储送生殖液的管道与子宫的管道相比还有其他一些差别，这即是说，前一种管道系附于腰部，而雌鱼的管道却可以自由活动，悬系于一层纤薄的膜。关于雄鱼这些管道所生的情形，也可以去查阅我们在《论解剖》中给出的有关图例。

软骨鱼类可以重复受孕，孕期最长为 6 个月。角鲛类中，所谓的“星鲛”生殖次数最频繁，它们一个月就生产两次。这类鱼在迈马克特里翁月开始交配。其他品种的角鲛大多年产两回，唯有“小狗鲨”除外，这种鱼一年仅产一回。

有些品种的角鲛在春天里生产，扁鲛也在秋末入冬昴星没去之际产下后一批子鱼，其开初的一批子鱼则产于春季。这种鱼的后一批子鱼更为健壮。电鲔大约在晚秋时节生产。

软骨鱼类从远洋及深海游向岸边生殖，这是为了求得温暖和为新生鱼苗的安全着想。

没有观察到过任何鱼类与亲种之外的鱼类通媾，似乎唯独扁鲛及鳐鱼会这样做，因为存在着那么一种人称“扁鲛鳐”的鱼；其头部和前身像鳐鱼，后身像扁鲛，让人觉得是从这两种鱼媾生出来的。

于是，角鲛及角鲛属中的鱼类，如狐鲨与犬鲨，以及那
566b 些身体扁平的鱼类，如电鲔、鳐鱼、光滑鳐及刺魟，皆照上述方式先卵生而后为胎生。

【12】 海豚、巨鲸以及其余各种鲸类等一应无鳃而有一喷水孔的鱼类悉数为胎生，此外还有锯鲛和牛鱼。上述鱼类无一显见有卵，事实上它们从一开始就直接怀胎，由胚胎生出幼鱼来，这与人类及四足动物的情况无异。

海豚大多每次产一幼豚，有时候也会产出两只；鲸往往产两头幼鲸，最多也就如此，或者仅产一头。鼠海豚的情况与海豚相仿，即是说它们就像是一种小海豚，生活在滂沱海（黑海）中。鼠海豚又不同于海豚，因为它比后者小，背部一带也宽阔了些。但很多人都说鼠海豚实为海豚中的某一品种。

一切有着喷水孔的鱼类皆呼出和吸入空气，因为它们具

备了肺。人们曾看见过睡眠中的海豚鼻孔仰露水面之上，而且于熟睡之中还会发出鼾声。

海豚及鼠海豚均有奶，并且乳哺其幼儿。子豚尚小时它们也能够纳其于自己体内。子海豚成长相当迅速，10 年即可完全长成。海豚怀胎 10 个月时间，生殖则在夏季，绝不可能在其他任何季节。还有一件事情发生在海豚身上，即天狼星莅照期间大约 30 天的时间里它们失去了踪影。它们伴随其子豚很长一段时间，这动物的确疼爱其子。它们能活许多年，某一些已被确知活了 25 年以上，还有一些活足了 30 年；渔人们在其尾部刻上标记后再把它们放回海中，从而凭这种办法辨明其活了多长时间。

海豹为一种两栖类动物；因为它不能够吸水，而是在陆地上呼吸、睡眠与生殖，不过是在岸边，这类行为属于有足动物，然而其大部分时间都是在海中度过的，其食物也得自于海中，因此又应当把它列为水生动物来讨论。这种动物于体内直接为胎生，产出一些幼体，带有胞衣以及其余各种连 567a
带物，与母绵羊的情况相仿。它们一次产 1 至 2 头幼海豹，最多为 3头。它们生有两只乳头，像四足动物那样乳哺其子，与人类一样，它们在一年四季里均可生产，但最经常地是在头一拨羊羔出生之际。子海豹出生 12 天左右，亲豹每天要数次将其领入海中，它们逐渐就适应海水了；到了陡峭处它们只会滑动，而不会行走，这是由于它们尚且不能够稳实地迈脚。海豹可以蜷缩和收紧自己的躯体，因为它们富于肌肉而全身松软，并且其骨骼生得如同软骨。一个人很难猛力击杀一只海豹，除非是击中其天灵盖，因为这动物的身体肉乎乎的。海豹的嗥声如牛。雌海豹的生殖器与雌魟的相仿，这方面的其余一切构造均与妇女的情况相似。

关于水生动物中在体内或体外为胎生的动物之生殖及分娩方面的情况，就讲以上这些。

【13】 正如先前所述，卵生鱼类的子宫生有分叉而且位置偏下（而一切披鳞的鱼类均属卵生，比如说鲈鱼、灰鲱鲵、“头鱼”、etelis，还有人称“白鱼”的一切鱼类以及除海鳝外的一应光滑鱼类）；这一类鱼的卵粒生得十分散碎，由于子宫中处处充满着卵，这卵看上去就像一个整团，以至于在体型微小者那里看起来似乎只有两只卵，这是由于这些小鱼的子宫小而纤薄，让人无法看清楚。至于一切鱼类交配方面的情况，前面已经作了阐明。

大多数种类的鱼都分雄性与雌性，而 eruthrinos 和 khanna① 却令人迷惑难解，因为捕到的这两种鱼一律于体内有卵。

那些进行交配的鱼类经交合而生卵，不过它们也可以不经交配而怀卵。这在某些淡水鱼类身上表现得十分明显，比如鲹鱼② 尚还甚幼时——可以说是刚刚生下来时——即可

① 参见 538a20。

② phoksinos。

怀卵。这些鱼类会遗弃其卵，正如前述，雄鱼会吞食其中的大部分，其余的卵则散亡于水中；但是有幸产于鱼类自身固 567b
有的产卵场所的那些卵却存活下来了。其实假如这些鱼类的卵全部幸存下来，其中每一种类就会变得过于庞臃。所产下的这些卵中大多数都不可孵育，只有那些由雄鱼洒上了生殖液的卵才是可育的；生产期间，雄鱼会伴游于雌鱼身旁并将生殖液洒到卵上。凡是洒上了生殖液的卵悉数都可以从中生出小鱼来，而其余诸卵之化生只有托付于机运了。

同样的情形也发生于软体动物中；因为，雄乌贼在其雌偶生产期间也会播撒生殖液于卵上。很有理由认为，同样的事情也会发生在其他种类的软体动物身上，但迄今仅在乌贼中间观察到过。

鱼类靠近岸边产卵，鰕虎即依傍石块产卵，只不过它们的卵宽扁而又散碎。其他种类的鱼同样如此，因为在近岸处暖和，而且养料也更充足，再就是为了使它们的胚鱼免遭那些大鱼吞噬。所以，在滂沱海（黑海）中，大多数的鱼类都在忒尔摩冬河的河口周围产卵，因为这地方既暖和又有鲜甜的淡水。

其他各种卵生鱼类一年仅产一回，唯有小黑鰕虎除外，这种鱼年产两回。雄性黑鰕虎① 与雌性的差异在于它们更黑，鳞片也更大。

① phukes。

几乎所有鱼类都经性媾而分娩及排卵，然而所谓的管（针）鱼临近产卵时身体开裂，其卵就这样从中生出。因为这种鱼肚腹下面生有那么一道裂沟，就跟盲蛇一样；待卵产出之后，开裂的地方重又得以愈合。

于体内及体外为胎生的鱼类之从卵中生成的情况是类似的；即是说，胚体生于尖的一端并裹于一层膜中，而且眼睛是最先清楚成形的器官，硕大而又滚圆。由此表明，鱼类之生成并非像某些人所断定的那样类似于出自蚴的生成。因为那里的情况正好相反，起先是身体下部更大，眼睛及头部到后来才成形。

568a 当卵质消耗殆尽时，现出蝌蚪形的幼鱼，起初它们在增长过程中不从别处得到任何食物，只是依赖于来自卵中的液质，随后它们开始赖河水而摄食，直至其长成。

滂沱海获受“清理”时，某种名叫“弗可”的海草漂至赫勒斯滂，这东西呈淡黄色。有些人认为正是从“弗可”的这种花中制出了胭脂①。这东西于夏季出现。这些区域的贝类以及各种小鱼皆以此物为食料。而海边的一些居民还认为紫骨螺之螺花（花色）亦得自于此物。

【14】 泽鱼及河鱼大多数情况下长足 5 个月即可妊孕，其产卵则全无例外地在年终光景。同各种海鱼一样，这些鱼

① phukos 及 phukion（“胭脂”）。

类并不于某一时间里一并排产，无论是雌鱼之产卵还是雄鱼之排精，而是在所有的时间里一直或多或少地分别保留有卵及精液。鲤鱼在适宜的季节里产卵 5 至 6 次，最经常地是在那些星辰升降之际行产。khalkis 年产 3 次，而其他的鱼每年之中仅产 1 次。所有这些鱼都产卵于江河泛洪后形成的水泊以及沼泽中近于苇丛的地方，例如鲹鱼与淡水鲈。

鲇鱼与淡水鲈产出的卵鲕呈连串形，这与蛙类相仿；扭旋着的这类卵连接得如此紧密，竟至于渔人们至少可以凭借其滑顺从苇梗上旋解下淡水鲈的卵串来。体型较大的鲇鱼产卵于深水之中，其中一些产于一㖊深处，体型较小者则产于较浅的水域，尤其是在柳树或其他某种树的树根附近，或是在芦苇及海苔附近。有时候，这类鱼互缠而游，大得多的一条与甚小的一条配对；它们以其被某些人称做“脐”的管道相互交接，这是排释生殖物的管道，一者被（雌鱼）用来产 568b
卵而另一者被（雄鱼）用来排精。凡是得以与精液相汇合的卵迅即就会趋白变大，可以说是在一日之间。稍后不久时间，这里的眼睛即见分明，因为在所有的鱼类中就如在其他诸种动物中一样，眼睛一开始就最为分明且显得极大。至于未曾接触精液的那些卵，恰同海生鱼类的情况一样，成为一些不可孵育的无用之卵。小鱼增长过程中，从受过精的卵蜕下一种鞘状物质来，这乃是环裹卵体及小鱼的那层膜。当精液与卵相汇合后，出自两者的合成物变得极其胶着，纷纷粘挂到植根或卵所产出处的任何物件上面。大多数的卵产出后，雄鱼就地守护，产下卵的雌鱼却径自游开了。

鲇鱼自卵中之增长极其缓慢，因此雄鱼要守望 40 至 50 天，以使其子鲡免遭碰巧游到跟前的那些小鱼吞噬。鲤鱼成长之缓慢堪数第二；即便是得到了守卫，这些鱼类的子鲕依然散失〔甚速〕。

在某些体型见小的鱼类那里，3 天时间就已经生成了小鱼。鱼卵自承接精液的那一天起便见增长，之后继续作进一步增长。鲇鱼所产之卵大如野豌豆粒，鲤鱼及此一类鱼的卵有稷粒大小。

这些鱼类之产卵及生殖即照上述方式。而加尔基鱼却产卵于深水之中，它们群聚而生。人称 tilon 的那种鱼在靠近岸边的隐蔽处产卵，这种鱼亦属群聚鱼类。鲤鱼、baleros 以及差不多可以说其他一切鱼类都会成群结队地游入浅水中去产卵，常常是十三四条雄鱼伴随着一条雌鱼。雌鱼产出卵后即抽身而去，尾随而至的雄鱼遂将其生殖液洒于卵上。大
569a 多数的卵都归于消亡，这是因为雌鱼一边产卵一边游离，卵遂四散于水中——这是指那些为水流所带走以及未能挂附于水中物件上的卵；还因为除鲇鱼外的其他各种鱼类中，无一会守卫其卵，只有鲤鱼偶尔撞见其成团的子鲕时方会加以守卫，据说它们会这样做。

一切种类的雄鱼均有生殖液或精液，唯独海鳝没有；这类鱼既不见有卵也不见有生殖液。灰鲱鲩自海洋溯游入江河及沼泽，海鳝却反过来从这些地方顺游入海洋。

【15】 如前所述，绝大多数鱼类都从卵中生成。尽管如此还是有一些鱼从泥与沙中生成，甚至包括出自交配以及从卵中生成的那些种类中的鱼。这发生于别的一些地方的池洼间，例如克尼多一带的一处池洼，据说在某一时期就会发生这种事情，即在天狼星开始当空而所有的淤泥得以清除的干涸时期；头一阵雨刚刚降过后池中立时开始积水，而刚一开始有水就涌现了成群的小鱼。这种鱼属灰鲱鲵中的某一品种，它们不是两性交配的产物，其大小约等同于小鳁；在这些鱼体内既找不到卵也找不见精液。在（小）亚细亚的一些河流中，在它们通入①大海的地方，也可见到一些小小的鱼儿，大小等同于人们常常煮食的小白鱼，它们有异于以同一方式发生的前述小鱼。某些人甚至提出一切品种的灰鲱鲵均以此种方式生长，他们的说法并不正确；因为，雌性鲱鲵体内显见有卵，而雄性体内显见有生殖液。事实上，从泥与沙中生长出来的这种鱼不过为鲱鲵中的某一品种而已。

所以从上述事例可以明确推知，某些种鱼既不从卵中亦不经交配而自发生成。凡是既非卵生亦非胎生的鱼类，全无例外地要么从泥沙中生成，要么从水面漂浮的腐败物质中生成，譬如那用以煎食的小细鱼②的所谓“泡沫”即生自于

① 依贝克尔本为“不通入”，此处从洛布本以“hopou”代否定词“ou”。

② aphue，字义为“不经出生者”。

569b 沙土。这种小细鱼不作增长亦不事生殖，生出些许时日后便归于消亡，再由新生的小细鱼取而代之，因此除去短短一段时间外，可以说在其余所有时节都能看到这种鱼；它们自秋季大角星升起开始一直持存至春季。关于它们有时候自泥土中发生的一个证明是，天气若冷时就捕不到它们，而天气暖和时就可捕到，这表明它们钻出泥土取暖来了。再者，当水底被拖刮后，它们往往会大量出现，而且形质也更佳。其他种类的小细鱼由于增长甚速形质就要差一些。

这些小细鱼在天气转晴后地面趋于暖和时出现于隐蔽的水沼地带，例如在雅典附近的萨拉米地区以及离忒米斯托克勒之坟墓不远的马拉松地区；因为在这些地区可见“泡沫”发生。显然，在上述地区以及在这样一种晴暖的天气里会有这类细鱼发生，但在另外某些地方当大雨倾盆而下之后亦会出现此鱼，它们出现于大雨激起的泡沫之中，因此才被叫做“泡沫”。再者，在海上有时候也会漂来这种泡沫，即是说当天气晴朗的时候。〔它们之丛滋于漂沫中，恰如蛆蚴之丛滋于粪便中；这“泡沫”就是这样在得以汇到一起的漂沫中生成的。因此常常可以从远海捕回这种泡沫鱼来。在湿润而晴和的年份里这种鱼形质最佳，捕得的数量也最丰。〕①

其他种小细鱼则是亲鱼的子嗣，名叫 kobitis② 的小鱼

① 有些版本删去了括号内文字。

② 源自 kobios，某种鲦或白扬鱼。

生自于形小而质次的一种鲦鱼，后者潜居于地下；由 phalerike 小细鱼生出 membras，由之再生出 terikhis（“毛”鱼），由之再生出 terikhias；从某一种小细鱼——譬如出现于雅典港内的那种——中生出名为 egkrasikholos 的小鱼（鳀鱼）。另外还有一种小细鱼，为鳁与灰鲱鲵的后代。

恰如前面所述，不能生衍的“泡沫”水分甚重，而且这种鱼只能存放很短一段时间；因为最终剩下的将只是头眼而 570a 已。不过渔人们新近发现了一种转运此鱼的方法，盐渍之后它们便可保存相当长时间。

【16】 海鳝既非生于性配亦非属于卵生，任何时候都不见它们有精液及卵，剖开后其体内也不见生有输储精液的管道及子宫管道。事实上，有血动物中的整个这一种类既不生于性配也不生于卵。显而易见它们处于这种状况，因为在某些泥泞的池沼中，在其中的水完全被抽干而泥也被扒出后，一旦阵雨来过，它们会重新攒现；旱涸的时候却看不着它们，即或是在常存余水的那些池沼中；因为它们之生养全仗雨水。

因此，这动物不生于性配亦不生于卵是一个明明白白的事实。可是有些人臆想它们从事生殖，理由是在某一些海鳝体内发现了一些小蠕虫，他们遂认为海鳝是从这些蠕虫中生出来的。这种臆想并不正确，其实海鳝生自于所谓的“地肠”，此物又自发地滋生于污泥及潮土中。而且，已经有人发现过一些海鳝从这些生物中萌生出来，而撕开或剖开这些生物又会有另一些海鳝露现。这样一类生物还发生于大海及江河中只要是有大量腐败物质的地方，于海中是在生有海草的一类地方附近，于江河以及沼泽中则是在水滨地带；因为受到强烈日晒的这些地方很容易产生腐物。

海鳝在生殖方面的情况即如上述。

【17】 并非所有的鱼类在同一季节里进行生殖，生殖方式也并非尽皆相同，而且妊娠的时间也不尽相等。

在交配之前，雄鱼与雌鱼纷纷聚集在一起，而一到交配及排产时，它们会双双地游离开去。有一些鱼类的妊娠期不超过 30 天，另一些鱼类的妊娠时间更短一些，但一切鱼类孕育的天数均可以被数字 7 除尽。妊娠时间最长的是被有些人称做 marinos 的那种鱼。

570b sargos 在波塞冬月前后受孕，再怀孕 30 天；一些人称为 kheloon① 的那种鲱鲩以及 mukson② 与 sargos 在同一季节受孕，妊娠时间也相等。

所有的鱼类于孕育期间都痛苦难当，所以在这种季节它们最容易冲上岸滩，因为它们因痛苦而发狂，遂径向陆地冲去。总的说来，在这一期间它们不停地运动着，直至产出卵

① 参见 543b14 及注。

② 亦为鲱鲩中的一种。

来为止——各种鱼类中，鲱鲵的这种举动最为显著；而一旦排卵完毕，鱼类即重归安静。许多种鱼的分娩都有一终限，即终于其腹内生出了蚴或蛆的时候；因为其中产生了一些微型生物后便将卵胚驱出了体外。

群聚鱼类之生殖发生于春季，而且大多数的鱼类都在春分前后产卵；另外的鱼类并不在一年中的同一季节产卵，有的产于夏季，有的则产于秋分前后。

这类鱼中先产卵的是银汉鱼，它们产于靠近岸边的地方；产卵最晚的是“头鱼”。这可以从下述事实得到表明：前者的子鱼出现得最早，后者的子鱼却出现得最晚。灰鲱鲵亦在产卵时间早者之列，而 salpe 大多数情况下都在夏初时分产卵，有时候也会在秋季里产卵。aulopias 或某些人所称的 anthias 也在夏季里产卵，这些鱼之后产卵的是金鲷、鲈、mormuros 以及总而言之那些被称为“奔游者”的鱼类。群聚鱼类中产卵最迟者为红鲱鲵与鸦鱼，这些鱼大约在秋季产卵。红鲱鲵将其卵产于泥土，所以产得很迟；因为泥在很长的时期里都是寒冷的。鸦鱼在红鲱鲵之后产卵，它们做长距离的徙游后产卵于生有海草的地方，这是因为它们本来在岩石嶙峋处安居。鸦鱼的妊娠期很长。地中海鳁①在冬至后产卵。其他的鱼类中，那些远洋鱼类大多在夏季里产卵；一个证明是，在这一季节捕不到它们。

① mainis。

上述鱼类中产卵最丰者当数地中海鳁，在软骨鱼类中则要数鮟鱇。不过这种鱼甚为珍稀，这是由于它们很容易归于毁亡；因为这种鱼将它们的子鲕成团地产在靠近陆地的地方。总的说来，软骨鱼类由于为胎生，所产数目偏少，然而由于其体型的缘故，其存活率却极高。

所谓的管（针）鱼产卵时间较迟，它们中大多数在产卵前夕身体为众卵所胀裂，这些卵在数量上的众多不如其在形体上的硕大显著。幼鱼团团围着雌管（针）鱼，恰如小毒蜘蛛围着母蛛一般；因为这种鱼产出的鱼鲕附着于自己的身体，假如有人探触之，它们就会游开。银汉鱼产卵时以腹部在沙面上摩擦。

〔金枪鱼由于脂肪肥厚，产卵时体腹亦会破裂；它们能活两年。渔人们以此为证：凡是当年捕不到小金枪鱼的情况下，第二年就不可能捕得其成鱼。渔人们认为，金枪鱼比 pelamus 年长一岁。〕①

金枪鱼与鲭鱼大约在爱拉费波利翁月②月末进行交配，其生产则在希加托姆拜翁月月初；它们将卵产入一荚状物中。小金枪鱼增长甚速；这种鱼在滂沱海产卵后，从这些卵中生出有些人称为 skordulai 的某种生物，拜占庭人则称之为“速长者”，这是由于它们在短短数天内即可长成；在秋

① Dt. 本删去。

② elaphebolion，古希腊十二月名之一。

季它们同小金枪鱼一道游出滂沱海，到了春天游回来时它们已经成为 pelamus 了。大致上，其他一切鱼类增长起来都十分迅速，而生活于滂沱海中的鱼类增长得更为迅速，比如说鲣类每日均有非常显著的增长。

总的说来我们还应该考虑到，即使是同一种类的鱼，若是不在同一地区，其交配、妊娠、分娩以及抚育子鱼的最佳时节均不会在同一季节。所谓的鸦鱼在有的地区即在麦收时节产卵。不过请注意以上所述乃是对大多数情况下的事实之描绘。

海鳗也会妊娠，然而这一点并非在所有的地区都一样地显著，而且由于其肥厚的脂肪，其怀胚也不是十分地明显；海鳗的卵呈椭长形，与蛇卵相像。但是，拿到火上一烤，就能验明其本形：肥脂冒烟而溶化，而孕卵则在火中跳腾着，爆裂时噼啪作声。此外，假若有人触摸并以手指摩搓之，就能觉察出凝脂之腻滑与卵粒之硬糙。有一些海鳗体内有凝脂而无卵粒，另一些则正好相反，其体内不含凝脂，却有方才 571b 述及的这种卵。

【18】 关于其他诸种具翅的或凫水的动物，以及关于行走动物中属卵生者，我们差不多已经无所遗漏地阐述了它们的交配、妊娠方面和以相似于这些方面的方式发生的其他各种情况。这里应当讲到行走动物中属胎生的一类以及人类，陈述其以同一方式发生的情况。

先前关于交配所述或针对个别动物或针对就一切动物而言属共通的事实。一切动物最大的共同点在于由于性欲及得自于性媾的那种快乐而趋兴奋。雌性动物刚刚结束分娩之际脾性最为暴厉，雄性动物则在性配的时节。譬如牡马在这时候会相互撕咬，颠下骑乘它们的人并追逐之；而野猪这时节尽管由于交媾身体较平时虚弱了些，其性情却无比凶残，它们于彼此间进行惊心动魄的殊死搏斗，它们身着盾甲，即是说它们蓄意为自己练就了一副硬皮，办法是以身体在树干上来回蹭擦，翻来覆去地在泥中打滚，然后再晒干自己的身体；它们都想通过战斗将对方逐出其获取食养的山林，这战斗是如此激烈，常常竟至于双方同归于尽。公牛、雄绵羊及雄山羊的情况也与此相似；即是说在交配时节到来之前它们都聚在一起生栖，而一旦到了此时，它们就各自为阵，彼此开战。雄骆驼在交配期间若是有人或别的骆驼走近的话亦会大发脾气；至于说马，雄驼几乎时时刻刻都会与之争斗。同样的情形在各类野生动物身上都可以见到。熊、狼与狮在这时节对路过的任何动物都会施以凶暴。不过，它们彼此之间的争斗倒是比较少见，因为这一类动物中无一群聚而生。母熊产仔后性情趋于凶暴，恰如母狗产下狗仔之后的情形。

雄象于交配期间同样也会趋于蛮野，因而人们传说印度的驯养者从不让雄象与雌象交配，因为在那种时候它们变得极其狂暴，竟会去践踏驯象人那本来就建造得不牢固的房
572a 屋，而且还会做出其他许多暴行来。人们还说丰盛的食物能

够使它们安静下来；还可以将别的象牵至这些雄象跟前，靠牵来的这些象施以动作来教训及降服它们。

而那些不限于某一季节而是经常进行交配的动物，例如人豢养于身边的猪及狗等动物，则较少出现上述行为，其原因在于十分频繁的交配。

一切雌性动物中，在对性交的热切欲求上牝马首当其冲，其次则要数牝牛。故而雌性的马匹会发“马疯”，从这种动物这里引申出的这个名词被人们用来辱骂那些在性欲方面甚缺克制的妇女。据说在这种时节牝马甚至能够感风而受孕，因此在克里特岛人们从不让牝马有得不到交配的时候，因为一旦它们萌发了这种激情，就会纵情狂奔，远远地撇下其他的马匹。（这种情态见于母猪身上时被人们称为“猪狂”。）它们既不向东亦不向西，而是向北或者向南飞奔。当它们为这种激情所驱使时，绝不允许任何人走近，直到由于劳累或者由于已经跑到了海边而至精疲力竭时为止；这时候它们排释出某种物质。人们把这种物质称做“马疯”，新生马驹身上所长的那种类似的东西也与之同名；这物质与“（母）猪毒”① 相仿，那些制作丹药的妇女花最大力气来寻求的就是这东西。在性配季节，牝马彼此之间比先前挤得更紧，并且连连摇动其尾巴，其嘶鸣也迥异于其他时候之发声；从它们的生殖器中流出一种类同于精液的东西，但要比

① kapria。

牡马的精液清稀得多；有些人把这东西叫做“马疯”，而不是附生于小马驹身上的那种东西；他们说这东西采集起来十分费事，因为它们一小滴一小滴地流出。再者，牝马发情期间频频排尿，并且相互嬉戏。

关于牝马的发情情况就讲以上这些。牝牛则会发作“牛野”，它们彻底地为这种激情所控制，以致牧牛人无法制
572b 服甚至是捉住这些狂牛。无论是牝马还是牝牛欲求性媾时都有明显的表现，牝牛会像牝马那样抽动自己的生殖器并且连连排尿。此外，牝牛会骑到公牛背上，总跟在公牛后面，时时相并而站。无论是在牝马中还是在牝牛中，年轻者都最先欲求性媾；而且若逢天气温暖其身体状态也良好时，它们的欲求就会更加强烈。牝马若是被剪去鬣毛，其欲求就会有所减泄，露出一副委靡不振的样子。牡马凭其气息可以识别与它们相伴的牝马，即便是仅仅于交配前几天才与它们聚在一起；假如有其他马匹混入其间，这牡马会加以撕咬并将其逐走。牡马单独游牧，各自带着自己的牝马群。每只牡马都给自己分派有 30 只左右的牝马，或者略多一些。如果另有某匹牡马接近，它会把自己的牝马集中到同一处，呈圆圈形团团站立，再去同侵入者交战；而且（牝马中）若是有某个走动了，它会啮咬并制止之。公牛到了交配的时候才肯与牝牛共牧并与其他公牛争斗，而在此前的时间里却只与别的公牛呆在一起，这种现象被称为“拒群”；比如在埃比罗斯，常常有公牛消失 3 个月而不见的事情。总的说来，一切或大多

数种类的野生动物中，雄性在交配季节之前总不肯与其雌偶同牧，而是一俟成年即作离散，雄性与雌性分开摄食。母猪于性欲冲动期间，或者说在发“猪热”之际，甚至会一头向人撞去。母狗的这样一种情态被称为“狗烧”。当它们欲求性媾的时候其生殖器胀大，而且在这一部分周围泌现一种液质；牝马在这种时节也会泌出一种白色的液质。

其他各种雌性动物都会产生月经，但是其经血量无一能比得上妇女。就绵羊及山羊而言，在交配季节来临时，雌羊恰于受配之前出现经血；而且交配完毕时尚可看见经血的痕 573a
迹，随后才归于停止，直至其临近分娩。这时候又会排出经血，而牧羊人正是由此辨知母绵羊行将分娩的。分娩之后，将产生出大量的经血，初时血色尚浅，此后就变得十分浓了。母牛、母驴及母马由于其体型经血量较雌羊为多，可是若以与身体的比例而论它们较后者又差得很远。雌牛在欲求性媾时会产生少量的经血，大致相当于四分之一品脱或略少一些；而行经之际正是进行交配的最好时机。一切四足动物中，牝马产驹最为顺利，其排泄物也最稀少，而且产后流血亦最少，这里是就其身体大小而言。母牛及母马之月经最主要地按二、四、六个月的间隔进行，然而若非切近留意以及彻底熟谙它们就难以认识到这一点，因此有些人竟认为这些动物全不行经。

牝骡不产生任何经血，但是这雌性的尿要浓于雄性。总而言之四足动物膀胱的排泄物要浓于人类，而且绵羊、山羊之雌性的这种排泄物要浓于其雄性；但雌驴的尿液较雄驴的尿液更清稀，而公牛的尿较母牛的尿更难闻。所有的四足动物分娩之后其尿液都会变得更加浓稠，那些经血排泄量较少的动物更是如此。当雌性动物开始受配后，乳汁变得跟脓似的，到后来待分娩过后其乳汁重又变得可以哺用。妊娠期间母绵羊及母山羊变胖且吃得更多，母牛以及其他一切四足动物无不亦然。

可以普遍地说，动物在春季里最容易产生对性媾的渴求；尽管如此，所有各种动物并不在同一季节里进行性媾，而是选择在合适的时节，以利于其所生子嗣的哺养。

家猪怀孕 4 个月时间，一胎最多产仔 20 只；不过若是产仔太多，就不能将它们悉数养大。母猪渐老时照样生产，对性媾的热情却日益减退；一次性媾后母猪即可受孕，但是
573b 人们不得不一再使公猪近前就之，这是由于在交配之后它们会排出被某些人称为“猪毒”的东西。所有的母猪都会出现这种情况，而有一些母猪竟将精液同这东西一起排出去了。在妊娠中，胚胎有可能受到损伤而在大小上致残，这被称作“后胎”，它可以发生于子宫的任何位置。猪仔一经产出，母猪将以最前面的乳头哺喂最先出生的猪仔。母猪发情时，在其耳朵下垂之前不应立即使之就于公猪，否则，它们会再度发情。若值其性欲正炽时以公猪就之，如前所述，仅仅一次交媾就足够了。公猪配种期间适宜喂之以大麦，母猪产仔后宜饲以煮熟之大麦。有些母猪一开始时并且只在这时所产胎

仔最佳，另一些则在长得更大一些后方能产出更为良好的猪仔。据有的人说母猪的一只眼睛若被敲出，大多数情况下这动物会很快死去。母猪大多数能活 15 年，而某些母猪甚至可以存活 20 来年。

【19】　雌绵羊受配 3 至 4 次后而受孕，但若于受配之后遇上降雨，就可能怀不上孕；雌山羊的情况也与此类似。雌绵羊大多产 2 只羊羔，有时候也会产 3 或 4 只。绵羊及山羊妊娠期为 5 个月，因而在一些阳光充足的地区，它们在那里得到了丰盛的食物后可以年产两次。山羊可活 8 年，而绵羊可活 10 年，但是它们大多活不了这么久，只不过其“领头羊”能够活足 15 岁。（人们在每一群羊中训练出一只雄羊为领头羊，牧羊人呼唤它的名字时，它就出来领头；雄羊从很小时就开始受训做这种事情。）在埃塞俄比亚一带，绵羊
574a
可活 12 到 13 年，山羊可活 10 到 11 年。无论是绵羊还是山羊，只要它们还活着，就能够行配及受配。

绵羊及山羊之双胞胎起因于良好的食物，也可能是由于公绵羊及公山羊——或者母羊——是能产双胞胎的种羊。有的羊生出雌羔，有的羊生出雄羔，这是由于其所饮之水的缘故（有的水喝后将产雌羔，有的水喝后将产雄羔），或者是类似地由于公羊的关系。倘若交配时吹着北风，就有可能生出雄羔，尚值南风就更有可能生出雌羔。产雌羔的母羊可以转而产雄羔，只需注意让其受配时迎着北风即可。习惯于在

早间受配的母绵羊若遇公绵羊企图于晚时行配，自是不肯就范。羊羔的体色白或者黑，要视这小羊舌下血管或白或黑而定；血管若白则体色白，若黑则体色亦黑；若是血管兼显二色，羔体亦会兼显二色；倘若这血管呈红色，羊身亦呈红色。饮咸水的那些雌羊率先受配；而于分娩之前和分娩业已结束后都应在其饮水中加盐，并且还应在其春季饮水中加盐。牧羊人于山羊中不设领头羊，因为其本性就甚不安分，而是急躁和好动。按预定的交配季节，若是较老的绵羊欲求性媾，牧羊人就说此乃羊群兴旺之征兆；若是年轻者跃跃欲试，就说羊群行将衰败。

【20】 狗的种类十分众多。拉科尼亚（斯巴达）猎犬长足 8 个月即可行配及受配；大约在这一时期，有些种类的狗已可抬起后腿遗溺。雌狗受配一次即可受孕，这尤其可以从那些偷偷摸摸进行交媾的雄狗那里得到表明，因为它们只
574b 需得逞一次，便足以使雌狗怀上孕。拉科尼亚雌犬妊娠 1/6 年（即 60天），当然也可能延长 1 日、2 日或 3 日，也可能短少 1 日。狗崽诞生后 12 日之内一直不睁眼。分娩 6 个月后雌狗即可再度受配，但不能更早。有一些雌狗妊娠 1/5 年（即 72 天），而这样一类雌狗所产的小狗崽在 14 天内一直不睁眼。还有一些雌狗妊娠 1/4 年（即 3 个月整），这类狗所产之崽在 17 天内一直不睁眼。雌狗再度发情大约需要同样长短的时间。雌狗的月经持续 7 日，与此同时其生殖器亦见

胀大。在这期间雌狗将不允许雄狗施以交媾，而只在接下来的一个 7 日里允许；因为所有的雌狗看来在大多数时候都发情 14 天，然而也有一些雌狗的这种情态持续 16 日之久。随新诞生的狗崽一道排出一种经泄物，这东西浓稠而黏着；至于分娩之后可见的数量，与雌狗之身体大小相比尚且为少。雌狗大多在分娩前 5 天始见有奶，不过有一些在前 7 天，还有一些仅在前 4 天。一旦分娩完毕这奶立即就可哺用。拉科尼亚雌犬于交配 30 日后开始有奶。这奶初时浓稠，过些时间后即趋于清稀。以奶之浓稠而论，雌狗胜过其他诸种动物，仅比母猪及母兔差些。当雌狗达到受配年龄时会出现一个表征，就跟妇女似的，即其乳房上的乳头有所膨大而且开始形成软骨状肌体。尽管如此，不在行的人却也很难习知这些，因为这一表征一点儿也不显著。这种征变仅见于雌狗，雄狗身上则全无这些变化。大多种情况下，雄狗 6 个月时即抬起后腿溺便，而某些狗于往后一些时间即到了 8 个月时方能这样，还有一些雄狗提前在 6 个月时。可以概括地讲，雄狗到了雄壮之年即有此举。而一切雌狗遗溺时均取下蹲姿势。不过也曾见过某些雌狗抬腿后溺。雌狗一胎产崽最多不超过 12 只，就常情而论仅 5 至 6 只而已；曾知一条母狗一胎仅产下一只狗崽。拉科尼亚雌犬大多数一胎产 8 只狗崽。其雌性与雄性只要还活着就可以受配与行配。拉科尼亚雄犬有一奇异的特性，它们历经辛劳之后反比闲来无事时性媾能力更旺盛。

拉科尼亚种之雄犬可活 10 年左右，雌犬可活 12 年左右；

其他种类的雌犬大多数可活14到15岁，某一些甚至可以活
575a 到20岁。因此有些人认为，荷马在诗中说奥德修斯的那只狗死于20岁时①并没有弄错。以拉科尼亚猎犬而论，由于雄犬比雌犬更辛苦，故而雌犬寿命更长一些。在其他种犬那里这种差别便不那么显著，尽管其雄犬往往比雌犬活得更长些。

除了所谓的犬齿外，狗类不更换其他的牙齿；它们于4个月时换去这些牙齿。由于狗类仅仅更换这些牙齿，某些人于是便生疑窦；即是说由于狗只换两齿（还由于很难觉察这过程），一些人遂断言狗类全不易齿；然而另一些人看见其更换犬齿的过程后，又认为狗类会换掉连同其他牙齿在内的全部牙齿。人们通过其牙齿来判别狗的年龄，因为年轻者牙齿生得白而且尖利，年老者牙齿发黑而且钝。

【21】 公牛仅须配种一次就足以使母牛怀上孕；其骑伏的动作极为猛烈，以至于母牛不得不蜷伏于地；如若公牛的尝试未果，则母牛须间歇20天之后方可再次受配。若非间歇了足够长的时间，较老的公牛将不愿在同一天内数次骑到同一头母牛背上以授配。然而年轻的公牛由于精力正当旺盛，可以于一日之内数次骑上同一头乃至于多头母牛以授配。在一切种类的雄性动物中，公牛最不放荡……②获胜

① 荷马：《奥德赛》，XII，326f.。

② 原文有缺漏。

的一头公牛遂得同母牛交配，待到它由于恣情放纵而至精疲力竭之际，那头斗败的公牛又回来寻衅，而且常常会占得上风。雄牛与雌牛行受性配以繁殖后代最早是在满一岁的时候，尽管如此，大多数情况下要等到 20 个月大时；而 2 岁是一个人人都承认的适足年龄。母牛孕育 9 个月时间，其分娩则在第 10 个月；也有一些人持不同意见，认为母牛妊娠 10 个月时间，一天也不差。不足上述时数出生的牛犊属于残胎，将不能够存活；因为，它们的蹄尚软弱而且发育得不完全。母牛大多数时候一胎仅产一犊，偶尔也会产下两只；而且只要活着它们就可以分娩及交配。

雌牛通常可活 15 年左右，而雄牛若是受阉后亦可存活同样长的时间。有些雄牛能够活到 20 岁甚至更长一些，要是它 575b
们身体状态健康的话。牧牛人训练阉过的公牛，使之充任牛群的头领，就像在羊群中所做的一样，这些领头牛能够比其他牛活的时间长得多，其原因在于它们〔不事〕辛劳而且可以享受未经践食的牧场。公牛 5 岁时最为盛壮，因此有人认为荷马诗中的“五龄雄”和“九季牛”①用得十分恰当，因为它们实是如此。牛类两岁时更换其齿，它们不是一块儿更换，而是与马类的易齿方式相仿。当它们罹患脚疸时，其蹄并不脱落，仅仅是脚部异常肿胀而已。一旦产犊后，母乳即可哺用；在分娩前却不见有奶。最初产出的奶一旦凝固后就会变得硬如石

① 荷马：《伊利亚特》，Ⅱ，402f.；《奥德赛》，Ⅹ，19；XIX 420。

块；只要不搀入水，就会发生这种情况。年龄不足一岁的幼犊不会进行性配，除非是出现了某种异常的情况；曾见过某些方满 10 个月的牛犊行配及受配。大多数的母牛在萨尔格利翁月和斯克罗弗里翁月期间开始性媾，然而也有一些母牛直到秋季尚且会受孕。假如许多母牛甘愿接受配种并且纷纷怀上了孕，那将被看成是暴风雨天气的切实征兆。母牛会像母马那样结群而牧，但聚靠得没有那么紧密。

【22】 关于马类，牡马与牝马 2 岁时即可行配与受配；然而这样做的马为数甚少，而且这些马生出来的马驹形小而又体弱。大多数情况下，牡马牝马满 3 岁时方才开始行受性配，而且至 20 岁前产出的马驹形质愈来愈佳。牝马怀胎 11 个月，其分娩则在第 12 个月。牡马不能够在特定的天数里使母马怀上孕，而是时而花一天、两天或三天，时而花更多的天数。牡驴配种时使牝驴怀上孕所需时间比牡马要快得多。不过马类之性配不像牛类那么费事。无论牡牝，马类是诸种动物中最为放纵的一类，仅在人类之后。年轻的马匹若是获得了优良而丰盛的食料，便可超前年龄而行配。通常情况下，
576a 牝马一胎仅产一驹，当然偶尔也会产下两只，但最多也就这个数目。曾见某匹牝马产出两头骡来，人们将它列入异兆一类。

故牡马 30 个月时即可行配；可是为了产出像样的马驹，就该待其易齿完毕之后（也曾见过某些正在易齿的牡马使牝马怀上了孕，据说有过这样的事情），只要它们不是天生不

具生殖能力就行。

马有 40 颗牙齿，30 个月时它们首先换去 4 颗，2 颗上齿 2 颗下齿；长上一年之后，再以同一方式换去另外 4 颗，亦是 2 上与 2 下；而再过一年后还要以同一方式更换另外 4 齿；4 岁零 6 个月之后，它们将不再更换任何牙齿。曾知某一匹马于最先的一次便一股脑儿地将其所有的牙齿统统换去，而另一匹马则于更换最后一组时一并换去了全部牙齿。不过这样一类事情毕竟鲜见。因而，马长到 4 岁 6 个月时用于配种是最合适不过的了。

马类或雄或雌均以年龄较大者生殖能力较强。牡马会与其生母交配，还会同其所生的雌驹交配；而且只有在马匹同自己的亲生种嗣进行交配的时候，这厩群才显得完美。斯居泰人乘骑那些怀有身孕的牝马，一旦其腹中胎驹有见转动即乘骑之，他们声称这将使其分娩变得顺当些。其他诸种四足动物分娩时均蹲伏于地，因而其胎儿全都是侧斜而出；而牝马临近分娩之际，竟然直直地站着，新驹顺势坠地。

马类中大多数能活 18 至 20 年左右，也有一些能活 25 乃至 30年；若是予以精心照料，其寿命甚至可以延长到 50 岁。不过通常情况下，大多数的马匹最长也就活到 30 岁。
〔牝马多数时候可活 25 岁，但也曾见过活到了 40 岁的一些 576b
实例。〕①公马由于要配种，活的时间便不如母马长；而私

① Dt. 本删去。

人养的马不如养于厩中的马活得长。牝马 5 岁时身长及体高方面已完全长成，牡马则需 6 年。在此后的另一个 6 年里，马类的身体才长具丰满，而从此直至 20 岁为止其体型日趋壮实。牝马确实比牡马更早发育成熟，然而在子宫中时，却是雄性胎驹比雌性更先成熟，这跟人类胚胎的情况相仿；同一情形还见于其他诸种动物中产育数仔者。

据说牝马会哺喂骡驹 6 个月时间，随后便不复让其靠近身边，这是由于不堪忍受其拖曳之苦；马驹则可受哺更长一些时间。

马类在易齿之后逢其盛年；它们完全更换了新齿后，就不大容易识别其年龄了。因为马类原本生有所谓的“志齿”，一旦易齿完毕，这志齿就不复存在了。尽管如此，仍然可以不成问题地凭其犬齿辨识出马匹的年龄来；因为那些久经骑乘的马匹，由于嚼口的磨损（这嚼口正好被安置在这一部位），其犬齿已经所剩无几了；然而那些未经久骑的马匹此齿尚大，但已见磨钝①；年龄尚轻的马匹犬齿又尖又小。

雄马在所有的季节里并且直至终身均可行配，雌马亦可终身受配，但不太情愿②在所有的季节里就配，除非使用上马勒或其他某种强制手段迫其就范。其两性交配没有特定的季节，这并不意味着偶尔发生的交配所产的马驹能够被抚

① 贝克尔本作“apertemenos”（离列），各种版本于此多有不同，此处从洛布本作 apertismenos。

② 洛布本解作“热切欲求”（orgai）。

养出来。在奥浦斯的一个厩群中，一匹年届 40 的公马仍被用来配种；不过得有人帮着抬起它的前腿才行。

牝马在春季里开始受配。一旦产驹后，牝马不会紧接着就再次受孕，而是要间歇一段时间；产后间歇 4 至 5 年再产出的新驹形质更佳。而一年的间隔乃是绝对必需的，它必须得到这段类似于休闲的时间。如此说来，牝马之生育须作间歇，但牝驴却可以连续地生育。牝马之中有一些根本就不能够生育，另一些虽可怀孕，却不能将妊娠过程进行完毕；据人们说这样一类妊娠有一个标记，即切开这胚胎后可见其肾脏周围长着另外一些肾形的东西，以至于看起来就像有四只肾似的。

牝马一俟分娩完毕，立即就会吃掉胞衣，并会吃去附生于新驹前额上的被人们叫做“马疯”的东西；这东西的大小稍逊于一只干无花果，外形宽而且浑圆，呈黑色。假如有人抢先获得了此物又让牝马闻着了其气息，它就会为这气息所激发，以至疯狂。正因为如此，经营丹药的妇女竞相罗求和收集此物。

如果一匹受过牡马交配的牝马再与一头牡驴交配，其腹中已有的胎儿就会死亡。

〔驯马人不像在牛群中所做的那样在马群中设置头领马，其原因在于马之本性即不驯顺，而是暴躁和好动。〕

【23】 驴长到 30 个月时开始行配和受配，并于此际换

去其第一批牙齿；第二批牙齿于此后的第 6 个月换去，而第三、第四批牙齿亦按同样的间隔易换；人们把这第四批牙齿称做“志齿”。

曾知一牝驴一岁时即有孕，并且养大了产下的这驹。受配之后，若是不予阻止，牝驴会同尿一道排出其受得的精液；所以人们在其受配以后立即加以鞭笞并逐赶之。牝驴于第 12 个月中分娩。大多数情况下只产一驹，因为驴本来就是单胎生动物；但有时候也可能产出两只驴驹。如上所述，公驴骑配牝马将毁掉马腹中已有的马胎，然而公马骑配之却不会毁掉马腹中已有的驴胎，假如这牝马先曾受配于一头公驴的话。一头怀孕的驴在第 10 个月里开始产奶。分娩 7 天后牝驴即与公驴交配，而且若是刚好在这天里受配，就极有可能怀孕；此后的日子里也可能怀孕。如果一头牝驴在易去“志齿”之前未曾生育过，那么在余下的一生里它将不再受
577b
孕及怀胎。牝驴不肯在有人瞧见时或在光亮处分娩，临产之际，人们不得不把它牵入暗蔽处。若是在换掉“志齿”之前作过生产，这牝驴就可以终生产驹。驴类可活 30 年以上，而牝驴活的年头比牡驴更长。

当公马授配于母驴或公驴授配于母马时，未成孕的可能性将比同种动物间相互交媾时要大，比如说马与马、驴与驴之间的交媾。马与驴杂交时，妊娠期的长短取决于雄性动物，即是说恰好等于这雄性跟同种雌性交配时产生后代所需的时间。但是产出来的这种驹于身体的大小、形态以及力量

方面却更加肖似于其雌亲。如果连续地进行杂交，即不予时间间隔地使之接受这样一类交配，这雌性很快就会丧失生育能力；所以，那些专营这类事情的人不让杂交这样连续地进行下去，而会让它们间歇上一些时间。母马不情愿趋就于一头公驴，母驴亦不愿趋就于一匹公马，除非这驴（及母驴）恰曾受哺于某匹母马；因此人们让驴就哺于母马，把它们称为“马哺”驴。这些驴在开阔的牧场上亦能强迫母马就配，恰同公马一般。

【24】 公骡在换去其第一组牙齿之后开始行受性配，至 7 岁时即可使母骡怀孕，曾知一公骡骑配一匹牝马后产生了一头“骡马”；公骡在这年龄之后将不再涉事性配。也曾知一头母骡怀上了孕，当然它未能将这过程进行到底。在腓尼基所辖的叙利亚地区，雌性“半驴”竟也能受配并生育，不过这动物虽则类同于骡，实际上却属另外一个品种。所谓的侏骡（“骡马”）生于孕期内染上了病的母马，正如人类中之侏儒和猪中之“后胎”；而且同侏儒一样，侏骡的生殖器也生得十分地大。

“半驴”能活许多年，因为曾经有过一头“半驴”活到了 80 岁，那大概是在雅典兴建庙宇的时期；由于其高龄，这动物已被卸下了缰绳，但它仍然帮忙拉运，在一旁伴行着，激励队列中的动物们干好工作，结果是当局颁发了一道文告，禁止谷物商贩们将这动物赶离他们陈放谷物的盘碟。 578a

牝骡衰老得比牡骡缓慢，有人说牝骡于尿中一同排出其经泄物，而其雄偶由于常闻此尿，衰老起来就更快。

关于上述这些动物之生殖就讲这么一些。

【25】 那些专同动物打交道的人能够识别出四足动物之长幼；将动物下巴上的皮往后拉，若是这皮倏然回复原位，就表明这四足动物尚幼，若是长时间地保持褶皱，则表明这动物已经衰老。

【26】 骆驼怀胎10个月时间，总是一胎产一仔，因为它是单胎生动物。仔驼满一岁时即脱离母驼。这种动物可活很长时间，在50年以上。骆驼于春季分娩，并且一直有奶直至腹中再次怀孕。驼肉及驼乳的味道无比鲜美，人们饮驼乳时要按2比1或3比1的比例兑水。

【27】 大象在20岁以前就开始行受性配。照有些人记述，雌象受配后于腹宫之中怀胎1年零6个月，另一些人却说这须3年时间。有关孕期的说法不一，是由于大象之交媾不容易为人观察到。雌象分娩时蜷坐于身体的后部上，明显露出正在忍受着极大痛苦的样子。小象一经产出，就会用口而不是用鼻吸吮。它刚刚生下来就开始走动，并且四下张望。

【28】 雌野猪于冬初受配，在春季里它们躲入那些不受打扰的地方分娩，这些地方崖深谷峭且覆有浓阴。雄野猪大多数情况下要陪伴雌野猪 30 天。野猪的妊娠期以及一胎产仔的数目与家猪完全相同。它们发出的咕噜声也与家猪的发声相仿，只不过其雌性更喜作声，其雄性却难得出声。阉过的野猪能长得更大，性情也会变得更凶暴，正如荷马诗中 578b
所云：

他养大了一头阉野猪，它不像那
吃谷物的兽类，却突兀如一座覆榛的山峰。①

野猪之成为阉猪是由于它们在少小时得了睾丸瘙痒之症，于是它们去树干上蹭擦，结果挤除了自己的睾丸。

【29】 正如前所述，牝鹿之受配大多数时候是出于被迫（因为雌鹿往往忍受不了其雄偶生殖器之僵硬）；尽管如此它们有时候还得忍受交配之苦，恰如雌绵羊那样；而当牝鹿欲求性配的时候，它们会彼此回避。雄鹿心意多变，不肯把时间单单花费在一只牝鹿的身上，过一段时间它就会去同另一些牝鹿交媾。交配发生于波爱德罗米翁月②及迈马克特里翁月期间，在大角星升起之后。怀孕持续 8 个月时间，

① 参见荷马：《伊利亚特》，Ⅸ，539；《奥德赛》，Ⅸ，190f.。
② Boedromion，古希腊十二月名之一。

一头牝鹿于短短几天内即可成孕，而一头牡鹿可以让数头牝鹿怀上孕。就多数情况而论，牝鹿一胎仅产一仔，可是也曾见过少数一胎产两仔者。由于惧怕野兽，牝鹿在大路旁边分娩。幼仔增长起来十分迅速。牝鹿在其他时间里并不行经，但到分娩之后，它们会排释一种黏稠的经状物。

母鹿习惯于把幼鹿带至其巢穴，这地方是它们的栖身之所——一处仅有一条通道入内的石窟，它打算在这里躲避各种侵犯。

关于鹿之长寿有着一些神奇的传说，然而这些神奇的传说无一得到了验明；而其妊娠以及幼仔增长方面的情况都不表明这动物会长寿。

在所谓的“鹿山”上——这山在（小）亚细亚的阿尔根努沙，即阿尔基比阿德最终遇难的地方——所有的鹿于耳朵上都开着叉，因而若是它们走到了远处，人们凭此可以辨认出其来历；而且打从在腹宫中一开始，这些鹿胚就秉承了这一标记。

牝鹿跟母牛一样生有 4 只乳头。一俟牝鹿有孕后，牡鹿就各自奔散；由于性欲难平，它们各自在地上刨出一只坑
579a 来；它们像山羊一样满身膻腥①。其前额被溅湿后亦会像山羊那样颜色转黑。它们就这样打发时光，直至阵雨袭来；雨后它们才又返回牧场。这动物此番行为既出于其生性的放荡

① 或作“长声呦呜”。

也出于其身体之肥腴；到了夏天它们将肥得喘不过气来，因而不能够奔跑，于是逐猎者作徒步追赶时在第二程或第三程就可以捉住它们。再者，炎热和喘息使它们向水中奔跑。在进行性配的这段时期，雄鹿肉变得质次而腥恶，跟山羊肉似的。在冬季里它们体质消瘦而虚弱，但临近春天之际它们又浑身是劲，跑起来最为迅捷。在奔逃中，它们跑一阵便停下来，静静地站着，直到逐猎者追至跟前时方又拔足飞奔。这番举动似乎是由于其体内有着某种痛苦；至少鹿肠便生得既纤薄又不结实，到了轻轻一击即归破裂的程度，而这动物的皮虽经打击却依旧完好无恙。

【30】 如前所述，熊作交配时不采取骑伏姿势，而是由雌熊躺卧于地上。雌熊怀胎 30 日；每胎产 1 只或 2 只熊仔，最多时产 5 只。按母熊的身体大小而论，它产下的这婴仔算是再小不过了；因为其所产之仔比鼬还小，比老鼠倒是要大些；这熊仔光溜而又盲视，其四肢以及大多数的身体器官基本上都尚不分明。熊之交配发生于〔波塞冬月，然后蛰居直至〕[①]爰拉费波利翁月；其分娩则在蛰居期间。大约在这时节雌熊与雄熊均最显肥胖。母熊于分娩之后的第三个月露面时，外面已经是春天了。雌豪猪也蛰居及怀孕同样多的天数；而且在其他方面也与雌熊相仿。捕捉一头有孕的雌熊

① 为 Dt. 本所增，其他版本也多有增诠。

是一件很费功夫的事情。

【31】 狮以身体后部相交配并属于后向尿的动物，这在前面已经讲过了。它们并非于一年四季均可交配及分娩，而是一年一度地进行。其分娩发生于春季，通常情况下每胎
579b 产出 2 只幼狮，最多时可达 6 只；但有时候也可能仅产 1 只。关于母狮分娩时会排脱其子宫的说法纯属杜撰，这一说法迎合了狮类数量稀少的事实，人们惑而不解其究竟便编造出了这样一种解释。这一种类的确珍稀，在许多地区都看不到它们，事实上，在整个欧洲也只在阿契落斯与莱索河之间的地带才可得见。幼狮初生时极其微小，以至于在两个月时走起路来尚显艰难。叙利亚狮生产 5 次，第一次产 5 只幼狮，往后依次递减 1 只；此后它们将不复生产，不能生殖地度完余生。雌狮没有项鬃，而雄狮生有此物。狮仅仅更换 4 枚所谓的犬齿，2 齿在上而另 2 齿在下；易齿发生于 6 个月的年龄。

【32】 鬣狗体色似狼，但身上更为毛茸，而且沿脊椎一线全都生有长鬣。关于其生殖器官有一种说法，即鬣狗兼具雄雌两性的生殖器，然而这是不真实的。事实上其雄性的生殖器官生得与狼及狗的生殖器类同，那被认为与雌性生殖器相似的器官生在尾巴下面，其形状的确近似于雌性生殖器，然而并无任何管道与之相通；在这器官下面是排泄残余

物的通道。雌鬣狗确也生着类同于人们所说的雄性生殖器的器官，不过同其雄性一样，这器官亦生在尾巴下面，并且没有任何通道；继此之后是排泄残余物的管道，在这管道下面才是其真正的生殖器官。雌鬣狗生有一个子宫，这与其他这类雌性动物无异。很难得碰上一只雌鬣狗，有一位猎人说他逮到的 11 只鬣狗中仅有一只为雌。

【33】 野兔以身体后部相交配，这在前面已经讲过了(因为它们属后向尿动物)，它们在所有季节里均交配及生殖，而且妊娠期间可以重复受孕，于是月月皆可生产。它们并不一道产下众崽，而是随意间隔一些天数。雌野兔于分娩 580a
之前开始有奶，而且产后立即可以就配于雄兔，并可于尚在哺乳的期间受孕。兔奶凝稠如同猪奶。兔崽初生时盲视，这与大多数分（多）趾蹄的动物相似。

【34】 狐狸进行交配时采取骑伏式，其分娩情况类似于雌熊，而且初生子狐的器官生得甚至更加不分明。即将分娩之际，雌狐要遁入僻处，结果是很少能捉到一只有孕在身的雌狐。产下幼狐后，母狐将以舌舔之，使之温暖起来并且促其发育成形。

【35】 狼之妊娠及分娩在孕期长短及所产数目上均与狗类的生殖情况相仿，而且狼仔生下来时也与狗仔一样盲

视。狼在特定的一个季节里行受性配，其生产则在夏初。关于狼之分娩有一种近乎于神话的传言，即，人们说所有的狼均在一年之中的某一 12 日里生产。人们以神话的形式给出了其理由，说是把勒托①从胡伯尔波瑞亚带到德洛斯岛正好花了这么多天，在这段时间里她化身为一只母狼，这是出于对赫拉的恐惧。狼的生产时间是否恰同此数，至今还没有人亲眼目睹过，只不过是一种说法而已。另一种关于狼类终生仅仅生殖一次的说法显然也不真实。

猫与猫鼬（“猎户”）产仔数目与狗类相同，并且也以同一类食物为生，它们大约可活 6 年。乳豹初生时同乳狼一样盲视；豹一胎产仔数最多为 4 只。胡狼的妊娠情况如同狗类，其所产幼仔亦不能观视。雌胡狼一胎产仔数为 2 只、3 只或 4 只。胡狼外观上头尾方向显长，立地高度上较矮。尽管它们四肢见短，胡狼奔跑起来却异常迅捷，这是由于其组织柔软而又善于远跃。

580b **【36】** 在叙利亚有一种人称“半驴”的动物，此乃不同于由马与驴交配所生后代的另一种动物，在外观上却与之相像，这里好比是在拿野驴与家驴相比较，其称谓便来自于这几分相似。这些半驴能同野驴一样跑得飞快。这些半驴相

① Leto（Latona）希腊神话里宙斯的妻子，阿波罗和阿耳忒弥的母亲，为赫拉所迫害，四处奔逃。

互交配而繁殖后代；其证据如下：在法尔那巴若的父亲法尔那科的时代，一些半驴被带入了弗吕吉亚，于是它们延续到了今天。现存的尚有 3 头，据说原先共有 9 头。

【37】 与其他诸种动物相比，鼠类之繁殖在数量及速度上都令人无比吃惊。曾经有一次，一只在孕中的母鼠被关在了一个盛储谷种的桶罐中，不久之后打开这罐时里面现出的幼鼠竟达 120 只之多。

鼠在田野间的大量繁殖以及消匿均令人困惑。在许多地方，田鼠往往会难计其数地出现，结果是所有的庄稼几无所存。这种事情来得如此迅速，竟到了这样的程度：一些营作不太大的农场的农人们于前一天看见收割庄稼的时候到了，待他们第二天带着刈具下田时却发现所有的庄稼已经被吃得一点不剩了。它们的消匿也令人难解，在短短几天内它们可以消失得一只不剩；要知道就在前几天里，人们用烟熏、掘挖的办法，再加上猎捕和放猪入田——猪能翻拱出鼠穴，也未能对付得了它们。狐狸也会猎取它们，而野鼬尤其擅长捕捉它们，然而这也无济于遏止住母鼠繁衍的数量及速度。其实当它们为害时，降雨是唯一有效的制止途径，除此别无他法，雨时它们很快就消失了。

在波斯的某个地方，当人们剖开一只雌鼠时，看见里面的雌胎鼠竟也有孕。有些人断言，并且坚定地认为鼠类舔盐即可怀孕，而无须经历性配。 581a

在埃及，鼠像刺猬一样身着刚毛。另有一种鼠以后腿着地行走；因为其前腿生得甚为短小，其后腿却十分长大；这种鼠为数极多。还存在着其他一些种类的鼠。

第 七 卷*

【1】 关于人之生成，即起初在雌亲体内和随后直至耆老的生长过程，其出于固有本性而发生的种种情形有如下述。我们在前面阐述过男性与女性之间的差异以及它们具有的各种器官；大多数情况下，男性于第二个七年终了之际开始产生精液，与此同时阴毛也开始茁生，恰如植物于即将结实之际先行开花一般——克罗顿的阿尔克迈翁曾作此喻。大约在同一时期声音开始改变，变得更粗糙和更不匀谐，不再尖亢却也不怎么低沉，并且也不是整个地谐和于一个声调，而显得像是破旧了的琴弦或粗哑的竖琴所发出的声音，人们把这称为“山羊咩”。这种变化在那些涉尝性事者身上更为显著，因为沉湎于此类事情者的声音竟可以转变成成年男子的声音，然而远避性事者的情况却正好相反；如果有意地做出努力，如有些致力于合唱者所做的那样，其声音就可以保

---

* 洛布本将此卷移至以下两卷之后为第九卷，恢复了 15 世纪中叶 Gaza 拉丁译本以前一切抄本的原有顺序。

持相当长的时间，即或是变化也极其轻微。再及，胸乳及生殖器不仅会在大小上而且会在外观上有所膨大。大约在这一时期，在精液排释方面会出现这样的情况，那些尝试通过摩擦以排精者在排射的同时不只是可以感受到快乐，而且也会感受到痛苦。

在同一时期前后，女性的胸乳亦见膨大，所谓的月经也
581b 开始流泄；它就像刚刚流出的鲜血似的。那种白色的排泌物在年龄很小的女童身上就有产生，尤其是在摄用流食者身上；这种情况会抑制女童的生长，并使她们的身体趋于消瘦。而大多数情况下，月经产生于乳房已经达到两指高的时候。女孩的声音也在这时期开始变得较为低沉。总的说来，妇女比男子声音更尖亢，年轻女子比年长女子声音更尖亢，恰如男童较之于成年男子；而女童的声音又比男童更尖亢，“少女”管之发声也比“少年”管更尖亢。

对这一时期的孩童尤其要小心监管，她（他）们体尝性事的冲动值此初萌之际格外强烈，因而若非很好地控制自己，涉足超出身体本身变化以外的任何动作，即或并无性行为，也将会染上恶习，一直延续到其随后的生涯。恣意纵情的少女将会流于放荡，而且男孩在某一方面或同时在两个方面若不能节制亦将如此。他们身体这一部位的管道得到了扩张，使得体液更易于排流；再加上对于旧时那随之而来的快乐的回忆也会引发对此际进行的交媾的欲望。

有些人天生即不会有性成熟期，由于生殖部位的残损而

无生殖能力。同样，一些妇女也天生不会有性成熟期。

体质情况上也会发生变化，男女都可能变得更健康一些或更病弱一些，其身体的胖瘦及营养状况方面均会有所变化。青春期之后，有些少年由瘦变胖，并且变得更为健康，另一些少年的情况却刚好相反；这样的变化也发生在少女们身上。凡是于其体内有多余物质的少年或少女，当这类泌出物于一者体内随精液于另一者体内随月经一道排出时，他（她）们的身体就会变得更健康，营养状况也更见良好，那 582a 时抑阻其健康及营养的物质已被排出了体外。而在情况相反的少年或少女那里，他（她）们的身体就会变得更瘦瘠和更病弱；因为其精液中及月经中的流失乃是对于自然体质及良好状况的流失。

此外，就乳房的发育而言，少女们的情况各不相同；有些少女的乳房生得极其地大，另一些则生得甚小。大多数时候，这种（过大的）情况发生在孩提时期即有泌出物的那些少女身上。当女性的生理现象当要发生却尚未发生时，体内有多少液质就会向上方引升多少，直到它们得以下泄为止；因而她们的乳房在这时期膨大成形，并在随后的时间里继续保持这个样子。男性的乳房也会变得更为显明和更加类似于女性，无论他们较年轻还是较老，只要其体内润泽而又无粗大的血管，其中肤色黑者又更甚于肤色白者。

至第三个七年期为止，初泌的精液尚无生殖力，随后便具备了生殖力，不过少男少女所生婴儿形小而且发育不全，这与其他大多数种类的动物无异。年轻女子受孕更迅捷，然而一旦怀了孕，分娩起来却更为痛苦。

通常情况下，沉湎于性事的男子与生娩次数过多的妇女之身体发育都较不完善，而且衰老得也更快；因为看来第三次生娩之后妇女的身体即不再增长。不过那些恣纵于性媾的妇女数度历经生娩之后将会转趋安分，变得节制起来；女人21岁之后便已到了适于生育的盛期，而男人的生育能力将会有进一步的增强。

清稀的精液缺乏生殖能力，而胶稠的精液既具生殖能力，还更有可能产生出男婴；清稀而不作粒状凝结的精液较易产出女婴。

再及，男性大约在这一年龄期生长出胡须。

【2】 妇女之行经一般开始于月末之际，因此某些巧思
582b 之人声称月亮是雌性的，理由是经泄与月之亏损同时发生，而且经泄及月亏之后二者均再度充盈。某些妇女一直是每月行经少许天数，而大多数妇女于每个第三月行经。那些经期甚短——二或三天——的妇女行经相当轻松，但经期甚长者就较为困难了。即是说，在这些日子里她们要经受煎熬；因为尽管有些人行经甚为利索，另一些人却只是点点滴滴地进行；不过直至行排完毕之前她们的身体全都如负重荷。许多妇女在经血即将流泄之际，子宫中甚至会作痉挛并有声响。

自然状况下，这种生理现象复原之后妇女就可以受孕

了，而那些不见此种现象的女性大多将停留在不能够生育的状态。尽管如此，也有一些不见经象的妇女怀上了孕，她们体内积聚有液质，与行事生娩的妇女经泄之后体内余留的液量相等，只是尚未多到足以排泄至体外的程度。还有一些妇女于行经期间受孕，此后时间里却不能够成孕，这些妇女的子宫一俟行泄完毕即关闭。有些妇女竟然于整个妊娠期内均见行经，结果自然是她们所产婴儿甚差，这些婴儿或者不能够存活而长大，或者长得十分孱弱。

在许多妇女身上，由于对性交的迫切需求——或是由于她们年纪轻轻，或是由于长时期地受到压抑，其子宫竟至于下坠而且常常会一月三度行经，直到受孕为止，那时她们的子宫会回复其在上方的本位。不过在有些时候，即使其中不含什么东西，只要正好是湿润的，它就会吸干精液中的液湿部分①。

正如先前所述，在一切动物之中，妇女的经泄量最多，胜过其他各种雌性动物。那些非胎生的动物并无这种现象，这是由于其体内的这种排泌物转化成为身体物质（因为某些雌性动物大于其雄性同类，此外有的雌性动物将这种排泌物转为角质棱甲，有的将其转为鳞片，有的将其转为羽簇），有足的胎生动物则将其转为毛发、躯体（因为唯独人类身体光坦）以及尿液——大多数这类动物泌出的尿液均浓稠而又 583a

① 此句原文残损，各种版本出入甚大。

盈足；然而女性却不见上述情况，其体内的这种泌出物将转化为月经。

男性的情况也与此类似，因为以身体大小而论男人泌生的精液为量最多，胜过其他各种雄性动物（因此男人是身体最为光坦的动物），尤其是那些体质较湿润而又不过度肥胖者，而肤色白者又胜过肤色黑者。在女性那里也有同样的情况，因为那些肉质肥厚的女性体内的这类泌出物中的大部分都用在了滋养其躯体上。再就是在性媾中天生较白的女性泌液多于较黑的女性。水分丰富及辛辣的食物也能造成这种交媾效果。

【3】 女性交媾之后阴部迅即干燥乃为得孕之标志。如果此处口唇润滑，就不大容易成孕（因为精液流失了），而口唇粗厚者亦难成孕；如果手指触感这口唇较为粗糙而又黏着，或者如果口唇生得纤薄，那么这时候成孕的机会就很好。故而，为了成孕就需要使子宫部位达成上述这一种状态，而为了不至成孕就该使之达成相反的状态；因为只要这口唇润滑就不会有孕。为此有的人用杉柏油或者溶于橄榄油中的胭铅白或乳香涂抹子宫中精种将着床的部位。假如精种存留其中达 7 日，那就清楚表明它已经被持获了；那所谓的“出流”就发生在这几天内。

大多数妇女受孕后依然会行经一段时间，怀女婴时最多为 30 天，怀男婴时则在 40 天左右。而且在分娩之后，经泄要分别迟延同样多的天数，只不过并非在所有的妇女那里都如此地精确。但在受孕之后，上述天数过后将不复行经，这是符合自然机理的，事实上经泌物将转化入乳房并变成奶汁，乳房间最初泌出的奶汁为量甚少且细如蛛丝。

一旦有了身孕，最主要地将于肋间有所感觉（有些妇女此间立时就会盈胀起来，这种现象于身体瘦瘠者尤为显著），583b
再就是于鼠蹊之间。

怀的若是男婴，40 天光景大都更可能向右侧翻动，而女婴约在 90 天时更可能向左侧趋动。当然这类事情上不能假定某种精确性，因为许多生出女婴的妇人胎动是向右的，而胎动明显向左者却产出了男婴；不过话说回来，这些及这样一类事情上大多数时候还是有着偏多偏少之差别。

大致在这一时期胎儿开始分化成形，而在此之前它仅仅是一个混沌不分的肉团。

所谓“出流”指的是不满 7 日内孕胎的夭流，流产则指不满 40 天内孕胎的夭流；胎儿大多数的夭流就发生于这些日子里。

在 40 天时流出母体的男胚若是置入其他某种液体中就会溶化以及消失，但若置入凉水中它就会凝缩，像是裹入了一层膜中；若是撕去这膜，露出的胚胎有一只蚂蚁大小，它的其他所有部分① 连同生殖器官均已分明，其眼睛如同在

① mere，或作“体肢”（mele）。

其他动物那里一样极其显著。而女胎若是在 3 个月内夭流，大多数情况下都尚不见分明；但只要是满了 4 个月时间，便已发生了分化而且很快就会各自成形。在一段时间里①女胎各部分完全成形的过程比男胎要缓慢，而且比男胎更可能在第 10 个月出生。然而一旦出生，女婴能比男婴更快地走向青春、壮盛以及衰老，尤其是那些作过多次生育的妇女，这在前面已经讲过了。

【4】 当子宫孕受精液后，大多数情况下都会迅即关闭，直至 7 个月为止；在第 8 个月它会重新开放；而其中胎儿若可育出便会在第 8 个月里下降。至于那些不可育出而到第 8 个月仍不能呼吸的胎儿，妇女们于第 8 个月分娩时不可能将之产出，这些胎儿在第 8 个月里也不会下降。子宫在这种时候也不会再行开放，事实上，假若发育过程中并未遇到
584a 上述征象，就表明这胎儿是不可育的。

得孕之后，妇女全身均会感到沉重，而且眼前会出现黑晕，头部也会发痛。这些症状于一些妇女发生得更早一些——甚至于可以早到 10 天光景，于另一些妇女则较迟缓，这要视母体内泌出物之多少。此外，大多数妇女会经受恶心及呕吐，尤其是上述一类妇女，在她们经泄已停止而又尚未转化入乳房的时候。

---

① 此处文字各种版本甚不一致，从洛布本作 heoos。

有些妇女于妊娠初期更觉难受，另一些则于后来胚胎已有增长时更为难受；时常可见许多妇女于妊娠末了之际患上了尿淋沥痛症。就常情而论，怀男胎的妇女较易捱过妊娠期，而且可以保持姣好的容颜，怀女胎者的情况就正好与之相反；即是说她们大多数容颜失色，身体更趋沉重，而且很多人的腿部发生肿胀，身上肌肉亦如此。尽管如此，在某些妇女那里也可能出现一些反例。

有孕在身的妇女往往会产生各种各样的欲念，并且会陡然转换，这被人们叫做“妄馋症”。怀女胎者的欲念更为尖烈，然而得到之后又难以开心享用。极少数妇女妊娠期间体质愈见良好。而胎儿开始长头发的时候孕妇最感不适。孕妇天生的毛发会趋于稀少或脱落，但是那些本来不生毛发的地方却会变得更加毛茸。

再及，男胎在母体内通常比女胎更爱活动，出生也更早一些，女婴出生时间则偏迟。临产女婴时阵痛连续而且更为滞久，而临产男婴时的阵痛尖促而又异常难忍。分娩前曾与其丈夫同房者诞产更为迅捷。有时候孕妇似乎在蒙受着阵痛并非由于产痛已经开始，而是由于腹中胎儿正在转动其头，这就表现得跟产痛开始了似的。

其他各类动物均以单一的期限而最终分娩；因为每一种动物均有一个固定的待产期。唯有人类的待产期长短不一，即是说有7 个月生的，也有 8 个月、9 个月生的，而大多数时候是生于第 10 个月；某些妇女也可能拖到第 11 个月。早 584b

于7个月出生的婴儿在任何情况下都绝对不能够存活下来；7个月生的婴儿是最早可以育活的，但大多十分孱弱（因此人们把它们裹在绒毛襁褓之中），而且其耳鼻之类的通道大多尚未分化成形；不过，它们长大一些后能作分化，而且这样一类婴儿有不少活了下来。

至于8个月生的婴儿，在埃及和其他某些地方，妇女们长于分娩并可以轻而易举地多次分娩，而且即或是天生残缺，生下来的孩子也能够存活，在这些地方8个月生的婴儿可以存活以至养大，然而在希腊一带地区这样的婴儿存活下来者仅仅是微乎其微，绝大多数都死掉了。这种情况还缘于这样一种假定，即倘若果真有8个月生的婴儿活下来了，产妇们也会认为它不是8个月生的，实乃自己先前计算日期时有所疏误而已。

孕妇于第4个月与第8个月最觉难受，并且假如婴儿于第4或第8个月流产，母亲通常也会死亡，因而8个月生的婴儿不仅不能存活，而且当它们流产时产妇也处于危险之中。

以同一方式，那些在第11个月的分娩也被认为是一种疏误，即是说在这些情况下产妇们误算了妊娠的起始日期。因为子宫中常常先已有风动，在此之后才发生了交媾及受孕，妇女们便把先前的状态认作是妊娠之开端，因为它引发了各种类似的症状。

完成分娩的多种情况形成了人类与其他诸种动物之间的

此种差异；再就是有些动物一胎 1 仔，另一些一胎多仔，而人这种动物可以兼作两种分娩。因为尽管绝大多数妇女于大多种族中均是一胎仅产 1 婴，但许多地方也会有许多一胎 2 婴的情况，例如在埃及一带。甚至会出现一胎 3 至 4 婴的情况，特别是在前面提及的那些地区。一胎产婴数目最多为 5 个，这在许多场合都已经观察到了。有那么一位妇女曾于 4 次分娩中产下了 20 个婴儿，即是说每胎 5 个，而其中大部分都被抚养出来了。

在其他各类动物中，即使其双胞胎为一雄一雌，也丝毫 585a
不比双雄或双雌更难养大成活；可是在人类中若逢一雌一雄的情况，其双胞胎就极少得以存活。

在诸种动物中，女人与牝马在妊娠期间最有可能接受性配；而其他种类的动物一旦怀上孕便远避其雄性，只要它们不像野兔那样可以自然而然地重复受孕。可是牝马一开始有孕便不能够重复受孕，而是于大多数情况下一胎仅产一驹；至于人类复孕的情况虽说极少，却会不时发生。

过相当长一段时间之后，再成的孕无一能够趋于完成，实际上它会引起痛苦，遂而毁掉先前已成之孕（以前曾发生过这样的事情，这种毁坏导致了 12 个重复妊娠情况下的胎儿脱坠）；但若是紧接着不久便再度受孕，孕妇将完成这一复妊，并将像生双胞胎一样生下二者，恰如关于伊菲克勒斯与赫拉克勒斯的神话所说。还发生过这么一件引人注目的事例：某一位跟人通奸的妇女产出的婴儿中一者肖似其亲夫，另一者却肖似那奸夫。还曾有过一位妇女已怀上双胞胎之后又重复怀上了第三胎；特定的产期来临时她产下了那发育完全而正好足月的双胞胎，还有方及 5 个月的末一胎；后者立刻就死去了。另有一位妇女首先产出 7 个月的婴儿之后，接着又产出了 2 个足月的婴儿；其中，先产出的一婴夭折了，而后两婴却活了下来。再者，有一些妇女于流产的同时尚能受孕，一者流失了另一者却得以生出。

以大多数事例而论，如果于妊娠 8 个月之后进行交媾，新生婴儿身上将会裹满胶稠的黏液。而且常常可以见到新生婴儿身上环裹着不久前刚摄入母体的食物。再及，母亲摄盐过于随意者婴儿出生时将缺指（趾）甲。

【5】 早于 7 个月分泌的乳汁不适用于哺儿，但是一到婴儿始可育活的时候乳汁立即可以哺用。初时的乳汁味咸，跟绵羊乳似的。妊娠期间妇女对酒类极为敏感，饮酒之后她们变得懈怠无力。

妇女之分娩和男子之授生的开端以及各自的终结在一者那里表现为精液之排泌，在另一者那里表现为月经之行泄；只不过并非这些现象一经开始就立即具备了生殖能力，而且
585b 在它们尚有少量而孱弱的发生时也不再具备生殖能力了。起始的年龄前曾述及过；至于终止的年龄，大多数妇女月经都终止于 40 岁左右，她们却也有可能超出这一年龄，一直延长到 50 岁，有人甚至（在这种年龄）作过生育，不过再没

有人延长到过更大的年龄。

【6】 大多数男子的繁殖能力可延续至 60 岁，若是超出了这一年龄，尚可延至 70 岁；而且确实曾有 70 高龄的男子实现了繁衍。

许多男子与许多妇女，当他（她）们相互交配时不能够生衍，然而若是脱离原偶而另配时却又能够。同样的结果还见于生男及生女；因为，有时候一些妇女同一些男子交配只生男孩或只生女孩，然而一旦相离而另配就会出现相反的情况。而且人们的生育情况随年龄而变化；年轻时一些男女交配只生女孩，年长一些后又改生男孩；另有一些男女的情况则正好与此相反。生殖能力方面总的来说也有同样的情况：有些人年轻时无所生衍，而年长一些后又有了生衍；另一些人开初即有生衍，随后却再无建树。

在妇女中，有一些难于受孕，但一受孕她们就能够进行至终，另一些妇女刚好相反，她们可以轻而易举地受孕，之后却不能够进行到底。还有一些仅能生女的男子和一些仅能生男的妇女，例如那关于赫拉克勒斯的神话，他生有 72 个孩子，仅有一个是女儿。那些不能够怀孕的妇女若是通过治疗或由于某种偶发情况怀上了孕，大多数时候都更可能生女而不是生男。

很多具备生殖能力的男子在后来丧失了这种能力，然后又恢复如初。

从残疾的父母也会生出一些残疾的儿童，例如跛者生出跛儿，盲者生出盲儿，而且总的说来，幼儿往往肖似于其父母而具有某些非自然的标记，比如说丘疹或疤记。这样一类印记曾有传到了第三代的例子，大概有那么一位男子在其臂上有一刺疤，他的儿子身上并无此记，其孙子却于同一部位生有刺疤，不过较为晦暗。

上述这类事例毕竟为数不多，大多数情况下并不会出现上述结果，残疾者所生子女其实大多健全无缺，这里并没有
586a 确定的律则可循。子女会与其父母或先祖肖似，但有时也可能全无肖似之处。这种肖似可以下传许多代，例如那位与一名埃塞俄比亚人通奸的西西里妇女，她生下来的女儿并不像埃塞俄比亚人，这女儿再生的孩子却与之相像。

通常情况下，女儿更像其母亲，儿子则更像父亲，但也可能出现相反的情况，即女儿肖父而儿子肖母。再就是儿女也可能于某些身体部分交替地与其父或其母的身体部分相似。

曾有一些双胞胎生下来彼此不像，当然大多数的双胞胎就大多数方面而言均是相像的；曾有一例，某位妇女于分娩7天后与人交媾，竟至于怀上了孕，她产下的后一胎儿与前一胎儿肖似，宛如一对双胞胎。再如，某些妇女所生子女与她们自己相像，另一些所生则像她们的丈夫，恰如法尔萨洛地区被人们称为“贞义”的牝马。

【7】 精液泌出过程中，先有气流排出；很明显，精液之排泌受气体压力而发生，因为离开了风力，任何东西都不可能被投送至远处。精液一旦占据了子宫并在其中停留上一段时间，将有一层膜环生于其四周。当它尚未分化成形之前而流出时，看起来就像一只被剥去了外壳的裹在一层膜中的卵；这膜上布满了血管。

一切游泳、飞翔或行走的动物，无论其为胎生或卵生，均以类似的方式生成，只不过有些动物即胎生动物的脐带与子宫相连，而另一些动物则连接于卵，还有一些动物兼取以上两种方式，例如某一品种的鱼类。有些动物的卵裹于膜内，有些裹于胞衣中。最初，动物发生于最里面的一层胞膜，随后另有一层膜裹于其外，大多数情况下这层膜附生于子宫，但有时并不附生而且内中含水。两膜之间是清稀的、血清或血液状的液质。这就是妇女们所称的“先行液”。

【8】 一切具有脐带的动物都通过脐带而增长。那些具有胎盘绒毛叶的动物其脐带系接于绒毛叶，而子宫光坦者的脐带则由一条血管系接于子宫。至于在子宫内的姿势，所有四足动物均长伸着，无足动物侧斜着，如鱼类，两足动物则 586b
蜷曲着，如鸟类；人类也蜷曲着身体，其鼻子夹在两膝之间，眼抵在膝上，耳朵则在外边。一切动物的头最初都朝上，当它们不断增长并且欲将离开母体时其头部翻转朝下，

合乎自然的出生方式于一切动物均是头部先出，但是也有脚部先出的反乎常情的方式。

四足动物的胎儿临到发育完成时含有排泌物，既有液质的也有固体的；后一种排泌物含于肠之末段，尿液则含于膀胱中。

那些子宫中具有胎盘绒毛叶的动物，其胎盘绒毛叶随胎儿长大而不断趋小，并最终归于消失。脐带是一个鞘，藏含着起始于子宫的各条血管，在具有胎盘绒毛叶的动物那里起始于绒毛叶。而在不具此物的动物起始于一条血管。就大动物如牛的胚胎而言，这些血管有四条，较小的动物只有两条，而身体极其微小的动物如鸟类仅有一条。它们伸入胚胎体内，两条穿过肝脏——那所谓的“门”正在这里——通向大血管，另两条通向主动脉，这是分叉的地方，主动脉在此一分为二。每对血管周围都裹着膜，膜周围便是套匣形的脐带。胎儿逐渐长大时，这些血管逐渐消缩。胎儿成熟时降入下部空腔，它在那里的运动是十分明显的，有时候它也在阴私部位附近转动。

【9】 妇女阵痛时，其疼痛可以集中于身体诸多部位，不过大多数妇女均集中在某一条大腿上。那些腹部周围疼痛最厉害的妇女分娩起来最为顺捷，阵痛先见于腰部者分娩甚为艰难，而阵痛见于下腹者分娩也很顺捷。若将生男孩，先行流出的浆液清稀而发黄，若将生女孩，这浆液近于血质，

尽管仍然清稀。当然，有些妇女阵痛期间并无任何一种上述浆液。

其他诸种动物分娩时并无疼痛，但是它们显然也要经受 587a
程度较为缓适的阵痛；妇女的这种疼痛却十分强烈，尤其是那些懒怠及那些呼吸不畅、不能够持留气息的妇女。若是于正待用力呼气之际却让气息泄出，这类妇女痛起来就更加难耐。

胎儿即将出生而胞膜裂开时，首先流出的是一种液质，随后出来的才是胎儿，此际子宫翻转，胞衣将子宫里部带出外面。

【10】 剪脐带是助产妇不得马虎的一项工作；因为应付难产时她不仅要能够以灵巧的双手提供帮助，而且还必须敏于应付各种突发情况，特别要当心婴儿脐带的结扎。因为假如胞衣也一同脱落出来，脐带便要用羊毛线与胞衣结扎开，并从结扎处上方予以剪断；脐带结扎后将会愈合，与之相连的部分自行脱落。然而结扎处若是松开了，血液便会流失，婴儿将会死去。可是假如胞衣并未立即脱出，婴儿到了外面而胞衣仍留在里面，就要在结扎脐带后剪去胞衣。常常，十分孱弱的胎儿生下来似乎就是死的，在脐带被结扎好以前血液便已流进了脐带及其周遭部位；但是某些掌握了这一技巧的助产妇可以将血从脐带中挤回胎儿体内，先前似乎惨无血色的婴儿立刻就重现了生机。

正如上述，其他诸种动物自然的出生方式也是头部朝下，而婴儿还会将双手顺伸于两侧。一出世婴儿就发出哭声，并将双手伸向口边。婴儿还会排泄秽物，有的一生下来就排泄，有的则要过一小会儿，但所有婴儿均会在一日之内排泄。此际的排泄物按婴儿大小而论属偏多，妇女们称之为“罂粟膏”。它的颜色似血，并且暗黑如松脂，此后又转而似奶；因为婴儿立刻就会吸奶。而在降生之前胎儿不作哭声，即便是难产时其整个身体尚在里面头却先已露出来了的时候。

587b 那些泄液过早的妇女分娩胎儿时往往更容易难产。而产后这种泄液若是减少了，而且若是仅于开初时有过些许，一连 40 天都无所延续，这类妇女更能趋于强壮又能更快地再孕。

出生 40 天内婴儿醒时既不笑又不哭，尽管在夜里它们有时候会作哭笑；它们对挠痒大多也没有感觉，大多数时间里都在睡觉。随着日愈长大，它们醒的时间变得愈来愈多；它们显然会做梦，尽管记住梦中印象将是很晚以后的事情。

其他动物的各处骨骼间并无任何差异，而是一生下来就完全成形，可是婴儿的前囟却很纤薄，它要很久后才能实固。而且其他动物生下来就有牙齿，婴儿却要等到 7 个月时才长牙；它们首先长出前面的牙齿，有的先长上牙，有的先生下牙。一无例外地，乳母的乳汁愈热，婴儿的牙齿长得就愈快。

【11】 分娩及泄液之后，妇女的乳汁渐趋充足，而且某些妇女不仅于乳头位置而且于乳房的许多部位溢乳，有的甚至于腋窝溢乳。若干时日过后，当液质未能调匀，不向外溢出却充集起来时，乳部会有一些持续的硬块；因为，整个乳房蓬松多孔到了这样的程度：如果喝水时吞下了一根头发，乳房就会发生疼痛（人们把这称做“毛病”），直至这头发自行穿出或者随乳汁被吸出为止。产妇在再度怀孕之前一直有奶，彼时将暂告停歇，人类及其他胎生四足动物均是如此。

泌乳期间通常不会有经泄，但也曾有一些正在哺乳的妇女发生了经泄。总的说来，这类液流不能同时发生于身体的多个部位，比如患血痔的妇女经泄情况就较差。还有一些妇女的这类液流由腰部泌出后在到达子宫之前先要穿过骨盆。
再者，那些经泄不通的妇女若是正好同时[1]发生呕吐，不会 588a
造成什么危害。

【12】 大多数小孩往往都容易发作痉挛，特别是那些营养良好或得到更充足、更浓稠的哺乳以及其乳母胖壮的小孩。酒会助长这种性状，色暗的酒及未掺水的酒又甚于色白的酒，还有大多数种类的引起肠胃胀气的植物，便秘也很不

① 以“hama”代“haima（血液）”。

利。夭亡大多发生在第 7 天之前，因而人们要待足这一天数才给婴儿命名，即是说这时候他们对婴儿的存活才增添了信心。月盈时这种病症更易发作。痉挛若是从婴儿的背部开始将是十分危险的，尤其是随着他们年龄的日渐增长。①

① 亦可将末一分句置于第十卷开头。

第　八　卷

【1】　动物其他方面的自然本性和生成方式有如上述；588a15 它们的行为及生活方式则随其习性及食物而相异。其他诸种动物也大多内含了与灵魂相关的一些迹象，而在人类中才具有了更为明显的区别。因为，驯顺与狂野、温和与凶暴、勇敢与怯懦、恐惧与无畏、爽直与诡诈以及与思想关联的知解能力方面的类似特征也内在于许多种类的动物中，这种类似恰如我们论及动物的身体部分时所述。因为有些特征较之于人类有程度多少上的差异，而人类较之于大多数动物亦然（因为这类特征中某一些在人类身上具备得多些，某一些又在其他种动物身上具备得多些），另一些特征则在类比上有差异；比如说，人类中具有技术、智慧与理解，在某些种类的动物中照样也具有另外某种这样一类的自然能力。这种现象从童年时期来看最为明显，因为在儿童身上尽管可以看到其后来将会具有的品性之迹象或渊源，然而在这一时期他们 588b 的灵魂可以说与兽类的灵魂毫无差别，所以，若是其他各种动物具备的特征有些同于人类，有些近似于人类，有些可与

人类比拟，这丝毫也无悖谬之处。

自然由无生物进展到动物是一个积微渐进的过程，因而由于其连续性，我们难以察觉这些事物间的界限及中间物隶属于哪一边。在无生物类之后首先是植物类，在这类事物中一者与另一者的差别看来在于谁更多地分有生命，整个这一类较之于其他物体差不多显得像是有生命似的，但较之于动物却又像是无生命似的。从这类事物变为动物的过程是连续的，这在先前已有述及。海中的某些生物可能会让有的人疑惑，不知其究竟为动物还是植物；因为它们附着而生，若是脱离其附着处，这类事物大多要归于死亡；江珧便是附着而生的，而剃刀贝被拔起后也不能够活下去。总的来说，整个一类介壳动物与能够行走的动物相比就像是植物。

于感觉而论，有些动物全无征象，有些动物仅有晦暗的征象。某些生物的身体物质呈肌肉状，例如所谓的海鞘及海葵一类，但海绵于所有方面均像植物。一生物与另一生物之间总是积微渐进地表现出其更多地具有的生命与运动。而且就其生活及行为而论也同样如此。因为那些通过种子而生成的植物除了产生出与其自身肖似的另一植物来外别无任何功能；同样地，某些种动物除生殖外也不见有别的任何功能。故而这一类行为对一切生物是共同的，一经有了感觉，它们的生活在交媾方面会由于快感而出现差异，在产育后代方面亦会出现差异。有些动物纯粹类同植物，依季节而繁殖自己的后代；另一些动物还会为其幼嗣的食养而操劳，但哺育完成后就与之分开，此后不再有任何联系；那些知解能力较强 589[a] 的、具有记忆力的动物同它们的后代保持更长时间的联系，表现得更有社会性。

动物生活之一部分在于繁殖方面的行为，另外一个部分则在于食物方面；因为一切动物的辛劳及生活正好都围绕着这两个方面。动物的食物最主要地依据其有什么样的体质材料而各不相同。因为每种动物的增长合乎自然地来自于与其相同的质料。合乎自然的东西导致快乐，而一切动物都追求那合乎自然的快乐。

【2】 动物以生活地域相区分，即是说，有些动物为陆生动物，有些为水生动物。我们所讲的这种差异有两种含义：有些动物被称为陆生或水生动物是由于它们吸进空气或水；另一些动物并不吸进（空气或水），但天生可以充分地适应上述两种元素的冷却趋势，它们被称为陆生或水生动物并非因为它们呼气或吸水，而是由于觅食和度时于两种中的某一种物质之中。因为，有许多动物尽管吸进空气并在陆上生殖，却觅食于水中区域并在水中度过其大部分时日；这些动物似乎算是独一无二的两栖动物，因为一个人既可以把它们算做陆生动物也可以把它们算做水生动物。而那些吸进水的动物中，无一可行走或飞行以及从陆上获取食物，然而为数众多的陆生和吸进空气的动物却相反，还有一些动物依赖水到了这样的程度：它们脱离了水体便不能够生活，例如所

谓的海龟、鳄鱼、河马、海豹以及一些体型较小的动物如淡水龟和蛙类；所有这些动物过一会儿若不呼吸就会窒息。而且，它们在干地里生殖和育幼——也有一些是在靠近干地的地方，却在水中消度时日。

而具有一切动物中最为奇特之构造者是海豚以及此类水
589b 生动物中和其他鲸类中具有此种特征的另外某种动物，比如须鲸和其他具有一喷水孔的动物。因为若是以吸进空气为陆生动物，以吸进水为天生的水生动物，那么要把上述每一种动物单单划入水生或陆生类将是一件不容易的事情。因为它们兼具二者：它们既吸进海水，再经由喷水孔将其排出，又以肺部吸进空气。它们确有这一部分并进行呼吸。因此海豚被捕在网内时，很快就会由于缺乏呼吸而窒息。而且这动物出水后可以活很长一段时间，低声吟鸣，就跟别的呼吸的动物一样；此外，睡觉时它将鼻部露在水面之上以便呼吸。然而把同一些动物同时归入彼此反对的两类划分是荒唐的，其实似乎更应该对水生动物作更进一步的划分。因为有些动物吸进和排出水与呼吸空气的动物出于相同的原因，即为了冷却，另一些动物则是为了摄食，因为它们必须从水中获取食物，同时就吸进了水，而吸进水的动物又须有排出水的器官。有些以类比于呼吸的方式利用水的动物具有肺，而有血动物中那些由于摄食而吸进水的动物则具有排水的孔道。软体动物与软壳动物的情况亦然，因为这些动物也由于摄食而吸进水。

以另外一种方式即由于身体构成和生活方式为水生动物者包括凡是吸进空气却生活于水中的动物，或者吸进水并具有鳃却走上干地而觅食的动物。后一类动物现今仅仅见过一种，即所谓的水蜥；这动物没有肺却有鳃，为四足动物而且原本属陆生。看来所有这些动物的本性似乎都遭受了扭曲，恰如有些雄性变得雌性化或有些雌性变得雄性化一样。因为动物于微小器官有了变化时，将会表现为其整个身体构形上的重大变异。这在阉过的动物中非常明显：在身体的一个微 590a
小器官受到残损后，这动物就向雌性转变；因而很明显，在动物原初的构造中若有某一细微器官在大小上发生了改变，只要这器官属原初一类，动物就会或变作雌性或变作雄性，而这器官若是整个地毁坏了，动物就会变得不雌不雄。因而，动物为陆生或水生并循上述两种方式，微小器官的变化导致一些动物为陆生而另一些为水生。有些动物并非两栖，另一些则为两栖，这是由于在它们形成时期的体质构造中分有了些许用以作为其食物的东西，前面我们已经作过这样的论述。从而动物从三个方面被划入水生类：由于吸进空气或水；由于其身体构成；以及第三个方面的由于其食物；动物的生活方式分别与上述划分相符合。有的情况下以动物的身体构成或食物以及以其吸进水或空气而定，另一些情况下则只以身体构造和生活方式而定。

有些不能活动的介壳动物摄食于江河淡水——淡水因为稀于海水在混合时可渗入那紧密的部分，正如它们由淡水获得其最初始的生成。海中有淡水并且它能够以此种方式渗透是一个明显的事实，因为已经有人就此做过验证。即是说，若是有人熔制一个薄薄的蜡质容器，缠上线后再空空地放入海中，一天一夜后其中会充满了水，这水显见是淡水。

海葵以游近它们身旁的小鱼为食。它们的口生在中央，这一点在体型巨大者身上尤其明显。它们和贝类一样具有一条用以排泄食物残渣的管道。这管道位于上方，因为海葵就好比是贝类动物体内的肉质部分，它们以岩石为其贝壳。蜮会离开其附着处去四处觅食。

590b 能够活动的介壳动物中，有的以动物为食，吞食一些小鱼，比如紫骨螺；它即是肉食性的，故用这类饵食可以捕获。还有的以海中的植物为食。

海龟既以贝类为食（因为它们的口部生得格外强劲有力，一旦咬住了什么，无论是石头还是别的什么东西，它都要咬碎并嚼烂），也出水以草类为食。它们露于水面上被阳光曝晒时会极度难受，常常因而死去；因为它们不能够顺利地再度下潜。

软壳动物的情况也完全相同，即是说它们也是杂食性的；因为它们吃石头、木料①、海藻和粪秽，比如说岩蟹，而且它们也食肉。小龙虾甚至对付得了体型硕大的鱼类，但这些大鱼中偶尔也会有更凶的。比如说章鱼就可以制伏小龙

① 或作“淤泥”。

虾，故此小龙虾若是觉察到同一网中的章鱼就在自己近旁时，竟会惊吓致死。小龙虾能捕食海鳗，由于其体表粗糙使得后者难于溜掉。然而海鳗却能吃掉章鱼，其光滑的体表使得后者无计可施。一切软体动物都是肉食性的。① 小龙虾吞食在其藏身处旁边捕得的各种小鱼，因为它们出游到远海中礁石嶙峋的一类地方，在这类地方营建自己的居穴。小龙虾无论逮住什么，都用双螯送至嘴边，就像蟹那样。当它未受惊吓时，其自然的行走姿势是朝前的，其触角下垂两边，一旦受到惊吓，它们会向后逃窜，将触角远远地投伸出去。它们彼此间以螯互搏，抬起螯爪打击对方，就像公羊一样。经常可以看见它们彼此相伴，聚在一起像是一群。软壳动物的生活方式即如上述。

软体动物中，teuthides 与乌贼甚至能对付得了大鱼。章鱼尤喜捕获贝类，剜出其肉质部分吃掉；因而渔人可以凭这些贝壳认出它们的巢穴。关于章鱼吞食自身的传言是虚假的，但它们中有一些的触角确乎被海鳗啃掉了。

当特定的时节来临，所有的鱼类都会吞食鱼卵；然而鱼类获取的其他食物却并非全都一样。因为有些鱼只是肉食性的，例如软骨鱼类、海鳗、khanna、金枪鱼、鲈鱼、合齿鱼、鲣、海鲈与鳗鲡。红鲱鲵常食海藻与淤泥，却也食肉，daskıllos 以淤泥及粪秽为食。鹦嘴濑鱼和“黑尾”鱼以海藻

---

① 有些版本将此句挪至 590b32。

为食，salpe 食粪秽与海藻，它也以 praision① 为食，而且是唯一可以用葫芦饵钓起来的鱼类。除灰鲱鲵外所有鱼类都自相残食，尤以海鳗为甚。

头鱼和灰鲱鲵是仅有的完全不食肉的鱼类。其证明是，从捉住的这些鱼的胃中从未发现过任何这类物质，为它们准备的钓饵用的不是动物的肉而是大麦饼。每一条灰鲱鲵都吃海藻与沙。被某些人称为 kheloon 的那种头鱼是一种近岸的鱼类，而 peraias 以自身分泌出的一种黏液为食，因此它总是在挨饿。头鱼常食淤泥，因此体重而多泥；它们压根不吃鱼类。由于其生息于淤泥之中，它们时常跃出来以洗涤周身的泥淖。它们的卵鲕不为任何鱼类所吞噬，故此得以大量地繁殖；然而当它们长大后，许多其他种类的鱼都要吃它们，特别是猛鲈（arkharnos）。灰鲱鲵是最为贪馋的鱼类，而且
591b 总不知饱足，所以它的胃总是鼓鼓胀胀的；一旦挨了饿，它们的情形就很凄惨。遭受惊吓时，它们就藏起自己的头，以为是把整个身体都藏起来了。

合齿鱼也是肉食性的，它们吃软体动物。这种鱼与 khanna 追逐小鱼时，其胃常常外翻出来；这是由于鱼类的胃紧接于口腔，而且它们没有食道。

如上所述，有些鱼只是肉食性的，例如海豚、合齿鱼、金鲷、软骨鱼类及软体类。另一些鱼通常吃泥土、海藻、海

---

① 一种野薄荷；或揣作 prason（一种海藻）。

苔、所谓的长茎海草及水中植物，例如小黑鰕虎、鰕虎和岩鱼；但小黑鰕虎尽管不碰其他肉食，却要捕食真虾类。如前所述，它们常常也互相残食，并且往往是大鱼吃小鱼。它们食肉的一个证明是它们常常受钓于这一类的饵食。鲣、金枪鱼及鲈大多数时候均食肉，但也会吃海藻。sargos 鱼侵食红鲱鲵，当红鲱鲵搅动淤泥（因为它能够掘挖）后离去时，sargos 鱼便趁机潜入以得食，并阻止比自己弱小的鱼类一道来搅和。

所谓的鹦嘴濑鱼被认为是唯一一种像四足动物一样反刍的鱼类。

通常情况下，其他鱼逐捕口前的小鱼时径向前游，这乃是它们自然的泳姿。而软骨鱼类、海豚和一切鲸类捕食小鱼时却是背部翻转朝下仰泳，因为它们的口生在下面。于是小鱼们更有可能幸免于难，若是换一种情况，它们活下来的机会恐怕是微乎其微；因为海豚的敏捷与胃口按说是惊人的。

海鳝中尽管有一些品种在某些地方既吃淤泥也吃偶尔有人投到其身边的食物，但大多数的品种均以淡水为食。养鳝 592a
人很在意这一点，即尽可能地保持池内清洁，时常让水流动，流到平整的石板上，或者是用石膏敷抹鳝池。因为倘若池水不清，它们很快就会窒息，原因是它们的鳃甚为窄小。所以人们钓鳝时要搅浑水，在斯特鲁蒙河，人们在昴星当空时捕鳝，因为那时候河中的水与泥为相反方向刮来的风所翻激；若不是在这种时候，最好不要去打搅鳝鱼。鳝鱼死后并不像大多数鱼类那样漂浮于水面，甚至不会上浮，因为它们的胃甚小。尽管少数鳝鱼生有脂肪，绝大多数都无脂肪。从水中捞出后它们可活 5 至 6 天，若遇北风可活得更长些，遇南风则活得短些。在夏季里鳗鳝若是由池塘移入鳝池很快就会死亡，但在冬季就不会。再就是它们承受不了剧烈的变故，比如说在运送过程中把它们投入凉水之中；那常常将大批量地置其于死地。若是将其喂养于少量的水中它们也会窒息。其他种类的鱼亦会发生同样的情况，在少量的水中即或只有少数的鱼也总会发生窒息，正如呼吸的动物在只有少量的空气又处于封闭状态时那样。有一些鳝鱼竟然可活 7 至 8 年。

河鳝得食于自相残食或吃草、植根以及它们在泥里觅得的任何东西。它们更多时候是在夜间进食，在白天则蛰入深水处。

关于鱼类的食料就讲这么一些。

【3】 在鸟类中，凡是生有钩爪者都是肉食性的，即使
592b 用手喂以谷物它们也无法下咽，例如所有种类的鹫、鸢与两种鹰，即鸽鹰与雀鹰（这两种鹰在大小上彼此差得很远），还有雕；雕之大小同于鸢而且它全年可见。此外还有 phene 与兀鹰；phene 的大小超过了鹫，其颜色灰暗；兀鹰有两个品种，一者体小而偏白，一者体大而偏灰。在夜鸟中也有一些带钩爪者，如夜鸟、鸮与鹫鸮。鹫鸮外观上类似于普通

鸮，其大小则丝毫不逊于鹫。此外还有 eleos、aigolios 与鸱鸺。这些鸟中 eleos 比公鸡大一些，aigolios 与前者差不多大，而两者均猎食樫鸟。鸱鸺比普通鸮要小；所有这些鸟看起来均相像，并且都是肉食性的。也有一些不具钩爪的鸟类为肉食性的，比如说燕子。

另一些鸟捕食蛆虫，例如碛鹨、麻雀、batis 绿莺与小山雀。小山雀分三个品种，鹨雀体型最大（因为它与碛鹨一般大），其次要数山雀，它因栖息山中而得名，这鸟生有长长的尾巴；第三个品种肖似于前两者，但在大小方面有所不同，因为它体型最小。还有小鸣莺、黑顶雀、照莺、红襟鸟（知更）、epilais、蝇鸟、金冠鹪鹩；最后一种鸟大小上略微胜过蝗虫，生有一亮红色的冠顶，怎么看都是一种优雅悦目的小鸟。还有所谓的“花”鸟，其大小同于碛鹨。至于山鹨，肖似于碛鹨，在大小上相近，只不过颈部带有蓝色；它也栖息于山中。此外还有“王”鸟、拾谷鸟。上述这些以及诸如此类的一些鸟就是完全或大多数情况下捕食蛆虫的鸟类。

下述鸟类食用刺实：红雀，thraupis，还有所谓的金鹨。所有这些鸟都得食于刺丛间，它们绝不吃蛆虫或任何活 593a
物。它们睡在其获取食物的同一地方。

另外一些鸟专吃树虫，它们最主要地赖食树虫为生，例如大小两种䴕鸟。有些人把这种鸟都叫做啄木鸟，它们彼此相像，其声音也有些相似，只不过大者声音较大，这两种鸟都飞向树木觅食。还有绿啄木鸟，其大小同于鸠鸽，其颜色则通体碧绿；它啄木甚勤，主要得食于树木间；其声音高亢；这种鸟最多地出现于伯罗奔尼撒一带。另一种被称为“拾蠹鸟”，在大小上与悬巢山雀一样小；其颜色灰暗而带斑点，其声音轻微；这种鸟也会啄木。

其他鸟类以食果实及草茎为生，如林鸽、普通鸽、岩鸽与鸠鸽。林鸽及普通鸽四季皆有，鸠鸽则只在夏季出现；冬天里看不见它们的身影，因为它们蛰居起来了。岩鸽出现与被捕获最主要地是在秋季。在大小上岩鸽大于普通鸽而小于林鸽，捕捉它最多是在其饮水的时候。它们携雏来到这片土地，而所有其他鸟类都在夏天到来；就地筑巢，并且大多是以活体喂养雏鸟，唯有鸽类例外。

可以说一切鸟类的情形是有些受食于陆地，另一些生息于江河及湖泊，还有一些生息于海洋；那些蹼足的鸟类大多数的时候都是在水中打发掉的，而分趾足的鸟类则在水畔过
593b 活，其中有一些以水中植物为食，即非肉食性者。例如生活于湖滨或河滨的鹭及白鹭；后者在大小上逊于前者，其喙扁而长。此外还有鹳与鸥；鸥的颜色属灰色。还有 skholniklos、kigklos 与truggas，这些小鸟中最大的是最后提及的一种，其大小如鸫；它们全都频频摇尾。再就是 skalidris，此鸟体色斑杂，但总体上呈灰色。翠鸟一族也栖息于水滨。它们刚好分为两种，一种安坐在芦苇上鸣唱，另一种则哑口无声；后者要大一些，而两者背上都带蓝色。还有 trokhilos

(鳄鱼鸟)。翠鸟和 kerulos 都住在海边。乌鸦也捕食冲上海滩的活物，因为它们是杂食性的。此外还有白鸥，kepphos、凫水鸥与鹆。

蹼足鸟类中身体较重的是居住于江河与湖泽滨畔的那些鸟，如天鹅、野鹅、秃鹳、鹠鹰与小凫——这鸟似野鸭，但小些，还有所谓的鸬鹚；鸬鹚大小上与鹳相仿，只不过其腿要短一些；它蹼足而善泳，颜色为黑色；它停栖于树枝上并在那儿筑巢，乃是这类鸟中唯一如此者。此外还有鹅、群居小鹅、狐鹅、“山羊”与紫纹雁。

海鹫既栖息于海滨又时常攫食于湖泽。

许多种类的鸟都是杂食性的，生有钩爪的鸟类猎取其他各种动物，包括凡是它们制服了的鸟类；不过它们不在亲种之中互相残食，不像鱼类那样经常自相捕食。

鸟这种动物一律很少饮水，而具有钩爪的鸟类更是绝对不饮，仅少数种类例外，而且饮得也极少。这类鸟首先要数 594a
茶隼。鸢饮水尽管很少，但确有人见过其饮水。

【4】 生有角质棱甲的动物，例如蜥蜴与其他四足动物及蛇类，均为杂食性动物；因为它们既食肉又食草。蛇类是一切动物中最为贪饕者。以上这些动物连同其他一些具有海绵状肺部的动物也都很少饮水；而一切少血的动物与卵生动物的肺均呈海绵状。蛇类还十分贪酒，因此有些捕蛇的人把酒倒入陶碟再置之于石墙内，它们喝多了就被逮住了。作为

肉食动物，蛇榨干它们捉住的任何动物再将这整个动物从排泄口排掉。其他诸如此类的动物大致也如此，比如蜘蛛；但蜘蛛是从外面吮吸猎物的体液，蛇类却是在自己的腹内。蛇攫食于它在任何地方碰到的现成的东西（即是说它们既吃小鸟及兽类，又囫囵吞卵）；它攫住猎物便引身上挺，直到直直地挺立于尾尖之上，然后再蜷拢其身体，缩成小小一团直到这样的程度：当它再次挺身时，吞下的东西已经倏然下肚了。它这样做是由于其食道生得又细又长。毒蜘蛛与蛇在不进食的情况下都可以活很长一段时间，这从喂养于药贩那里的动物中即可观察到。

【5】 胎生的四足动物中，那些野生且具锯齿者全部都是肉食性的：例外的是狼在挨饿时据说会吃某种泥土，它是唯一这样做的动物；然而它们平时是不会去吃草的，除非是在患病期间，这就像猎狗生病时所做的一样，它们吃下草再呕吐从而治愈疾患。独自徘徊的狼吃起人来比群集的狼更凶狂。一些人称做 glanos 而另一些人称做鬣狗的那种动物在
594b 大小上不逊于狼，它生有马一般的项鬃，其鬃毛则更为刚硬和浓密，布满整个脊椎一线。它觊觎并猎捕人类，而且模仿人类呕吐以诱捕家犬；它还挖掘坟墓以食人肉。

熊是杂食性的。因为它既吃果实——它能够凭借身体的柔软爬上树去——又吃豆子；它还弄碎蜂巢取食蜂蜜，吃蟹与蚁，且属肉食动物。仗着其蛮力它不仅袭击鹿而且也敢袭

击野猪——若能乘其懈怠不备之机的话，还会袭击公牛；即是说，它径直从前面走近公牛，纵身跨上牛背，当牛以角相抵时它便用前蹠把捉住牛角，再噬咬牛肩并用嘴把牛掀翻在地。它能短时间双脚直立行走。它所吃的肉一律要先行腐化。

狮和其他所有野生的锯齿动物一样是肉食性的。其吞食姿势甚为凶猛，它吞下的大多数食物都未经咬开，然后两三天里不吃东西；它能够饿这么久是由于腹中已经过于饕足了。它也甚少饮水。它极少排泄秽物，总是隔一天或者不定隔多久才排泄；其排泄物干燥而硬固，跟狗粪似的。狮发出的气息极为腥臭，其尿也十分难闻；由于这种缘故，狗常嗅于树根；狮溺尿时就像狗一样抬起它的腿。它还通过呼气于其上将浓烈的气息植入其正在吃的东西，因为把它剖开时它的体内会散发出浓烈的湿气。

有些野生的四足动物觅食于湖泽及江河一带，但除海豹之外无一觅食于海洋。前一类包括所谓的海狸、satherion、saturion、水獭与所谓的水狸。水狸体型比水獭更宽扁，其牙齿生得硬朗；因为在夜间出水时它常常用牙齿咬断河边的 595a
白杨。水獭也会咬人，而且不松口，据说它要听到了骨裂声才肯罢休。水狸的毛粗硬，外形上介于海豹毛与鹿毛之间。

【6】 锯齿类动物舔着喝水，有一些不具锯齿的动物也

是这样，如鼠类。而齿列齐合的动物啜吸而饮，如马与牛。熊则既不吸也不舔，而是吞饮。其他鸟类大多啜饮，唯有长颈鸟不时停饮而昂伸其头，而紫鹬是唯一吞饮的鸟类。

有角的动物，无论其为驯养的还是野生的，以及一应不生锯齿的动物，除非受极度饥饿煎熬，全部都吃果实与草茎，猪却要除外。这种动物最不肯吃草茎与果实；然而猪是最爱吃植根的动物，这是由于它的鼻子天生适合于用来干这种事情；而且它也是最容易将就各种食物的动物。以其身体大小而论，猪还是上膘最为迅速的动物，因为它 60 天内即可上膘。至于增膘的重量，那些从事这一行当的人称量饿着的猪而得知。上膘之前猪先要饿上三天；几乎所有其他动物上膘之前都须饿上一阵子。这三天过去后，那些育膘的人遂又饲之以丰盛的食料。色雷斯人在育膘时第一天允许猪喝水，随后先是间隔上一天，此后再隔两天，之后再隔三天，四天，直至隔到七天。育膘时人们给这动物吃大麦、粟米、无花果、橡实、野梨与胡瓜。给这些动物及其他一些肠胃良
595b 好①的动物育膘最当紧的是不要惊扰它们；而猪在泥里打滚也有助于上膘。它们喜欢按年龄段就食。猪竟然敢跟狼斗。它活着时称得的重量中有六分之一要归于毛、血及诸如此类的东西。哺仔期间，猪与其他一些动物都会趋于消瘦。关于上述动物就讲这么一些。

---

① 或作“温热”。

【7】 牛吃果实与草茎，增膘时则吃那些引起肠胃胀气的植物，如苦豆、碾碎的豆类及豆茎，对于较老的动物则须切开其外皮并向里吹气，在此之后方才饲之以食物；此外，育膘时还给它们喂囫囵的或碾磨过的大麦，还有甜的食物如无花果、葡萄干、酒、榆树叶等；而最有益的莫过于阳光和温水浴。幼犊的角若是以蜡热敷便可轻而易举地朝人所想的任何方向弯曲，而且若是以蜡、松脂或油涂抹牛角，其脚疼就可以减轻。牛群因霜冻被迫迁徙时比因降雪被迫迁徙更为难受。多年不行交配的牛体型将会见长，因此在埃比罗斯所谓的“赤牛”在成长期间 9 年内都不被允许受配，人们称之为“处牛”。这些牛的数量据说在 400 只左右，为君王们所私养，而且在其他地区不能够存活；有人确曾尝试过。

【8】 马、骡及驴吃果实与草料，其长膘最主要地靠的却是饮水；因为驮重动物饮水情况如何与它们喜好食物的程度正相对应，而且饮水让它们越觉可口的地方即是越加肥美的牧场。正在结籽的青黍能使牧畜皮毛光滑，但是在芒刺硬扎时却不相宜。头一次刈割的波斯草（紫苜蓿）质地较次，而且凡是气味难闻的水所灌的苜蓿草都不行，因为它们沾染上了这种气味。牛饮水时要觅清水，而马却跟骆驼一样；骆 596a
驼高兴喝泥浊而浓稠的水，而且不先把河水搅浑就不肯喝。它可以一连 4 天不喝水，此后再饱饮大量的水。

【9】 大象一顿最多可以吃下 9 个马其顿米迪姆诺[①]的食料，然而给它一次喂足这么多是危险的；一般它吃 6 至 7 个米迪姆诺，5 米迪姆诺的小麦，5 马里斯的酒（马里斯等于 6 个科图来）。曾经有一头象一次喝下了 14 个马其顿米特瑞太的水，而且晚些时候又喝了另外 8 米特瑞太。大多数骆驼可活 30 年左右，有一些则活得长得多；即活到了 100 岁。有的人说象的寿命在 300 岁左右，有的说是 200 岁。

【10】 绵羊与山羊均吃草，但绵羊吃起草来专心而且固定在同一个地方，山羊则急切地蹿来蹿去，只吃一些草尖。绵羊主要靠饮水增肥，故而人们在夏季里每 5 天都要给羊群吃盐，100 只羊给 1 米迪姆诺。因为这能使羊群变得更健康和更肥壮。由于这个缘故，人们在给它们的大多食料中都掺入了盐，比如说在糠麸中掺入大量的盐（因为羊群渴了就会更多地饮水），而在秋天里又在胡瓜上撒盐；因为这样做可使羊产更多的奶。而且，假若午间它们一直在运动，日暮时它们就更想喝水。临近分娩时，给盐能使羊乳更为胀大。嫩橄榄枝、野橄榄、山藜豆和任何种类的糠麸都能给绵羊催肥，而若是先给这所有食物浇上盐水催肥效果就会更好。这些动物先饿上 3 天后也可以长更厚的肥膘。在秋天，

① medimnos。

北方来的水比南方来的水对绵羊更加有益；而且朝西的牧场是有利的。远跋与疲乏都会使羊群消瘦。

在冬天里牧羊人可以识别出健壮的羊来，标志在于它们身上披着霜，而其他羊身上却没有；因为那些不健壮的羊由 596b
于体弱便抖去了身上的霜。每一种四足动物生活于低洼牧地时要比生活于高地时肉质差。扁尾绵羊比长尾绵羊更耐冬寒，其毛紧贴的羊比其毛蓬松的羊更耐冬；山羊则甚难耐寒。虽说绵羊比山羊更健康，山羊却比绵羊更强壮。被狼咬杀的绵羊的皮与毛以及用它们做出的衣服超乎寻常地招虱。

【11】 虫类中生有牙齿者是杂食性的，而那些仅具一舌者赖液汁为食，用这舌从一切可能的地方吮吸液汁。其中一些也是杂食性的（因为它们遍尝一切液汁），如蝇类；另一些则是吸血动物，例如马虻及牛虻；还有一些赖植物与果实的汁为生。唯有蜜蜂不肯驻足于有任何腐物的地方附近，它也不以任何含甜汁的东西为食；再就是蜜蜂爱给自己觅得无论是从什么地方涌冒出来的甘饴泉水。

以上述及了各种动物摄用的食物。

【12】 动物的一切行为均和性配与生殖有关，或与食物的及时供应有关，或是为了防备冷热及季节的变换。一切动物对于暖寒变化均有与生俱来的感应，恰如人类中有的冬天蛰入居室，有的因邑土广阔而于暑天避于凉邑，寒天避于

暖所，动物中那些能够变换其居处者也正是这样。

有些留居于其惯熟了的同一地区的动物能找到有用的抵御办法，另一些则要迁徙；秋分过后它们离开滂沱及一些寒冷的地区以躲避即将到来的冬天，春分后它因畏惧炎热又从
597a 暖处迁入凉爽的地区。有些动物是从附近地区迁徙而来的，另一些却可以说是迁自于世界的尽头，鹤即是这样做的；它们从斯居泰平原迁至埃及境内尼罗河由之发源的上游沼地；蒲洛迈人（侏儒人）就生活在这一带地区；因为这并不是一个神话，事实上有一个如人们所传的真实的矮小种族为依据，既包括小矮人也包括他们的小矮马；他们生活在洞穴之中。鹈鹕也作迁移，它们从斯特鲁蒙河飞抵伊斯特河并在那里生娩。它们成群结队地飞离，由于飞越山岭时飞在前头的诸鸟渐渐看不清飞在后面的诸鸟，领头者会停下来等候其落后的同伴。

鱼类也会以相同的方式迁徙，一些鱼迁徙时游出或游入滂沱海，另一些鱼在冬天从深海游向近岸处以取暖，在夏天又从近滩游向远海以避暑热。

鸟类中体质弱者在冬季及霜期会降飞到平原，在夏季又因炎热迁居飞上山陵。体质愈热的动物于每一种超常的天气情况下总是愈先迁徙，例如鲭鱼之先于金枪鱼以及鹌鹑之先于鹤；前者在波爱德罗米翁月迁移，后者在迈马克特里翁月迁移。所有动物从寒冷地区迁出时均比从暖热地区迁出时更丰肥，例如鹌鹑在秋天就比在春天更肥腴。动物从寒冷地区

迁出时正好逢上夏季末了时。动物交配的欲求在春季更加旺盛，而这正是它们从暖热地区迁出的时候。如前所述，鸟类中鹤类从世界的一端迁徙至另一端。它们迎风飞翔。关于那石子的故事是不真实的，即它们飞行时携含一块石子以保持 597b
平衡，这石子落出时可用来作试金石。

林鸽与岩鸽也会迁飞，它们不在这里过完冬天；燕与鸠鸽也是如此，但普通鸽会留下来。同样，鹌鹑也要转徙，只不过有一些会滞留在暖和的地带，鹌鹑中与鸠鸽中都有。林鸽与鸠鸽无论是抵临时还是在季节到来再离去时均是群集而翔。鹌鹑着陆后，若遇晴和天气或值北风它们就成双地散开，安静地栖息；倘逢南风它们就难受了，其原因在于它们不善飞翔；因为南风潮湿而沉重。所以猎人们要待南风起时方去捕捉它们。然而天气晴和时它们也不怎么飞翔，这是由于其身体笨重之故；因为它们躯体庞大，所以飞行中时时鸣叫，表明它们飞得很吃力。当它们从海外飞抵时没有领飞者，然而当它们离去时，“长舌鸟”会与之相伴，还有“鹑母”、耳鸮与花秧鸡；花秧鸡在夜间担当了它们的召唤者；猎人们听见它的声音便知道鹌鹑们就要离去了。“鹑母”在外形上近似于泽鸟，而“长舌鸟”有一条能伸出相当远的舌头。耳鸮与猫头鹰（鸮）相像，在耳部旁边生有羽簇，有些人称之为夜乌。这是一种诡诈和爱模仿的鸟，在它模仿捕鸟者而起舞时，另一位捕鸟者可趁机从后面上来捉住它；用同样的办法也能捉住猫头鹰（鸮）。

总的说来，一切生有钩爪者均为短颈、扁舌且喜模仿。印度鸟即鹦鹉被说成是赋有人舌；而且它们喝了酒后会变得更加恣纵。

群飞的鸟类中有鹤、天鹅、鹈鹕与小鹅。

【13】 鱼类中间，有一些如前所述从远海游向近岸或
598a 自近岸游入远海，以躲避过度的寒冷或炎热。近岸的鱼类较远海鱼类味佳，因为它们享有更丰足和更优良的食料；因为，在太阳照射的地方植物生长得更丰茂和更优良，例如在园畦中。而且黑泥（藻）生在靠近陆地的地方，而其他地方的泥（藻）类似于荒原中的野泥（藻）。此外，近岸的海域冷与热恰到好处地得到了调和，因此这一类鱼的肌肉生得更为紧密，而远洋鱼类的肉质多水而松弛。

近岸的鱼类有合齿鱼、黑鲷、海鲈、金鲷、灰鲱鲵、红鲱鲵、濑鱼、龙鳍、鲭、鰕虎以及所有种类的岩鱼。远海鱼类有刺魟、软骨鱼类、白海鳗、khanna、红鱼、glaukos 等。但是赤鲷、黑海鳗、鳗鲡与魴鮄可以兼算两种鱼类。这些鱼类还会因地区而出现差异，例如在克里特周围的鰕虎与各种岩鱼全都长得十分肥胖。而金枪鱼于大角星升起后重又趋于肥美，因为到了那个季节它们不再罹受寄生虫之困扰，在夏季里正是由于这个缘故它们的身体情况才很差。

在海上湖泊内生活着许多种鱼，如 salpai 鱼、金雕、红鲱鲵以及差不多是大多数种类的其他鱼。鲣也出现在这里，

比如说在阿落伯科内索斯周围；而在贝斯通尼斯湖内也有着数种鱼类。

大多数花鲭均不游入滂沱海，而在普罗滂提斯过夏并产卵，冬天则在爱琴海中度过。金枪鱼、pelamus 及鲣于春季里游入滂沱并在此度过夏天，大致上大多数的群集及聚生鱼类亦是如此。大多数鱼类都是聚生的，而聚生鱼类有着自己的头领。

所有游入滂沱海的鱼类既是为了食物（因为淡水使得食料更充足和更优良），又是因为这里凶猛的大鱼相对要少些。 598b
因为除了海豚和鼠海豚外此中别无大鱼，而这海豚尚属小鱼；但是一出滂沱海立刻就会遭遇巨大的鱼类。它们游入滂沱既为了食物也为了产卵。因为那里是适于产卵的好地方，而且淡水或偏甜的水哺育了新生的胚鱼。当它们产完卵而新生幼鱼已有所增长后，它们于昴星没去①后随即游出滂沱。假若冬风为南风，它们就游得较慢，若换了北风，由于风儿相送它们游得就快多了。这时候在拜占庭附近捕到的幼鱼尚且很小，说明它们在滂沱海中过活的时间还不算长。其他鱼类游出及游进时都是清楚可见的，唯有 trikhiai 只在游进时捕得到，而在游出时未被看见过。事实上，若在拜占庭周围捕得那么一尾，渔人们便会细细清察捕网，因为游出的这种鱼颇不寻常。其原因在于，它们是唯一溯游入伊斯特河的鱼

① 或解作“升起”。

类，随后又在其分叉处顺游入亚得里亚海。一个证明是，相反的事情发生了：它们在游入亚得里亚时捕不到，而在游出时却捕得到。

金枪鱼游入滂沱海时总是靠右侧海岸而行，游出时却靠着左岸；有的人说它们这样做是由于其右眼看得更清晰些，而它们天生视力就欠佳。

群聚鱼类在白日里行进，晚间若无月照它们就歇息和进食；但若是有了月光，它们就会继续行进。一些滨海的居民说它们一到了冬至便不再行进，停歇于它们正好滞留的任何地方，一直呆到春分时。

花鲭在游入黑海时常被捕获，而在游出时较少被捕获。它们于产卵前在普罗滂提斯海中时最为肥美。其他种群聚鱼类在游出滂沱时却要被捕获，而且这时候它们更极显肥美。鱼类游入时，于爱琴海①附近捕到的最为肥腴，而于更远处
599a 捕得的鱼总是要瘦一些。常常，当南风逆吹游出的花鲭及鲭鱼时，在拜占庭以下的捕鱼量比在其附近的要多。

鱼类迁游的方式即如上述。

陆地动物同样会经历蛰居，在冬天它们蛰居一穴，于较为暖和的季节又离之而出。但动物蛰居也是为了求庇于任何一端超常的季节。有些动物是整个种类蛰居，有些则是其中一些蛰居另一些却不。所有的介壳动物均作蛰居，例如海中

① 以“Aigaiou”代“aigialou（海岸）”。

的那些，即紫骨螺、法螺以及任一这样的种类。但在能自由活动的动物中蛰居现象更为彰著（因为它们隐藏自身，如海扇，也有一些于表面覆有一厣，如陆蜗），而在那些不能自由活动的动物中这种变化就不那么明显了。其蛰居并不在同一个季节，而是蜗类在冬天，紫骨螺与法螺在天狼星升起约 30 天左右的期间，海扇大约也在同一时间。它们中大多数均是既在极度寒冷的时候又在极度炎热的天气里转入蛰居。

【14】　虫类几乎全都要蛰居，但不包括同人类一起生活于居宅中的某种虫类和活不满一年即死去的虫类。虫类于冬季蛰居。一些蛰居很多天，一些只在最寒冷的日子里，例如蜜蜂；这种动物也是要蛰居的。一个证明是，没有一只蜜蜂出来食用为它们而陈放的食物；而且假如它们中有那么一只爬出来了，它显得几近透明，腹内显然没有任何东西。自昴星沉降直至春季蜜蜂一直静息着。

动物蛰居时藏身于暖和的地方或它们平常习惯于去其中躺卧的地方。

【15】　有血动物中有许多也作蛰居，例如被有角质棱甲的各种动物，即蛇、蜥蜴、壁虎、河鳄等，它们于隆冬中蛰居 4 个月时间，不吃任何东西。其他种类的蛇蛰伏于地 599b
下，而蝮蛇却于岩石下面隐藏其身。

许多种鱼类也作蛰居，最明显的要数冬季里的马尾鱼与鸦鱼；这两种鱼在任何地方都捕不到，除非总是在某一固定不变的特定时节，在其余的时间里它们几乎一无例外地蛰居起来了。鳗鲡、海鲈与渔鳗也要蛰居。岩鱼雌雄相伴、成双成对地游去蛰居，就像去产仔一样；例如濑鱼、“黖鸟”与鲈鱼。

金枪鱼在冬季里潜藏于深水中，蛰藏之后它们变得极其肥腴，其捕捞季节自昴星上升时开始最多延续到大角星沉降为止，其余的时间里它们静静地蛰居着。然而它们中的一些连同其他种蛰居的鱼类也可能于蛰居期内被捕上来，这是由于逢上其蛰居处太暖和或异乎寻常的好天气时它们游动了；因为它们离开了其蛰居略作浮游以觅食；在月盈时分它们也会这样做。

大多数鱼类都是在蛰居期间最为肥美。

primadial（雏金枪鱼）藏身于泥土中；其证明是捕不到它们了。而它们再出现时满背是泥并且鳍也擦伤了。但在前曾提及的那一时节它们开始活动并朝陆岸游去，同时交配和生殖，被捕捞上来时满怀着卵。这时候被认为是正当季节，而到了秋天及冬天它们的形质就较差了；在这同一时期里，雄鱼体内可见充满了生殖液。当其体内所含的卵尚小时不大容易捕到它们，然而一旦这卵进一步增大后，就能大量地捕获，这是由于它们染上了寄生虫。有些鱼隐藏于沙中，有些藏于泥中，仅把嘴露在外面。

大多数鱼类在冬季里确要蛰居，但软壳类动物与鱼类中的岩鱼、魟以及软骨鱼只在最寒冷的日子里蛰藏；这可由在天气寒冷时捕不到它们而表明。有一些鱼也在夏季里蛰伏，如格劳科斯；这种鱼在夏季大约蛰伏 60 天左右。“驴”鮈（鳕鱼）与金鲷也会蛰居，“驴”鮈的捕捞期要间断很长一 600a
段时间，似乎说明它们要蛰伏很长一段时间。鱼类于夏季亦作蛰伏可从这一事实得到说明，即捕鱼集中在众星辰升降期间，尤其是在天狼星升降期间；因为在这些期间大海汹涌翻腾。这种现象在博斯波罗斯看得更分明：泥泛上了水面而鱼又飘在上面。人们还说当拖刮海底时用同一张网打第二网时常常比头一网捞到的鱼要多。而且在秋季，历经巨大的暴雨后，许多先前完全未曾为人见过或者不常为人看见的动物纷纷露面了。

【16】 很多种鸟也会蛰居，而不是像有些人所认为的那样仅有少数鸟类蛰居或者鸟类都远飞至暖和的地区。事实上，有些鸟类如鸢与燕之常久居留的地方即离上述一类地区不远，它们于是移趋那里；另一些鸟类离这类地区较远，它们便不作迁徙，而是就地藏身。曾经发现许多只燕羽毛殆无地躲在庇穴中，而且初次露面时鸢也会从这种地方飞出来。在蛰居方面具有钩爪的鸟类与直爪的鸟类没有任何差别，因为蛰居的鸟类中有鹳、黖鸟、鸠鸽与百灵；而且在这方面鸠鸽是一切鸟类中最得到公认的，因为可以说无人敢声称他在

冬天里于某某地方看见过一只鸠鸽。它开始蛰居时十分肥腴，尽管于蛰居期内褪羽，它依然保持丰满。某些林鸽也蛰藏，另一些不作蛰藏，而与燕子一同飞离。鸫与椋鸟也作蛰居，而在钩爪鸟类中鸢及猫头鹰只蛰居少许天数。

【17】 胎生四足动物中，豪猪与熊均作蛰居。野熊之蛰居是一个明显的事实，然而这是由于寒冷还是由于别的什么原因尚在争论之中。因为这时候其雄性与雌性都变得极其肥胖，因而行动甚不方便。雌熊还在这时节生产，并一直蛰
600b 伏到领出幼熊的季节到来；它在春季里即约于冬至后的第三个月这样做。熊至少蛰伏 40 天左右，而其中有两个 7 天期间据说它们完全不动，但于此后的大多数日子里它们虽仍蛰居但活动着和醒着。有孕的熊要么绝不可能要么极少数时候可以捕得。在这期间它显然不吃任何东西，因为它们既不外出，而且在被捕获时可见其肠胃空空。据说由于全不进食，熊肠差不多拢成了一团，因此当它刚刚出来要嚼吃一些白星海芋以开解其肠。睡鼠也蛰藏于树木间，并在那时变得极其肥硕；还有滂沱白鼠。

有一些蛰居的动物要蜕去那所谓的“老龄”，此乃最外面的一层皮，以及环裹正在成长的动物的囊套。在陆生的胎生动物中，熊蛰居的原因尚在争论之中，这正如先前所述。而在被有角棱的动物中几乎大多数均作蛰居，其中凡是为软皮而无龟那样的甲壳者均要蜕去其“老龄”，比如说壁虎、

蜥蜴以及尤是如此的所有蛇类；因为它们于春季露面时蜕皮一次，到了秋季还要再蜕一次。蝮蛇也于春季与秋季蜕去其“老龄”，而不像有些人所讲的那样为蛇类中唯一不蜕皮的一种。蛇开始蜕皮时，据说首先始于眼部，因而在那些不明白这种现象的人看来它们似乎变成了盲眼；这之后蜕出头部，它处处都显露白色。它差不多花一夜和一天来蜕去整张“老龄”，自头部开始一直蜕到尾部。蜕皮之后里面的皮成了外皮，因为这就像婴儿蜕去其胞衣一样。 601a

虫类中凡是蜕皮者均以同一方式蜕去其老皮，例如蟑螂(负盘)、“盾甲虫”①和那些具有鞘翅的虫类，如粪甲虫。所有这些虫类都于发育完成后蜕皮；因为恰如胎生动物的胞衣那样，蚴生动物的壳套也会归于散裂，蜜蜂与蚱蜢也同样如此。蝉出壳后歇坐于油橄榄树或芦苇上。壳套裂开后它们从中钻出，留下少许湿液于内，之后不长时间便振飞而鸣唱。

海洋动物中，小龙虾与龙虾有时在春季有时又在秋季产卵后蜕壳。曾经捕到过一些胸部一带尚软的小龙虾，这是由于其硬壳蜕落了，而其下段依然坚硬，因为还没有蜕到这里；因为它们蜕壳的方式不同于蛇类。小龙虾大约要蛰伏 5 个月。蟹也蜕去其老壳，人们公认软壳蟹类会蜕壳，而且据说硬壳蟹类亦会如此，比如说“祖母”蟹。当它们蜕壳时，其甲壳变得极软，这蟹几乎不大能够爬行了。这一类动物蜕

① aspis，或作 empis（蚊蚋）。

壳不止一次，它们屡屡如此。

凡是蛰居的动物，它们于什么时间以什么方式进行，以及哪些种动物在哪些时间蜕去其老皮（壳），我们已经阐述清楚了。

【18】 动物繁盛的季节并非全部相同，而且在所有超常的气候条件下它们也不是同样地繁盛；再者，健康与病变也随季节在不同种类的动物中表现出不同来，而且总体状况也并非于所有动物均相同。

鸟类得益于干旱的天气，无论是对于其各方面的健康还是对于其分娩而言，至少不只是林鸽如此，而鱼类除却少许一些种类外，都喜欢湿泞的天气。相反的天气对于各自都是不利的，如多雨的年度对于鸟类（因为饮水过多对于它们完全是不利的），对于鱼类则是干旱的天气。如前所述，具有钩爪的鸟类总的来说绝不饮水（但赫西俄德不知道这一点；
601b 因为他在描述围攻尼诺城之役的诗中讲到的那只用来占卜军情的鹫竟会饮水）。其他鸟类则饮水，但所饮亦不多；同样，其他任何一种具有海绵状肺部的卵生动物亦是如此。鸟类之身体不适可由其羽毛显示出来，因为它很凌乱，不像健康时那样排列整齐。

【19】 如上所述，大多数的鱼类在多雨的年度更为兴茂，因为那时候它们不仅有了更丰足的食料，而且雨天总的

来说对它们是有利的，恰如对从地中长出的植物有利一样；因为园畦中的蔬菜虽经浇灌，但还是霖雨过后生得更加茁壮。同一现象亦见于生长于沼泽中的芦苇，若非雨来它们可说就毫无增长。一个证明是大多数鱼类均要迁游入滂沱海度夏，因为众多的河流使得那里的水更为清甜，而且顺河流下的食物也十分丰富。此外，许多种鱼类甚至上游至江河，并于江河及池沼中繁旺起来，例如鲣与灰鲱鲵。鰕虎也在江河中变肥；而且总的说来池沼众多的地区鱼类也极其鲜肥。至于雨本身，夏天的阵雨对于大多数鱼类最为有益；当春季、夏季与秋季降雨时对于鱼类有益，而在冬季则以晴天为宜。归总起来，可以说凡是于人类适宜的天气对于大多数鱼类也就是有益的。

在寒冷的地方鱼类不会兴盛。那些最难熬过冬天者乃是于头部中有石块的鱼类，如石首鱼、鲈鱼、黄花鱼与赤鲷；因为由于这石块它们为严寒所冻僵，于是被冲上岸滩。

尽管大多数鱼类都更觉有益，灰鲱鲵、头鱼以及有些人称为 murinos① 的那种鱼却正好相反。因为它们中大多数很 602a
快就会因阵雨而致盲，如果这雨过于猛烈的话。头鱼于严冬中往往更容易遭受此疾，它们的眼珠泛白，这时捕上来的头鱼甚为纤瘦，而且最终它们会彻底被毁灭。不过看起来它们遭受此疾并非更多地由于过猛的雨水，而是更多地由于严

① 570a33 作 marinos。

寒；反正在其他许多地方，尤其是在阿尔盖亚地区劳普利亚周围的浅滩中，曾于严寒天气下捞获了大量的盲鱼，还捕着了大量眼睛泛白的鱼。金鲷也苦于过冬，猛鲈则苦于度夏，它们会趋于消瘦。而有异于其他诸种鱼类，鸦鱼可以说更得益于干旱之年，而且对它们有益的是旱期里更容易出现的炎热。

地域因素对于各种鱼类之繁盛有促进作用，凡是天生的近岸鱼类或远洋鱼类在其各自的地域都能繁盛，而那些兼处两种地域的鱼类在两处都能繁盛。也有一些地区专对个别鱼类有利，它们在此才能繁盛。简单说来海藻茂盛的地方对鱼类是有益的，反正，可以四处寻食的鱼类中在这样一类地方捕得的更见肥硕。因为食海藻的鱼类有了丰足的食料，而食肉的鱼类在这里可以碰上更多的鱼儿。北风与南风也能造成差异，因为体长的鱼类于北风中更能繁盛，在夏季，北风吹拂时在同一地点捕得的长型鱼类比身体宽扁的鱼类更多。

金枪鱼与剑鱼于天狼星升起之际染上一种寄生虫病，即是说这时节两者都于鳍旁生着一种小小的绰号为“虻”的蚴虫，形如蝎而大小同于蜘蛛；它们造成如此大的痛苦，以至于剑鱼跃出水面，有时竟与海豚跃得一样高，因而它们常常跌落到了船上。金枪鱼是鱼类中最喜暖和者，它们为了趋暖而游向近岸沙滩，因为在那里能暖和起来，并且它们可以漂
602b 游于水面上。

各种小细鱼中，身体微小者由于不起眼得以存活下来，

因为大鱼们追逐的是那些较大的鱼类。然而这些小鱼的卵还是有许多由于炎热而毁亡了；因为炎热所到之处的任何东西都将为其毁灭。

捕鱼最主要地在日出之前及日落之后进行，笼统说来是在日落及日出光景。人们把这时打的网称为及时网，因而渔人们要在这时候起网。其原因在于，在这种时候鱼的视力最模糊不清；于是它们在夜间静息不动，而在光线增强后它们就能看得清楚些了。

尚未见过鱼类染上任何一种流行的瘟病，如像常常袭击人类及胎生四足动物中的马与牛以及其他某些驯养野生动物的瘟病。不过人们认为鱼类确实会生病，渔人们是这样来推断的：在捕捞上来的众多肥腴的同一种鱼中，间有一些瘦薄的、形貌憔弱并且已经改变了颜色的鱼。

关于海洋鱼类就讲以上这些。

【20】 江河及湖泽中的鱼类亦不发生任何流行瘟病，但其中一些鱼会罹患为其所特有的疾病，例如鲇鱼在天狼星上升之际由于贴近水面游动就特别容易发生“星暑”，并会因炸雷而致麻木。这种事情有时也会发生在鲤鱼身上，只不过程度要轻微一些。鲇鱼在淡水中遭“龙蛇”袭击时亦会毁亡。balliros 与 tiloon 约在天狼星上升时身上会滋生一种蠕虫，使得它们容易浮上水面并趋于衰弱；而浮上水面后它们又因酷热而毁亡。khalkis 受到一种凶猛的疾病袭击，它的

鳃下产生出大量的虱虫，从而毁掉了它。这样一种疾病绝不见发生于其他任何一种鱼类中。

毛蕊大戟可以杀死鱼类，因此其他地方的人在江河及湖
603a 泊中放入毛蕊大戟以药鱼而捕之，腓尼基人甚至用此法来捕海中的鱼。

有些人也用另外两种办法来捕鱼。由于鱼类在冬季里要逃离江河中的深水处（因为河水总是冰凉的）人们便挖一条从干地通向河流的沟堑，然后用苇草和石头搭顶，做成一窟穴状，有一开口引河水入内；于是在霜冻天气人们用一陷笼捕捉从此处流出的鱼类。另一个办法是冬夏皆可一样运用，人们用枝条与石块在河流中间筑成一道堤坝，留有一处豁口并于此处装上陷笼，移去陷笼周围的石块后就能捉住鱼了。

其他种类的介壳动物均受益于多雨之年，紫骨螺却属例外。一个证明是，把它们放到河水出流处时，它们尝过淡水后将在同一天内死去。紫骨螺被捞上来后可存活 50 天左右。它们可以相互提供食料，因为其壳上长着类似于某种海藻或海苔的东西。投给它们的食物据说只是为了让其称起来更重一些。

然而干旱对于其他种类的介壳动物却是不利的，因为那将使它们变得更小和更差，那时的海扇更容易变成红色。在普拉海峡海扇一度绝迹了，其原因不仅在于渔人们用来拖捞它们的工具，而且在于干旱的天气。其他介壳类动物受益于雨年是由于海水因而变得较甜了。然而由于寒冷它们不见于滂沱海中，而在江河中也不过仅有零星的双瓣壳贝；在隆寒

的天气里单瓣壳贝极容易冻死。

关于水生动物就讲以上这些。

【21】 在四足动物中，猪患的疾病有三种，其一名为气管病，发病时主要是颌间及气管部位发炎。但是此病亦可于身体的任一部位发作，它常常攫住了足部，有时也发生于 603b
耳内。相邻的部位也会迅即归于溃烂，它会一直蔓延至肺部；那时猪就要死了。此病进展甚速，一旦这症状开始出现，哪怕很轻微，猪立刻就不吃任何东西。当这病尚处于毫微状态觉察出来时，养猪人懂得此外再无他法的一种疗法，即对整个部位施行割除。另有两种猪病，均叫做“克尧罗斯”症。其中一种表现为头部疼痛和沉重，大多数猪患的都是这种病；另一种为腹泻。后一种被认为是无法治疗的，但前一种可以通过置酒于其鼻前以及以酒灌洗其鼻孔而得到缓解。然而这种病症亦难以摆脱，因为它三四天内即可置猪于死地。夏季果实丰硕猪儿格外肥壮时气管病最容易发作，缓解的办法是喂之以桑葚，或置入大量的热水洗沐，或针刺其舌下部位。

肌肉囊膪的猪常于腿部、颈部及肩部生出丘疹，丘疹在这些部位极其大量地繁生。假如丘疹为数不多，猪肉就较甜；倘若十分众多，猪肉就变得含水过多和乏味①。那些生

① 或作“松弛”。

着丘疹的猪可以清楚看出来，因为它们不仅于舌下生有丘疹，而且若是从脊背拔出一根毛来将会有血冒出来；再就是生有疹病的猪后脚不能保持不动。尚在哺乳期的猪不会染上丘疹。喂以粗小麦可以除丘疹，这也可以用来作饲料。最有助于催肥及营养的饲料是山藜豆和无花果，但是总体上不宜饲以单纯的一种食料，而应做到多样化。因为它们像其他动物一样喜欢变换口味；与此同时，人们说有的食物有助于其体内形成风动，有的有助于长肉，有的有助于上膘，然而唯独橡实虽为猪所喜食，却使其肉质趋于水囊；而且倘若它们于孕期吃得太多，就会像绵羊一样流产；绵羊由于橡实而遭 604a 受流产是更为显著的事实。猪是我们知道的唯一一种会患丘疹的动物。

【22】 狗患的病症有三种；它们名为狂犬病、扼窒与脚疽。其中，狂犬病使犬疯狂，而且当狂犬病在除人以外的所有被这狗咬过的动物身上发作时，均将置其于死地；这种病亦会使狗毙命。扼窒也能使狗丧生；而仅有少数的狗能于脚疽症中幸存下来。狂犬病还会袭击骆驼。不过大象据说能够免患其他诸般疾病，但会蒙受体内胀气之苦。

【23】 牛群易患两种疾病，一种称做脚疽，另一种称做“克尧罗斯”。患脚疽时其足肿胀，但是它们既不会丧命，亦不会掉蹄；若是在它们的角上涂以热的松脂就能使其好

转。牛染上克尧罗斯病时，其呼吸变得烫热而急促；在人类中称为发烧的病症，在牛类中就称为克尧罗斯。这种病的症状是耳朵下垂和无心进食。它们很快就死掉了，而剖开后可见其肺部糜烂了。

【24】 牧养的马不会患除脚疽外的其他各种病症，但它们会患这种病，而且有时会掉蹄。不过一旦掉蹄它们随即就会长出新蹄来；因为旧蹄脱落的同时于下面生长着的新蹄也长出来了。这种病的症状是：右侧睾丸痉挛，或者鼻孔稍下的中间位置有所塌陷或皱缩。

厩养的马却会患多种多样的疾病。它们会染上“埃勒奥斯”病，这种病的症状是它们尽力将后腿向前腿挪近，近到它们相互碰挤到了一起。倘若这马数天不进食随后又转趋疯 604b
狂，放血或阉割能使其缓解。这动物还会受破伤风的折磨，其症状是所有血管绷紧，头部及颈部僵直，而且向前行走时马腿也直直地僵挺着。马还会发生溃疡病。它们还会遭受另一种病苦，这被称为大麦滞食症。其症状是腭盖发软，气息烫热。此症别无治疗途径，除非是自行解消。

还有所谓的“聋菲亚”症，其发作是在有人吹奏风笛时这马为之迷慑，垂目而听；此时若乘骑之，它会飞身狂奔直到快撞到人为止；这中间它的目光一直下垂着，哪怕是在极其疯狂的时候。此症的一个标志是马的耳朵朝项鬃后扬，然后又前竖，再停下来，连连呼气。

下列病症也无法可治：心脏疼痛（其症状是肋间疼痛），膀胱移位（其症状是不能排尿，马蹄与马臀上抽）。还有马吞下葡萄甲虫后引发的病症，这种甲虫与 sphondule① 大小相当。为鼩鼱所咬伤也是危险的，对于其他驮重动物亦然，这将引起疤疮。假如这鼩鼱咬动物时正值孕期，其咬伤就更具危险性；因为那样生的疤疮将会迸裂，不然是不会迸裂的。为一些人称做 khalkis——另一些人称为 zignis——所咬伤将会造成死亡或剧烈的疼痛；它形如小蜥蜴，其颜色则与盲蛇相近。总的来说，有经验的人讲马与绵羊所患病症差不多与人类所患病症一样多。马及一切驮重动物均会丧生于一种名为雄黄的药物，但是化入水中并滤过后可以喂给动物。有孕的雌马嗅到行将燃尽的灯油味时就会流产；这种事情也会发生在孕妇的身上。

有关马类所患的各种疾病即如上述。

如前所述，所谓的“马疯”长在马驹身上，而母马在遍舔及清理马驹时便咬下了它；但是关于它的传说更有可能是那些从事巫药的妇女们编造出来的。得到公认的是母马于产驹前先要排出那所谓的 polion②。

马听到嘶声即能辨知自己偶曾与之厮斗过的马匹。马类喜欢草地与沼泽，因为它们要喝泥浊的水，倘若水清它们就

① 参见 542a10。

② 环裹马驹的胎膜。

入蹄翻搅，饮过之后再于其中浴洗。因为总的说来这动物爱浴洗且也爱水，因此河马的自然禀性即是这样构成的。然而牛类却与马相反，因为除非这水清洁、冰凉且未混入杂物，否则它们便不肯就饮。

【25】 驴最主要地患一种被人们称为“麦利斯”① 的疾病。它首先于头部一带开始发作，有既稠又红的黏液从鼻孔流出。假若这病下延到了肺部就会夺去其生命；但初期于头部一带发作时却不是致命的。这种动物最缺乏耐寒能力；所以在滂沱海沿岸及斯居泰地区见不到驴类。

【26】 大象患有肠胃胀气病；从而它们不能够排泄液质残余物或腹内的残余物。它们若是吃下了土就会疲软乏力，除非是连续地吃；而若是连续吃土，就一点事儿也没有。有时候它们也会吞下石头。它们也会染上腹泻，治疗时人们给它们热水喝，或者将其饲料浸入蜂蜜给它们吃，这两种办法均能奏效。当它们由于不得躺眠而衰竭时，用盐、橄榄油及热水擦揉其肩部即可使其康复。它们肩疼时饲以烤猪肉将促其缓解。有的象可以喝橄榄油，有的却不喝；而要是 605b
其体内碰巧有一块铁，喝些橄榄油即可将其排出，这是通常的说法；对于那些不肯喝油的大象，人们便把煮植根的

① melis。

酒[①]兑入油中喂它们。

关于四足动物就讲以上这些。

【27】 虫类中，大多数均于其出生的那一季节迅速繁衍；这时候正值一年之中的春季，湿润而温暖。

于蜜蜂而言，有些滋生于蜜蜂群中的生物会对蜂巢造成损害，一种是小蛴螬，它们结网并损害蜂巢（它叫做kleros，而有些人称之为puraustes；它于蜂巢内生出一种与自己肖似的形如小蜘蛛的生物，并在蜂群中引发疾病），另一种生物形如那些环绕灯火飞舞的蛾，这生物在巢内生出某种满身绒毛的虫子，而且它不会遭蜂螫，只有受到烟熏时才会窜出。蠋也会产生于蜂巢内〔人们称之为“凿虫”〕，蜜蜂不会防备它们。树木上的花朵发霉时，蜜蜂最容易生病，再就是在干旱的年份里。

所有虫类若遭涂抹油脂均会死亡；而若是有人涂油于其头部并将它们置入日光之中，它们会死得快上加快。

【28】 总而言之，动物随所在地区而表现出差异。因为正如在某些地区有的动物绝对不出现，在另一些地区它们虽然出现了其体型却偏小、寿命偏短而且不会繁旺。有时候这样一类的差异也会发生于相毗邻的地区，例如在米勒西亚

① 此处文字各种抄本多有不同。

邻近的地方，蝉出现于一个地区却不出现于另一个地区，而在刻法勒尼亚有一条河流，以此划界一侧有蝉而另一侧无蝉。再及，在波尔多舍勒尼有一条道路，以此划界一侧有鼬而另一侧没有。再及，在波奥提亚的奥尔柯梅诺一带鼹鼠大量出现，然而在其毗邻的勒巴第亚地区却无鼹鼠，并且若是 606a
有人把它们捉过去它们也不肯就地掘洞。在伊莎加，若是有人把野兔带到这里放掉，它们就不能够存活，而将陈尸于海滨，面向它们由之上岸的方向。在西西里，骑兵蚁（“马”蚁）不见出现，而在居勒尼先前也没有鸣蛙。在整个利比亚既无野猪亦无鹿及野山羊。在印度，据克特西亚那不足为凭的记述，既没有驯养的猪也无野生的猪，而有血的动物及一切蛰居的动物均长得十分庞大。在滂沱海中没有软体动物也没有介壳类动物，除非是在极少数的地方，但在红海中介壳动物全都生得超常地大。在叙利亚，绵羊的尾巴有一肘尺宽，而山羊的耳朵有一指及一掌长，而且有些山羊的双耳合垂至地；再就是牛像骆驼一样于肩上面生有丘峰。再如在基利基亚①，山羊像其他地区的绵羊一样可剪羊毛。而在利比亚，有角公羊一生下来就具角形，不仅如荷马史诗所说雄羊有角，而且其他动物也长角。在滂沱的斯居泰一带的情况正好相反，这些动物全都无角。在埃及，尽管其他动物均比在希腊的动物生得大，如牛与绵羊，却也有一些生得较小，如

① Kilikia，或作 Lukia。

狼、驴、野兔、狐狸、渡乌与鹰；还有一些生得差不多大小，如鸦及山羊。人们把原因归于食物，即对于一些动物那
606b 里的食料取之不尽，对另一些动物如狼及鹰食物却少得可怜；对肉食性动物来说食料亦短缺，因为那里的小鸟十分稀少；而野兔及不食肉的各种动物同样缺食料，因为各种干果及水果的时季均不长。在许多地方，气候也是（引起差异的）一个原因，例如伊尔努里亚及色雷斯与埃比罗斯的驴都生得很小，而在斯居泰及刻尔提克（高卢）地区根本就没有驴；因为这类动物甚难耐寒。在阿拉伯，蜥蜴之长超过了一肘尺，而且那里的众多鼠类比平常的田鼠还要大，其前腿有一指距长，后腿有第一指关节那么长。在利比亚，蛇这种动物长得令人惊骇，恰如人们的记述；曾有某些人讲到，一次他们驶近那一带时看见了许多牛骨，这分明告诉他们是蛇吞食了这些牛；因为当他们正欲起航时众蛇飞也似的来追他们的三层桨船，掀翻了这船，把他们中的一些人抛入海中。再者，欧罗巴的狮较多，但这只是指欧罗巴之阿契落斯与莱索之间的地区；豹却出现于亚细亚而不出现于欧罗巴。总的来说，生于亚细亚的野生动物更为悍野，但一切生于欧罗巴的野生动物均更加勇猛，而生于利比亚的野生动物在形态上更为多种多样；确有那么一条谚语，即利比亚总是带来新东西。因为由于缺少雨水，各种各样的动物似乎都汇集并杂配于有水的地方，即便是不同种的动物，而且，那些妊娠期相同以及其身体大小彼此相差不远的动物就会进行繁生；求饮

的需要使得各种动物于彼此间变得温和起来。并且与其他地方的动物相反，它们在冬季比在夏季更渴求饮水，这是由于夏季里通常几无降水，它们也就不大习惯于喝水了。比如鼠类喝了水竟会丧命。其他地方的动物也会由不同种的动物杂 607a
交而衍生，如在居勒尼，狼与狗杂交并生殖，由狐狸与狗生出拉科尼亚犬。据说印度犬出自于虎和狗，但不是直接的后代而是出自于第三代杂交；因为生出的第一代据说仍呈兽形。人们把母狗带至荒凉的地方并拴起来；许多狗都被吞食了，除非那野兽正好欲求交配。

【29】 地域也会造成习性上的差异，例如崎岖的山地就会造成不同于松软的平原所造成的结果；在前一类地方动物看上去更加悍野和凶猛，比如说阿索斯山上的那些猪；因为即使是它们中的雌性也能抵挡住低地的雄猪。

而且以野兽的咬伤而论，各地间也有着极大的差异，如在法罗斯一带及其他某些地方的蝎并无危险性，而在别的一些地方及斯居泰①的蝎又多又大，并且极具危险性，它们螫杀其叮咬的人或兽类，甚至包括对其他动物的叮咬最没什么感应的猪，它们还更多地螫杀黑猪；被螫咬后若是进入水中猪就极其容易死亡。蛇咬也有很大的差异。在利比亚有一种小毒蛇，人们用这种蛇来制作腐药，而在其他方面它的效

① 或作“卡里亚”。

力也是无可解治的。无独有偶，在“色尔菲昂”丛生的地方也有一种小蛇，据说对于其毒的解药是一种石头，取自于古代君王的陵墓并要浸入用来喝的酒中。在意大利的某些地区，壁虎的咬伤也是致命的。然而所有之中最为危险的还是为恰好咬食过另一毒物的有毒动物所咬伤，比如咬过毒蝎的蝮蛇。但对其中大多数种咬伤来说，人类的唾液具有抵御作用。有一种很小的蛇，有人称之为“圣蛇”，就连非常巨大的蛇也会躲着它；它充其量长到一肘尺长，外观上毛茸茸的；不管咬着了何种动物，伤口周围立刻就会腐烂。在印度也有一种小蛇，唯独对于它人们没有解药。

607b **【30】** 于妊娠期间，动物健康状况的好或坏也互有差异。介壳类动物，如海扇及一切牡蛎类，与软壳类动物均于妊娠期间体质最良好，小龙虾即是一例。于介壳类动物中也可见到妊娠现象；可是软壳类动物中既可见交配又可见生产，介壳类动物中则全然不见。而且软体动物也是以妊娠时形质最佳，比如 teuthides、乌贼与章鱼。鱼类几乎全部都是于妊娠开始时形质甚佳，然而随着妊娠的推移，有的依然良好有的则不然。小鳁有孕时甚佳，其雌性的形状更为浑圆，雄性则更长更扁；可是于雌鱼开始妊娠时雄鱼的颜色转黑而且出现斑块，简直不堪食用；在这种时节人们将其称为“山羊”。

名为“kattuphos”及“kikhla”的鱼类及真虾类的颜色会

随季节而改变，如同某些鸟类一样；即是说，在春季它们变黑，春季结束之后它们重又变白。黑鰕虎也会改变颜色；因为尽管它在其他时节为白色，在春季里却呈杂色；据说这是唯一一种营巢的海鱼，而且它们于巢内生殖。如前所述，小鲾也变色，还有 smaris；在夏季它们由较白转变回来，变为黑色；这一变化于鳍及鳃部最为显著。鸦鱼亦是妊娠时最佳，这与小鲾无异。但是灰鲱鲵、鲈鱼与各种被鳞的鱼于妊娠期间情况几乎全都很差。有少数的鱼类无论妊娠与否均无差别，如格劳科斯。老鱼的形质亦不佳，金枪鱼老了时即使加以腌渍也很不好；因为其肌肉大多衰消掉了。同一情形也发生于其他种类的鱼中。鱼的年老会从其大小及鳞甲的坚硬度上表明出来。曾经捕得一条老金枪鱼，重达 15 塔兰特，其尾巴全长 5 肘尺且有一掌宽。

江河及湖泽中的鱼类于其排释胚卵或生殖液后恢复过来 608a
达到最佳的状态。有一些于妊娠中甚佳，如 saperdis，而另一些则较差，如鲇鱼。其他一切鱼类均是雄鱼较雌鱼更丰肥，然而鲇鱼却是雌鱼较雄鱼更丰肥。海鳝中被人们称为雌鱼者亦更丰肥；可是它们并非如人们所称的那样为雌鱼，其实在外观上就有差别。

第 九 卷

【1】 动物中那些较为暗昧和寿命较短者的性情在感觉上给我们的印象较不明朗，但那些寿命较长者就能造成更为明朗的印象。因为它们在灵魂属性的各个方面具备了几分自然的能力，如在智谋与愚蠢、勇敢与怯懦方面，在温和与凶厉以及其他诸如此类的品性方面。某些动物同时还拥有了几分学习及教导的能力，有的是在彼此之间，有的则有赖于人类，这指的是那些享有听觉的动物——不只是那些能听见声音的动物，还有那些能够感知各种表记间的差异的动物。

在一切有雌雄之分的动物种类中，自然树立了几乎是同样地有异于雄性性情的雌性性情。不过最为明显的还是在人类与具备了一定大小的动物及胎生四足动物中间。因为雌性的性情更为柔软，更易于被驯服，更愿意接受抚摸，学习的能力也更强，例如拉科尼亚犬中的雌犬就比雄犬更聪明。摩洛细亚种的犬于狩猎方面与其他种类的犬并无任何差异，然而于随牧方面却优于其他品种，那是凭借了其身体大小及面对野兽时的勇敢。出自这两种犬的杂种犬，即出自生长于摩洛细亚的犬和生长于拉科尼亚的犬勇敢而又勤劳。

一切雌性动物均比雄性缺少生命激情，熊与豹属于例外；这两种动物中雌性被认为更加富于勇气。而其他种类的动物中雌性更为柔顺，更为邪恶，更不单纯，更易冲动，更用心于子嗣的抚养，与之相反，雄性动物更富于生命激情，608b 更悍野，更单纯和更少心计。所有动物可以说都有这些性情的迹象，但于那些更完备地具有性情的动物中尤其是于人类中表现得更明显；这是因为人类的自然本性最为完备，所以在他们中这些品性更为显著。因而，妇女比男子更有同情心，更容易掉泪，此外还更易嫉妒和怨尤，更爱吵骂和争斗。女性比男性较为缺乏激情，较易沮丧，较不知耻和较易撒谎，巧于欺诈和长于记忆；此外女性更为清醒，更为畏葸，而且总的来说女性比男性更懒于活动，其进食亦较少。而如前所述，雄性动物比雌性更乐于提供帮助，更加勇敢；即使在软体动物中，当乌贼为三齿鱼叉中时，雄性会过来帮助被叉中的雌性，然而雌性却会撇下被叉中的雄性径自逃开。

那些居于同一地区并且赖同样的东西为生的动物彼此之间会进行争斗。因为它们的食物若是匮乏，即便是同种的动物也会相互交战；据说生活于同一区域的海豹也会进行争斗，雄性与雄性斗，雌性与雌性斗，直至一只咬杀或逐走另一只为止；而且幼豹也都会依样而行。此外，所有动物均与肉食动物相斗，而这类动物亦与其他动物相斗，因为它们以动物为食。由此占卜者来卜知相离与合聚，以争斗者为相离，以彼此和睦者为合聚。但若是食物十分丰足，可以设想当今那些令人恐惧的、悍野的动物将会变得驯良起来，无论对于人类还是它们彼此之间。在埃及对动物的照管可以表明这一点：由于享有食物而不致陷于穷顿，即便是最为悍野的动物也彼此相生；由于得到了惠顾它们变得温驯起来，例如
609a 在一些地方，鳄鱼这种动物由于食物的照料就对祭司们甚为温顺。在其他地方也可见到同样的事情发生，以及间或在其中的地区。

鹫与龙蛇相斗；因为鹫以蛇类为食。还有“猎户”蜂与毒蜘蛛；因为“猎户”蜂捕食毒蜘蛛。在鸟类中，poikilis、百灵、拾蠹鸟与 khloreus 相互争斗，因为它们相互残食对方的卵。乌鸦与猫头鹰亦然，因为由于猫头鹰在白天看不分明，乌鸦便趁午间偷食其卵，而到了夜间猫头鹰又来偷食鸦卵，一者在白天占上风而另一者在夜间占上风。猫头鹰与 orkhilos 相斗，因为后者也残食猫头鹰的卵。在白天，其他一些小鸟也围着猫头鹰扑翅而飞，人们称之为“追慕”，它们飞近这鸟并拽拔之；因而捕鸟者以这种鸟为诱饵来捕各种各样的小鸟。

所谓的“长老”鸟与鼬鼠及乌鸦相斗，因为它们侵食其卵及幼雏。鸠鸽与 puralis 亦然，因为它们觅食的处所和生活习性彼此相同。还有绿啄木鸟与 libuos。鸢与渡乌亦然；仗着钩爪及飞行敏捷的优势，鸢窃取渡乌拥有的任何东西，

因而食料造成了它们之间的仇争。此外，依赖海洋为生的动物也相互争斗，例如 brenthos、鸥与 harpe。还有雕、蟾蜍与蛇，因为雕捕食后两者。还有鸠鸽与 khlooreus，因为 khlooreus 啄杀鸠鸽；而乌鸦啄杀所谓的“鼓手”鸟。aigolios 及其他一些生有钩爪的鸟类捕食 kalaris，因而它们相互争斗。壁虎与蜘蛛亦相斗，因为壁虎吞食蜘蛛。马① 与鹭亦相仇，因为它嚼食鹭的卵及幼雏。aigithos 与驴亦相仇，因为驴路过时在刺丛上擦痒，这样做的时候，再加上时而的嘶叫，就颠出了鸟卵及其幼雏——因为雏鸟是在惊恐中出生的；由于这种伤害这鸟便与它相斗，叮啄它的痒痛处。狼与 609b
驴、公牛及狐狸相斗；因为作为肉食动物，它袭击牛、驴及狐狸。狐狸由于同一原因又与鹞相斗，因为鹞作为生有钩爪的肉食动物袭击它并通过击打给它造成伤痛。乌鸦与公牛及驴相斗，因为它飞上去扑击它们，啄它们的眼睛。鹫与鹭亦相斗，因为生有钩爪的鹫袭击后者，后者则抵抗至死。鸿隼与 aigupioos 相斗，而 kreks 与 eleoos、鸭乙鸟及金莺相斗——照有些人的传说后一种鸟产生于一场葬火；因为 kreks 伤害它们及它们的幼嗣。五十雀和鹪鹩与鹫相斗；因为五十雀弄碎鹫卵，由于这一缘故和由于其肉食性鹫遂与周围的所有鸟交战。“花”鸟与马相斗，其原因是马将这鸟逐出其所在的牧场；因为“花”鸟以草为食，其眼睛上覆有白膜因而看不

① 或作“啄木鸟”。

分明，它模仿马的声音，飞上去恐吓马；马遂驱逐这鸟，而一旦捉住了便将其杀死。“花”鸟生活于江河侧畔及湖泽地带，它有着美丽的颜色，生活得十分愉悦。驴与壁虎敌斗，因为后者在它的食槽中眠卧，钻入其鼻孔阻碍其进食。

鹭有三种，它们是灰鹭、白鹭与所谓的星鹭。其中灰鹭于尽责孵育及性配方面颇显艰难；据说它们在交配时呻鸣并且从眼中滴出血来；它生育的情况也很差，且甚为痛苦。它与那些伤害它的动物相斗，与鹰斗（它攫猎它），与狐狸斗（它在夜间毁害它），与云雀斗（它偷窃它产的卵）。蛇与鼬鼠及猪相斗，当与鼬鼠同处屋内时便与之相斗，因为它们赖同样的东西为生；而猪要吃蛇。鸢隼与狐相斗；它扑击和抓扯后者，杀死其幼雏；因为它生有钩爪。但是渡鸦与狐狸相互友善，因为渡鸦与鸢隼为敌；故而当狐狸遭受扑击时它就
610a 飞来援助。aigupioos 与鸢隼亦于彼此之间相搏击；因为二者均属钩爪鸟类。aigupioos 还与鹫交战。天鹅也与鹫相斗，而且天鹅常常得胜；天鹅亦属自相残食最凶猛的鸟类。

有一些野生动物时时刻刻都处于自相敌对的状态，另一些则跟人类相仿，仅仅是偶尔如此。驴与红雀相斗；因为红雀生息于刺丛间，而驴却嚼食荆棘的嫩枝。“花”鸟、红雀与 aigithos 为敌；据说 aigithos 的血与“花”鸟的血不能混融。但乌鸦与鹭友善，还有 skhoinion 与百灵、laedos 与绿啄木鸟；因为绿啄木鸟生活于河边及丛林间，laedos 生活于山岩间并且眷恋其居住的地方。pipheks、harpe 与鸢相友

善，狐与蛇亦然（因为二者均生活于地下），还有罴鸟与鸠鸽。狮与胡狼互相争斗，因为作为肉食动物，它们赖同样的东西为生。

大象自相争斗时也甚为激烈，它们用自己的獠牙打击对方。斗败的象乖乖地被奴化了，不敢违抗胜利者的声音。众象之间于勇气方面确有殊异。印度人像用雄象一样将雌象用于战争，不过雌象体型自然有逊并且远远不够激昂。象以巨大的獠牙撞击墙垣，将其推倒；它以前额撞击棕榈树，直至将其撞倒为止，然后再以脚践踏，把树踏平在地上。猎捕大象的方法如下：人们骑着某些驯服的、勇敢的象去追猎，一旦困住了某头大象他们便使唤那些驯象去殴打，直至那头大象精疲力竭为止；这时骑象人再跃上其背，以刺棒进行教导。这之后很快就可以使之驯服和遵从指令。骑象人在背上时，它们全都很温驯，而他一旦下来后有的象仍然温驯，有的则不然；但人们用绳索拴住野性发作者的前腿以使其安静下来。狩猎的目标既可以是已经长得很大的象也可以是那些幼仔。

在野生动物中，友善还是敌斗乃是缘于其食料及生活方式的结果。

【2】 在鱼类中，有些群聚的鱼类相互友善，而另一些 610b
不群聚的鱼类相互敌斗。有些鱼类于妊娠期间聚集到一起，另一些则是在产卵之后。总的说来，下列鱼类为群聚鱼类：

金枪鱼、小鲾、鲉虎、books、"蜥蜴"（鲭）、鸦鱼、合齿鱼、红鲱鲤、sphlainas、anthiai、eleginoi、银汉鱼、sarginoi、管针鱼、鱿鱼、虹鲅、pelamudes、鲭及花鲭。其中某些鱼不仅群聚而且还双双成对；其余的鱼全都成对伴游，仅于某些特定的时节聚集成群，如前所述，那是在妊娠期间，也有一些是在产卵之后。鲈鱼与灰鲱鲵尽管极其敌对，某些时节它们也会相互聚游在一起；因为群聚常常不仅限于同种的鱼类，而且包括其食料相同或相近的那些鱼类，假若食料丰足的话。灰鲱鲵与海鳗失掉秽物排泄口以下的尾部时常常也活着。灰鲱鲵的尾部是被鲈鱼咬掉的，海鳗的尾部则是被鳗鲡咬去的。这里的战斗由较强者向较弱者发起；因为较强者吞食后者。关于海洋动物就讲这么一些。

【3】 正如先前所述，动物的性情于怯懦、温和、勇敢、驯顺、机智及无知等方面有异。绵羊及山羊的性情说来就是愚直和蠢笨；在所有的四足动物中它们最为不济，它们会毫无目的地漫游入荒野之地，而且常常在寒冷的天气里从居所内走出；当它们遭遇降雪时，只要牧羊人不来驱动，它们就不思挪离，而是滞留下来等死，除非牧羊人引来公羊；这时候它们才尾随而行。若是有人拽住一只雌山羊的胡须尖（它像头发一样），其他的雌羊会像呆了似的站着，直盯着它看。

睡在绵羊中比睡在山羊中更冷；因为山羊刍嚼更勤而且

更喜趋近人身。然而山羊不如绵羊耐寒。牧羊人教群羊听到某一声响时汇集到一起，因为若是一只羊遭到了雷击却不与群羊汇集，在它正好有孕的情况下就会流产。因此屋内若是 611a
有什么声响，它们出于习惯就会聚到一起。

公牛离开牛群四处晃悠时亦会为野兽所咬杀。

绵羊与山羊按同种关系分别躺卧在一起。当太阳转得较快的时候，牧羊人说山羊将不再面对面地躺卧，而会翻转身体相互背离。

【4】 牛群亦按习熟了的同伴聚在一起放牧，假如有一只走入了歧途，其他的牛就会跟上；因此牧牛人若是没有发现走失了的某一只，很快他就得寻找整个牛群了。

同牧在马群中，当一匹牝马死去时，在一起的其他母马就会代为哺驹。而且总的来看，马这种动物似乎天生就富于慈爱之情。一个证明是：不育的母马常常会偷走母亲的幼驹，并加以照料，然而由于无奶这些幼驹会死去。

【5】 在野生的四足动物中，牝鹿被认为具有不可低估的机智，它不仅傍近道路生娩（因为由于有人野兽们便不敢迫近），而且分娩后它首先会吞下胞衣。它还会先跑去寻找“舍舍利”草，嚼食之后再回去哺幼。此外，它带领幼鹿至其居穴，让它们熟悉当可用来避难的所在；这是一处陡峭的山岩，仅有一条通道，据说牝鹿就把守在这里抵御一切来

敌。再者，雄鹿长得肥胖时（它于果实成熟的季节长得极其肥胖）不在任何地方露面，而是躲藏起来，因为肥胖使得它们很容易被擒获。它们蜕角也在艰险和难于被发觉的地方，由此有了那条谚语：“牝鹿蜕角的地方”；似乎是蜕去其武器后它们要躲避周围的目光。据说没有人看见过鹿蜕下的左角，因为这动物把它藏了起来，当作拥有了某种良药。

牡鹿于第一年并不长角，只不过生有某种芽点作为标记；这芽点短小而毛茸。到了第二年它们才初次长出直直的角，如挂钉一般；因此人们把这时候的角称为“钉角”。在第三年鹿角长出分叉，而在第四年鹿角长得粗糙起来；并以
611b 这种方式持续递增至第六年。自此以后鹿角总是保持同样数目上长，因而人们不再能够凭角来判别其年龄；但是主要可以凭两种标记来识别老鹿；它们的牙齿要么全然无存，要么仅存少许；再就是它们不再生长其“御尖”。御尖指的是长出的鹿角上向前翘弯的尖端，它们以此来进行抵御；老鹿没有了这些御尖，它们的角直直地向上长。鹿年年蜕换其角；换角约在萨尔格利翁月前后进行。蜕换之后它们在白天里把自己藏起来，这在前面已经讲过了。它们藏身于浓密的灌木丛中，避开了飞蝇。在这期间它们到夜里才出来觅食，一直待到新角长出来为止。新角起初如像长于一层皮中，而且变得毛茸起来；待其长大了时，鹿就置身于阳光中，以使鹿角茁长和变干。当它们以角擦树不再觉痛时，就到了离开这些地方的时候，因为拥有了用以防御的武器它们感到踏实了。

曾有一只阿凯奈鹿被捉住时其角上长着许多青绿的常青藤，表明这藤是于鹿角尚嫩时植入的，就像植入绿木一样。牝鹿为毒蜘蛛或诸如此类的某种毒物所咬伤时，它们会采集一些蟹来吃下；这东西成汁时饮下似乎对人类也有益，然而它让人甚难下咽。雌鹿产仔后立即吃掉胞衣，人们无法得到这东西；因为在胞衣落地之前它们就抢去了；这东西被认为是一种药材。狩猎时，吹奏管乐或歌唱可以捉住鹿，这种快乐致使它们怡然卧地。两名猎人一者在明地里歌唱或吹奏，另一者则待到前者发出时机信号时从背后蹿出。假如鹿的耳朵正好竖立着，其听觉就很敏锐，不会漏过什么动静；而鹿耳若是正好耷垂着，它就会听不见动静。

【6】 熊在逃跑时把它们的熊仔推在前面，将熊仔衔起并带走。当被追上时它们就跃上树去。从蛰居处走出时，如前所述，它们首先要嚼吃一些白星海芋，还要嚼一些树枝， 612a
就像是在磨牙。

其他许多种类的四足动物亦会通过机智的做法来自助其身，一个事实是人们说克里特岛的野山羊在遭箭创时会去寻找白藓；这东西被认为能够逼出嵌入身体中的箭簇。狗类感到疼痛时会吃下某种草以引起呕吐。豹吃了被称为“豹毒”的一种药后会搜寻人的粪便，因为这对它们有帮助。这种药亦能毒杀狮子。所以猎人们将装于容器中的粪便悬挂在某一树上，这样一来这野兽就不会蹿至远处；因为豹向那东西跳着，最终毙命于能够得到它的希望中。人们还说豹悟出了野生动物们喜欢它的气息，便隐藏其身以伺猎，即是说等待这些动物渐渐走近；以这种方式甚至可以抓住鹿。

埃及猫鼬（“猎户”）看见名叫角蝰的小毒蛇时，在召来其他伙伴相帮之前它不会先行出击；为防范打击与啮咬——它们先给自己贴上一层泥；即是说它们首先浸泡入水中，如此再到泥土中打滚。

鳄鱼张大嘴时，鳄鱼鸟（trokhiloi）遂飞了进去，清洁鳄鱼的牙齿；一方面它们得以饱食，另一方面鳄鱼觉得受了益，于是不忍加害；而当它想它们飞出去时便摇动其颈，以免把它们咬在了齿间。

乌龟吃下了蝮蛇后就去吃薄荷；这种现象为人看见过。曾经有一个人看到一只龟数次做这种事情，它每吃一次薄荷后又回去吃蝮蛇，于是他拔掉了那薄荷；这样做的结果是乌龟死去了。鼬鼠斗蛇时要吃下一些芸香；因为它的气味对蛇不利。龙蛇吃果实时要吸饮一些苦苣汁；有人看见过它们这样做。狗类体内有虫时就去吃挺立着的青黍。鹳和其他一些鸟类于战斗中受伤时，就在伤处敷贴上薄荷。

很多人都看见过蝗虫竟也在斗蛇时紧紧咬住蛇的颈项。
612b 鼬鼠似乎也能运用机智来对付鸟类，因为它撕咬鸟的咽喉，就像狼对羊群所做的一样。它竭尽全力地跟捕鼠蛇战斗，因为它也捕食同一种动物。

关于刺猬的感觉，在许多地方都有过这样的观察；当北风与南风交替时，居于地中的刺猬会变动其洞穴的开口，而居于房屋内的刺猬会朝向墙壁（来回）改变其居所，因而在拜占庭据说有一个人通过留意刺猬的这些行径来预言天气，获得了相当的名声。

貂的大小约同于米利太昂狗的小型种，其茸厚的皮毛、外观、白色的下腹及其邪恶的品性均与鼬相像。它能变得极其驯服，但会损坏蜂巢；因为它爱吃蜜。它也捕食鸟类，像猫一样。如前所述，它的生殖器官是骨质的，而且雄貂的生殖器官被认为是治疗尿淋沥痛症的药物；人们将其研成粉末供给病人。

【7】 总的来看，在其他诸种动物的生活中可以看到许多人类生活的仿照，而且在体型较小的动物中与在较大的动物中相比，一个人更有可能看到其精微的心智；首先以鸟类为例，譬如燕之筑巢。因为在将草与泥相混时，它保持了同一种顺序。它将泥与草茎相混合；若是短了泥，它就弄湿自己的羽毛去泥中打滚。此外，其营建活动如像人类，首先把硬实之物铺垫于底部，而且把巢造得大小与自身相适合。于哺雏方面，雌雄二鸟通力合作，它们给每一雏燕分份，老练地看着它们各得一份，从而不让谁得到双份。初时由它们扔出粪秽，但待到雏燕长得大些了时它们就教其扭转身体，将粪秽排出巢外。

鸽类为这样一番研究提供了另外一些素材。它们不肯多

相配对，也不肯草草地抛弃其伴侣，除非变成了鳏寡之鸟。生娩期间，雄鸽对雌鸽的照料及对其痛苦之分担令人十分诧
613a 异；倘若雌鸽由于生娩而难以进巢，雄鸽会碰击她，迫其进巢。雏鸽诞生后，雄鸽会用心于适宜的食物，它嚼碎这食物，拨开雏鸟的嘴后将食物塞入，从而做好了使其受食的准备。当它即将把雏鸟赶出巢外时，雄鸽要逐一对（雌）雏行配。大多数情况下，这种鸟以上述方式彼此忠实，不过在有些时候已有雄偶的某些雌鸟也会与别的雄鸟通配。它们是一种好斗的动物，相互吵吵闹闹，侵入彼此的巢穴，当然不算频繁；尽管它们远离在外时不大容易争吵，然而在巢穴近旁时却会殊死相斗。普通鸽、林鸽与鸠鸽似乎有一特殊之处，即饮水时只要尚未饮足它们就不会抬头。鸠鸽与环鸽只从于同一雄偶，不委身于其他雄鸟；抱孵则是雄鸟与雌鸟共同承担。除了借助其内部器官外，不大容易把雄鸟与雌鸟区分开。环鸽可活很长时间，因为 25 岁与 30 岁的环鸽均为人见过，有的甚至还活到了 40 岁。年岁渐长时它们的脚爪也随之增长，但养鸽人会予以剪修。它们再不见有其他任何显著的衰老特征。被养鸽人弄瞎了以作饵鸟的鸠鸽与普通鸽可活 8 年。鹧鸪大约可活 15 年左右。林鸽与鸠鸽总是在同一些地方建巢。总的来看，雄鸟比雌鸟寿命更长，然而在这些鸟类中，有些人说雄鸟比雌鸟更加早亡，这是凭房屋周遭用来作饵鸟的那些鸟来推断的。还有一些人说麻雀仅活一年，他们以此为证：在春天它们胡须一带的黑斑立即就不见了，

但随后又见有了，这说明先前有黑斑者无一存活了下来。他们还说雌麻雀活得更长，因为它们夹在幼雀中被捕获，而从其喙周围所生的坚硬部分可辨别出其年龄。在夏季，鸠鸽栖 613b
息于凉爽的地方，〔在冬季它们又栖于暖和的地方，〕而碛鹨夏季居于暖处，冬季居于凉处。

【8】 身躯笨重的鸟类不会为自己造巢（因为作为不善飞翔者造巢对它们并无好处），例如鹌鹑、鹧鸪以及诸如此类的其他鸟类；然而它们在平地里的灰土中扒出一处凹窟（因为它们不在任何其他地方产卵），随后再以刺禾与树枝掩盖以防鹰与鹫，它们在这里产卵与抱孵。此后，一俟雏鸟孵出，它们立即将其领出，这是由于它们不能够利用飞行为其供给食物。鹌鹑与鹧鸪像家鸡一样于休息时把雏儿拢蔽在自己身下。它们不在同一地方产卵及抱孵，以免在一个地方蹲太长时间时被发现了。倘逢有人偶然见着了其巢穴并去捕捉它们时，雌鹧鸪会在捕鸟人前面颠行，俨然是唾手可及的样子，它把这人引近，装出自己马上就要受擒了的姿态，直到其雏儿一个个地逃散；这之后它才振翅高飞，重新召回众雏。鹧鸪产卵不少于10只，常常是16只。如前所述，这种鸟性情邪恶而且诡诈。在春季，经过鸣唤和争斗，它们由集群中分散出来，双双成对，每一雄鸟都得到了一个雌偶。由于生性淫荡，雄鸟为了不让雌鸟孵卵，就把鸟卵满地乱滚并弄得烂碎——假如它们找到了的话。而雌鸟进行对抗的措施

是跑到远处去产卵，而且常常由于生娩的迫切需求它将卵丢在碰巧到达的任意一处，若是雄鸟迫近了的话，为了保存众卵，它有意不走近它们。如果它被看见了，那么恰像为雏鸟所做的一样，雌鸟会引雄鸟远离其卵，在它脚前表演，直到 614a 将其引远。当雌鸟跑远了去孵卵时，雄鸟们吵成一团，斗成一团，人们把这些鸟称为“鳏鸟”。斗败了的鸟顺从斗胜者，只让后者踏骑在身上。若是一只鸟再为第二只或随便什么鸟征服，这鸟就偷偷地让征服者踏骑在身上。这种事情并非时时发生，而是限于一年中的某一季节；在鹌鹑中也同样如此。有时候在家养公鸡中也会发生这种事情；因为在寺庙中，它们被送到这儿作为献祭，全无母鸡相伴，于是它们全都踏骑新送来的公鸡——合情合理的。在鹧鸪中，驯养的雄鹧鸪踏骑野生的雄鹧鸪，折磨和虐待它。野鹧鸪的头领发出对敌作战的号叫向用以诱捕的鹧鸪冲去。这鸟被捉在网中后，另一只野鹧鸪又发出同一种敌对的号叫冲上去。假如用以诱捕的饵鸟是一只雄鸟，它们就会这样做；假如是一只雌鸟用作诱捕并作鸣唤，那么当野鸟头领向其对冲过去时，其他雄鸟就会将这头领团团围住，击打它并把它赶离那雌鸟，因为它撇下了它们去接近雌鸟。鉴此，它常常悄不出声地趋近，以使其他鸟听不见它的声音，自己就不会遭受围攻。据一些有经验的人讲，在接近时有时候雄鸟会强迫这雌鸟不作声，以免其他雄鸟听见后自己被迫与之战斗。鹧鸪不仅鸣唤还会发出尖利的叫声及其他一些声音。常常，正在孵卵的雌鸟察觉到雄鸟正在趋近那用作捕饵的雌鸟时，便会站起身来，呆在原地发出鸣唤，以使雄鸟前来觅配遂而远离那捕饵。鹧鸪与鹌鹑于性配方面如此兴奋难耐，以致它们飞身扑落诱捕者（饵鸟）身上，常常是坐在了后者的头上。关于鹧鸪在性配和猎捕方面以及关于其性情上的其他狡诈之处就有上述一些情况。如前所述，它们在地面上做巢，如此者既有鹌鹑与鹧鸪，也有其他某些善飞的鸟类。此外，这类鸟中的云雀（百灵），山鹬及鹌鹑不蹲坐于树上而蹲在地面上。

【9】 啄木鸟不蹲坐地上。它啄击树木以搜寻蛆虫及树蠹，将它们迫出。它用舌头舔取爬出来的虫蠹，它的舌头生 614b
得又宽又大。它能以一切姿势在树上敏捷地行走，甚至是头部朝下，就和壁虎一样。爬树时它的脚爪天生就比鸦爪抓得更稳当，行进时它把这爪嵌挖入树皮。啄木鸟中有一个品种比鶺鸟要小，生有小小的红记，次一品种大于鶺鸟，其中第三个品种则比家养母鸡小不了多少。它建巢于树上，这在前面已经讲过了，建在油橄榄树及其他树上。它以蚁类和树中爬出的蛆虫为食。人们说它们在觅捕蛆虫时啄空了树木，其程度严重到致使树木因而折断。曾有那么一只正在被驯养的啄木鸟，把一只杏插入一块木头的缝隙中，这样安稳后啄起来这杏就能固定不动，于是在第三次啄击时它啄开了杏，再吃其中柔软的部分。

【10】　鹤类中间似乎也有许多机智的情况。它们迁翔很长的路程，并且飞入高空以眺望远方，如果它们看见了云块及恶劣天气便飘然而降，就地歇息。此外，它们有一名头领，还有于队伍尾端号唳以使众鸟都能听见其声音的一些发令鸟。当它们憩坐时，其他鸟将头掩于翅下安然入眠，轮换着以一只脚着地而立，而头领鸟的头却不加遮掩地注视前方，一旦觉察到某种情况，它就长唳为号。

鹈鹕出现于江河边，它们可吞下光坦的大贻贝；在胃的前部闷和一阵后再将其呕出，以便趁贝壳张开时叨出其肉以食之。

【11】　野生鸟类的居巢造型与其生活方式及雏鸟的安全需求相适应。其中有一些是爱幼的生亲，悉心照料其雏儿，另一些则相反，还有一些为了生存而精于计巧，另一些则缺少计谋。有一些野鸟将居巢建造于深谷间，另一些建于
615a 石罅及山岩间，例如所谓的石鸻；石鸻的颜色与声音均很差，它们出现于夜间，在白天却不知跑到什么地方去了。鹰亦在陡峭的地方筑巢。尽管属肉食性，它却不吃捉得的任何鸟类的心脏；有些人在鹌鹑与鸫的身体上发现过这一现象，别的一些人在别的一些鸟身上也发现过。此外于猎捕方面，它们还会变换方式；它们在夏天就不以同样的方式捕获猎物。至于兀鹰，某些人说谁也没有看见过它们的幼雏或巢

穴；事实上，智者布吕松的父亲希罗多罗斯说这鸟来自于另外某处高原，他既以上述这点为证，又举证于它们突然间大批地出现，而谁也不明白它们是从哪里来的。不过这一现象的原因实际在于它们生育于人迹难至的山岩；而且这种鸟并不驻留于许多的地区。它产卵一只，或者至多产下两只。有些鸟类安居于山间或林区，如戴胜和 brinthos[1]；后一种鸟生活得很自在，有一副好歌喉。鹪鹩生栖于丛林及洞穴中，它很难被捉住，善于逃脱，其性情文弱；但它生活得很自在且技巧娴熟。它被叫做“长老”或“王”；人们说鹫因此要来同它交战。

【12】 有一些鸟类栖息于海滨，例如 kinklos。kinklos 性情狡诈而且难于被捕获，但是一旦捉住了它们又无比驯顺。它不巧有残疾，因为它不能够控制好身体的后部。

所有的蹼足鸟类均生活于海洋、江河及湖泽滨畔；因为自然本身就择宜而行。许多分趾的鸟类亦生活于水滨及沼泽，例如河边的“花”鸟，其颜色美丽，生活得愉悦自在。瀑鸥生活于海边，当它将身体扎入深水中时，它呆的时间不短于一个人走完一普勒斯隆[2]远所花的时间；这种鸟比鹰要小一些。天鹅亦属蹼足鸟类，它们也生栖于湖池及沼泽一

① 或作 brenthos。

② plethron。

带；它们生活得很自在，性情优雅，爱护其幼雏，寿命亦不
615b 短；假如鹫前来寻衅，它们就予以还击并取胜，但是它们自己不会挑起争端。它们歌喉婉转，尤其会在生命行将终结之际引颈而唱；因为它们甚至会高飞入汪洋，曾有一些沿经利比亚航行的人在海上遇见了大量的天鹅，它们以哀婉的声音鸣唱着，其中一些被看见死去了。

kumindis 极少出现（因为它居住于深山）。它呈黑色，大小同于所谓的捕鸽鹰，外观上长而纤细。kumindis 是伊奥尼亚人给它的一个名称；它正是荷马在《伊利亚特》中提及的那鸟，诗云：

众神给它的名字是 khalkis，
凡人却称之为 kumindis。①

hubris——某些人说它与 ptunks 是同一种鸟——这种鸟不在白日里出现，因为它视力欠佳，然而到了夜间会像鹫一样寻猎；而且，它们会同鹫作剧烈的搏斗，竟至于两者常常被牧人活捉了。它产卵 2 只，这种鸟亦在山岩及洞穴间营巢。鹤类彼此之间亦会发生战斗，激烈到正斗着便为人捉住了的程度，因为它们都不肯罢休。鹤类亦产 2 只卵。

【13】 椋鸟的声音极富变化（因为它可以说是每天换一种声调）；它大约产 9 只卵，以毛发和绒絮在树上造巢，

① 荷马：《伊利亚特》，XIV，291。

当橡实趋于稀落时，它们会择僻处储存一些。

至于鹳类，它们反过来受哺于其子女是一个广为流传的掌故；而有些人说蜂虎亦会做同样的事情，并且它们反受子女哺喂不只限于老时，而是一待到子女能够授哺时就立即开始，父亲与母亲都呆在巢内。从外观上看，这种鸟的羽毛下半端呈黄色，其上半端呈翠鸟一样的深蓝色，其翼尖则呈红色。它在浆果临近成熟的时节产卵 6 至 7 只，在松软的悬壁上；它掘入土中 4 肘尺深。

绿莺得名于其腹下部位淡黄的颜色，其大小略等于百灵，它产卵 4 到 5 只，用连根拔起的紫草造巢，并以毛发及 616a 绒絮铺垫于下。kattuphos 与椫鸟也会做同样的事情，亦用上述材料装备巢的内部。悬巢山雀的巢造得也颇见技巧，这巢团拢得像一只麻制的球，有一小小的入口。

“肉桂”鸟据从那些地区来的人们讲确实存在，他们说这里所谓的肉桂乃是这种鸟从某处带来的，它以此来建巢。其巢建于高树新发的嫩枝上；而附近的居民们在箭簇上安上铅块以射下它们的巢穴，从而在这残片中收集肉桂。

【14】 翠鸟比一只麻雀大不了多少。其颜色间有深蓝、绿色与浅紫色；其整个身体、翅膀和颈部均以上述颜色相混杂，而不是每种颜色各自分开；其喙部呈绿色，既长又窄。它的外形就是这样，其巢则像“海球”即所谓的“海泡”，仅于颜色上有异；其巢带红色，形状近似于一只生有长颈的

胡瓜。巢的大小比最大的海绵还要大，因为它们既有较大的亦有较小的。巢上有顶盖，实的部分与空的部分都很宽阔。即使用一把锋利的刀子也难以迅速将其切开，不过若是于切割的同时以手捣压，这巢很快就会像“海泡”一样裂开。其开口甚窄，刚好接纳一条小小的通道，因而即使海水翻覆也不会进水。空的部分近似于海绵中相应的部分。这巢究竟是以何种材料组建起来的令人迷惑不解，看起来最有可能是以管针鱼的刺骨做成的；因为这鸟食鱼为生。它也会溯飞至江河。它最多产 5 只卵。它终生可以生育，其开始则在 4 个月时。

【15】 戴胜建巢最主要地取材于人类的粪便。其外观
616b 于夏季和冬季会作变换，这与其他大多数野生鸟类无异。据人们讲，小山雀产卵极多。然而有些人说所谓的黑顶雀产卵最多，仅次于利比亚麻雀；曾发现其产卵达 17 只，而它无疑能产 20 只以上的卵。据人们说它产卵的数目总是奇数。这种鸟亦于树上建巢，并且以蛆虫为食。这种鸟以及夜莺较之于其他种鸟类的一个特别之处是它们未生舌尖。aigiothos 生活得自在而且子嗣众多，但它们是跛脚的。金莺善于学习，亦巧于谋生，然而它飞行能力很差，其颜色也丑陋。

【16】 苇莺能和其他任何一种鸟类一样自在地过活，在夏天栖息于当风的阴凉地方，在冬天则栖身于阳和的地方及沼泽周围的苇丛里。其大小偏短，其声音甚为动听。所谓

的叽喳鸟也有一副好嗓音，其色泽美丽，巧于谋生，外形也很优雅。它被认为是一种外域鸟类；因为它极少在其居住的地域之外露面。

【17】 kreks（秧鸡）性喜喧吵，于机智方面它非常善于谋生，然而在其他方面它却是一只不幸的鸟儿。所谓的五十雀同样性喜喧吵，而于机智方面它灵巧而有条理，生活得十分从容。由于善知能解，它被人们称做“巫鸟”，它子嗣众多，而且对子女悉心尽责，这鸟啄木为生。aigolios 觅食于夜间，在白天则很少出现；这种鸟亦居住于山岩及洞穴间；因为它吃两种食物，而于机智方面它善于谋生并富于机巧。还有某一种名曰 kerthios（旋木鸟）的小鸟，其性情鲁莽，栖居于树木间，以虫蠹为食；至于机智方面，它十分善于生活，其声音清脆。红雀生活得很糟，其颜色亦不佳，但它的声音还算婉转。

【18】 如前所述，鹭中的灰鹭交配时甚显艰难；但它富于机巧，常载食物而归，四处搜寻猎物，它在白天里劳作；但它的颜色甚差，其胃也总是湿漉漉的。其余的两个品 617a
种（因为它们分三个品种）中，白鹭的颜色美丽而且交配起来并无伤损，它们在树上营巢并顺利地生殖，其寻食则在沼泽、湖泊、平原及草地。星鹭绰号为“怠鸟”，传说是由古时的奴隶变来的，与其绰号相称，它是其中最懒的一个品种。鹭的生活方式即如上述。所谓的phouks有一特殊于其

他诸种鸟的地方，即它特别爱吃其猎物的眼睛。它与 halpe 鸟相斗，因为后者也过着一种与之类似的生活。

【19】 kattuphos 有两个品种，有一种呈黑色且于各处出现，另一种通体白色，其大小与前者相等，声音也与前者近似；后一种见于阿尔卡第亚的库勒尼山，但不见于其他任何地方。与黑色 kattuphos 鸟相像的一种鸟是 baios①，而它于大小稍稍见逊；这种鸟栖息于山岩及屋顶，其喙生得不如 kattuphos 的红。

【20】 kikhla 有三个属类。其一为 iksaboros，它不吃槲寄生树的果实与树脂外的任何东西，其大小等同于樫鸟。另一属类为 trikhas，其发声尖利，其大小则同于 kattuphos。还有一类被有些人称做 ilias，是它们中体型最小者，色彩也不太斑杂。

【21】 有一种名叫“蓝鸟”的岩鸟；这种鸟在斯居罗最为常见，它于岩壁上消磨时日。其大小逊于 kattuphos，但比碛鹞稍大一些。它的足爪生得甚大，可攀爬于岩壁之上。它通体呈蓝色，其喙既狭又长，其腿甚短，与〔马〕② 的腿

---

① 或作 laios。
② 或作“啄木鸟”。

肖似。

【22】 金莺整个身体均呈黄色，这种鸟在冬季里是看不到的，最主要地是在夏至前后开始露面，并于大角星升起时离去，其大小同于鸠鸽。“软头”鸟老是蹲伏于同一地点，于是被人们就地擒获。从外观上看，其头部硕大且为软骨 617b 质，其大小则略微小于鸫鸟，其嘴锐利，小而且圆；其全身颜色为土灰色；其足捷而翅拙。人们最经常地利用猫头鹰来捕获它。

【23】 还有一种 pardalos 鸟。这种鸟通常情况下群集而生，看不见它们形单影孤的情景。其颜色全为灰色，其大小与上述的那些鸟相近；其足亦捷但翅却不拙；其声音饱满而不低沉。kollurioon 与黑乙鸟吃相同的食物；其大小亦不出前面提及的诸种鸟之右。在冬季最容易捕到它。所有这些鸟类都不是在所有季节均出现。此外还有那些习惯于长久地栖居于城镇的鸟类，如渡乌（大乌鸦）与乌鸦；它们于四时可见并且不更换其居所，亦不作蛰居。

【24】 穴乌有三个属类。一类为赤鸦，与乌鸦大小相当，其喙为赤色；另一类为所谓的狼鸦；再就是一种小鸦，叫做“嘲鸦”。此外还有另外一种穴乌，见于利比亚与弗吕吉亚一带，这是一种蹼足鸦。

【25】 百灵或云雀有两种。一种栖息于地面，生有冠顶。另一种属聚生鸟类，不像前一种那样散处独居；其颜色的确与前一种相仿，但其大小稍逊而且它不具冠顶；它为人类所捕食。

【26】 山鹬常陷落入果园中张设的捕网；其大小如同一只家养母鸡；喙长，颜色与雉鸪相仿。它奔跑迅速，对人类颇为友善。椋鸟身有色斑，其大小与鶌鸟相当。

【27】 埃及朱鹭分为两种，其中一种为白色而另一种为黑色。白的一种于埃及其他各地区均可见，唯独不在佩卢西昂出现；而黑的一种不出现于埃及的其他地区，却可见于佩卢西昂。

【28】 鸱鸺（小角鸮）之中，有一些于所有季节均可见到，被称为“常年鸱鸺”；由于不堪入食人们不捕食它们。
618a 另一些有时出现于秋季，最多只露面一两天；它们可食而且被视为美味佳肴。它们于其他方面与所谓的常年鸱鸺可以说毫无差异，仅于肥腴上不同。它们默不出声而前一种会鸣叫。关于它们的生成尚未观察到过除它们随西风出现以外的任何情况；这一点却是明白无误的。

【29】 如我们在别处所述，杜鹃不营巢而是在其他鸟类的巢中生殖，最经常地是在林鸽和在地上的 hupolaidos 与百灵的巢中，以及所谓绿莺在树上的巢中。它产卵一枚，自己却不抱孵，而是产在哪种鸟的巢中就由哪种鸟代为孵出并哺育，而且（据人们讲）当杜鹃的新雏长大了时，那母鸟竟会将自己的亲雏掷出巢外，就这样致使其夭折了。另一些人讲正在授哺的母鸟啄杀了其亲雏并用它们来喂食，因为杜鹃的新雏生得美丽致使这母鸟看不惯自己的亲雏了。上述说法中大多数都为作过亲身观察的人们所认可，然而关于母鸟之亲雏的死亡却并非众口一词，而是有的人说杜鹃自己悄悄来探视时吞食了巢主的雏鸟，有的人说由于杜鹃的新雏在大小上超出一截从而抢先夺走了放在面前的食物，于是乎别的雏鸟饥饿而死，还有的人说由于更为强健，这些新雏在一同受哺时啄杀了本巢的雏鸟。看来杜鹃的生衍途径颇具心机，因为由于它深知自身的怯弱和不能够提供呵护，因此它把自己的亲雏变成了好比是“抱去了的”似的，以保证它们的安全。因为这种鸟异乎寻常地怯弱：小鸟们啄拔其羽毛，它却赶紧逃离它们。

【30】 那些被某些人称为 kupselous（雨燕）的无足鸟类与燕相似，这在前面已经讲过了；除了它们的腿生得毛茸外，甚难将其与燕相区别。这些鸟在泥制成的长形隔室中巢

居，仅有一条刚好可供进入的通道。它们在岩石下及洞穴中
618b 的遮蔽处建巢，以躲避各种野兽及人类。

所谓的“山羊乳鸟”是一种山鸟，在大小上比黑乙鸟稍稍大一点，但比杜鹃要小。它产卵两只或至多产三只，其性情甚为迟缓。它飞到母山羊身上吸食乳汁，从而获得了这一名称。人们说山羊的乳头被吸食后将会干瘪，山羊亦会失明。这鸟白天视力欠佳，但夜里看得很清楚。

【31】 渡乌在一些狭小的地方及食料不足以供养更多只的地方，仅仅两只两只地出现；当它的雏鸟已经能够飞行时，它先是赶出它们，然后再把它们从居地逐走。渡乌产四五只卵。大约在麦迪奥斯的外籍兵被消灭于法尔萨罗的时候，渡乌离弃了它们在雅典和伯罗奔尼撒一带的居所，这表明它们相互之间有着某种感应。

【32】 鹫分很多种类。一种是所谓的白尾鹫，它出现于平原、丛林与城镇地区，有些人把它称做“猎麂鹫”。由于勇猛，它飞入山野及林原；其余种类的鹫则很少飞抵平原及丛林。另一种被称为 plangos，在大小与力量上居第二位。它栖居于山峦、空谷及湖泽，绰号“猎雁鹫”或“黝鹫”；荷马在普里阿姆远征记中提及过它①。另一种鹫呈黑色，大

① 荷马：《伊利亚特》，XXIV，316。

小上居于最末而强健为诸种鹫之冠；它栖居于山地及林间，
被称做“黑鹫”或“猎兔鹫”。这是唯一一种养大其子女并
领其出猎的鹫。它飞翔搏击迅捷，整齐有序，无所嫉妒亦无
所恐惧，好斗、沉静（因为它既不低吟亦不尖唳）。此外，
还有一种鹫，其翼褐暗，头白色，体型极大而羽毛极短，臀
部颀长，与兀鹰相仿；它被称为“山鹳”或“兀（鹰）
鹫”①。它栖居于丛林，身具与其他各种鹫相同的诸般坏处
却不具备其他各种鹫的任何一种好处；它为渡乌及其他鸟类 619a
所擒获或追逐；它体躯笨重，生活能力差，捡取死去的动
物，总在苦捱之中，不断地鸣叫着和低吟着。另有一种是所
谓的“海鹫”。它们的脖颈生得既大又粗，羽毛弯曲着，臀
部宽阔；它们栖居于海滨及尖岬处，抓住猎物时由于不能够
将其带起，它们常常会负重栽入深水中。此外，另有一个品
种，人称“本真鹫”。人们说这些鹫在包括其他诸种在内的
鸟类中是唯一保持了原真者；因为其他种鸟都会相互杂交或
通配，既包括鹫类也包括鹰及各种极小的鸟类。这是所有鹫
中体型最大的一种，大于 phene，比普通鹫大出一半，其颜
色为黄色。它很少露面，与所谓的 kumindis 一样。

鹫类劳作和飞翔的时间是从中午至傍晚，因为它从清晨一直蹲坐到集市熙攘时。鹫衰老时上喙渐渐长得更长，越来越弯曲，最终它们将死于饥饿。有那么一个神话讲它遭受这

① 或作“半鹫”。

一厄运是由于当它曾是一个人时错待了一位客人。它为了鹫雏把多余的食物储存起来，因为难以天天供以充足的食养，有时候它从外面返巢时仍是两爪空空。如果它们撞见有人在其巢穴附近探视，就会以翅扑击和以爪撕抓。它们的巢不建在平地而是建于高处，大多在陡峭的悬崖，不过也会是在树上。它们哺雏直至其会飞翔，那时它们就将其赶出巢外并且逐出这周围的整个地带。因为一对鹫要占很大一片地方，为此它们不允许别的鸟栖息于其附近。它们捕猎时并不在邻近其巢的地带，而要飞出相当远的距离。当出猎并抓获了猎物时，鹫把它放下而不是径直将它带走，掂了它的分量后便丢
619b 开它。鹫也不会径直逮住野兔，而要让它们向前奔入开阔的平地。之后它们也不径直俯冲下地，而是一点一点地由较高降至较低。它们采取这两种做法是为安全起见，以免中了埋伏。它停栖于高处是因为它从平地翔升时甚为缓慢。它翱翔高空是为了尽可能地俯瞰广阔的地区，因此人们说它是鸟类中唯一神圣者。一切生有钩爪的鸟类极少会蹲歇于岩石上，(这是由于此种坚硬对于其钩爪的曲处形成了妨碍。) 鹫捕捉野兔、麂、狐狸以及其余一应它能够制服的动物。它的寿命很长；这一点可从它的巢能在很长时间里保持原样得到表明。

【33】 在斯居泰有一种鸟不小于大鸨；这鸟产育两雏，它不自行抱孵而将它们藏置于野兔或狐狸的毛皮之下。当它不在猎捕时就在树梢上警戒着，倘若有人爬上来，它就与之

搏斗，像鹫那样以翅膀扑击。

【34】 猫头鹰、夜乌和其余一应白天看不清楚的鸟类都依靠夜间寻猎以供自身食料。但是它们并不整夜行猎，而是限于黄昏时分及黎明前后；它们捕捉鼠类、蜥蜴、甲虫以及诸如此类的其他小动物。

所谓的 phene 善待其子嗣，生活得很自在，常携食物而归，态度祥和，不仅抚养自己的子女还抚养鹫的子女。当鹫撵走其子女时，母 phene 就收留并哺养它们；因为鹫过早地撵走其子女，那时它们尚缺乏生活能力和不能够飞行。据认为鹫驱逐其子女乃是出于嫉妒，因为它生性嫉妒而贪饕，再加上敏于夺食。它夺食时要抓取大块，故而会对日渐长大的雏鹫心生嫉妒，因为它们变得相当能吃了。它以利爪撕扯它们。而雏鹫也会为位置与食物自相争斗。于是鹫驱逐和扑击它们，它们在被驱逐时发出哭叫，就在这样的情形下 phene 收留了它们。 620a

phene 的眼睛上覆有一层白膜，从而有了残障。然而（海）鹫视力敏锐，当其亲雏尚未长羽时便迫使其注视太阳，并击打那些不愿顺从者和扭转其朝向者；它啄杀它们眼里率先噙泪的那一只，抚养另外的一只。如前所述，它在海边度日，以猎食海边的各种鸟类为生。捕猎时它一次捉去一只，伺望着浮露出海面的海鸟。当浮上来的海鸟瞥见了海鹫时，遂于恐慌中再度下潜水中，以图另觅他处浮出；然而这鹫凭着目光锐利不停地盘旋着，直至迫其溺毙或活捉其于水面。但是它不在它们成群时进行攻击，因为它们以翅扇溅使它无法接近。

【35】 人们利用海水的泡沫捕捉 kemphos①，因为这些鸟喜啄泡沫，于是人们向它们溅泼水沫以捕之。它们肉质甚是鲜美，唯独其臀部有泥腥味。它们长得十分肥腴。

【36】 在鹰类中，最强健的当数雕，其次为鵟隼，第三为鹞。星鹰、猎鸽鹰和 pternis 为另外的品种。身体较为宽阔的鹰被称为“半雕”。另有一些品种名为儿鹰、雀鹰、光身鹰和拾蟾鹰；末一种生活得最自在，沿地而飞。有些人说鹰的种类不下于 10 种。它们互不相同：有的扑击和擒捉蹲伏于地面的鸽，但不去碰飞翔中的鸽；有的趁其蹲伏在树上或在别的某种高处时捕获之，但不逮地面上或空中的鸽；有的不去碰蹲伏于地上或其他地方的鸽，而愿花力气去捉飞翔中的鸽。人们说鸽能认出上述种类中的每一种，从而当鹰飞临的时候，若属专捕飞鸽的那一类，它们就呆在正好蹲伏于的地点，而这飞临的鹰若属扑击歇地鸽的一类，它们就不候留于原地了，而要展翅飞起。

在色雷斯的一处曾经被称为开德里波利（“杉柏城”）的

---

① 或作 kepphos。

地方，人们带上鹰一道去捕捉沼泽地里的各种小鸟。众人手持木棍搅拨芦苇和枝丛以使小鸟们飞出，众鹰则从上空出现，把它们逐向下方。惊恐之中这些鸟重又向地面飞下，于 620b 是众人以木棍相击而捉之，并与众鹰分享这猎物；他们抛上去一些鸟，鹰就势接住。

在迈奥提斯湖一带，人们说狼亦会随同渔人们去捕鱼；而要是没有给它们分上一份，它们就会毁坏他们晾晒在地上的渔网。

鸟类的情形即如上述。

【37】 在海洋动物中也可以见到有助于其各自生活的若干种技巧。通常关于 batrakhos（鮟鱇）即所谓的“钓者”的故事是真实的，还有关于电鲼的故事。因为鮟鱇借助于眼睛前面所生的细长如毛须而尖端圆钝的东西，好比是在每一侧装上了一副钓饵；它在沙或泥里翻搅后把自己隐藏起来，扬起那须状物，待小鱼碰动它们时便收拉须线，直至把它们拉到嘴前。而电鲼麻木它欲擒获的各种鱼类，利用其身体中的功能捉住它们，以它们为食；它藏身于沙或泥中，捉住一切向它游来并于临近时遭其麻木的鱼类；这一过程确曾为一些人亲眼目睹过。刺魟也会把自己隐藏起来，只不过方式不一样。它们以这种方式生活是有证据的；因为作为游得最慢的鱼类，它们被捕获时体内常常含有灰鲱鲵，即游得最快的鱼类。其次，不再具有须尖的梢头的鮟鱇被捕上来时显得较

为瘦弱。电鲼看来亦能致使人类麻木。鳕鱼、鮟鱇、psetta和扁鲛皆潜藏于沙中，在使自己不易被看清之后再利用生于口中的被渔人称为钓竿的东西进行钓捕；各种小鱼游近时还以为靠近的是它们赖以为食的海草。

凡是有 anthias 鱼的水域就没有凶猛的生物；采集海绵的人以此为可以下潜的标记；他们把这些鱼称为“圣鱼”。这似乎是一个附随的结果，恰如凡是在有蜗类的地方就没有
621a 猪及鹧鸪；因为这两者都要吃蜗类。

海蛇在颜色及形体上均生得近似于海鳗，只不过它更加尖细和更加欢快。如果它受惊①并得以脱离，它会迅速地以其尖嘴在沙中钻出一洞从而潜入其中；它的嘴比一般蛇类生得更尖。所谓的“（海）蜈蚣”在吞下钓钩后会向外旋翻体内部分直至迫出钓钩为止；如此之后再将那一部分翻回体内。海蜈蚣常会趋近美味的饵食，就像陆生的蜈蚣一样。它们不以嘴咬，显见是以整个身体相刺扎，恰如所谓的海荨麻。鱼类中名叫狐鲨者在觉察到自己吞下了钓钩时，也像海蜈蚣那样采取自救措施；它们向着钓线上游相当长的距离并将其拦腰咬断。但在有的地方用多钩钓线于湍急的深水中钓到了它们。

鲣在看见某一凶猛生物时会聚集到一起，其中体形最大的一些会围着它绕游，它若是触碰了某一条它们就合力逐赶

① 或作“被捉住”。

之。它们的牙齿生得甚为强锐，曾见 lamia① 及其他鱼类陷身其中后落得遍体鳞伤。

河鱼中雄鲇鱼花许多精力照料其幼鱼。因为雌鱼分娩后便游走了，雄鱼则伺守于卵胚最集中的地方进行警戒和保护，它的警护仅仅限于隔离开各种小鱼，不让它们偷走幼胚；它这样警护 40 至 50 天，直至其幼胚已然长大而能够逃脱于其他各种鱼类为止。无论它在哪里守护，都会为渔人们发觉，因为在隔开各种小鱼时它急冲过去，造成一种哗响及咕声。它是如此专注地留守于卵前，以至于渔人们逢上其卵黏附于深水植根间遂而将它们尽可能地拖向浅水处时，它依然不肯离弃其卵胚，而若是正好碰上了的话，它们很快就会为钓钩所钓获，因为它要咬住各种游近的小鱼；但它若是已经熟悉了并有了咬钩的经验，一方面它仍不会丢弃其卵胚， 621b
另一方面它会以其无比坚利的牙齿啮咬并毁坏钓钩。

一切鱼类，无论其迁游还是留居一处，都觅食于它们得以生长的地方及与之类似的地方；因为每一种鱼各自专门的食物就在这些地方。肉食鱼类尤喜远游，而所有鱼类几乎都食肉，仅极少数例外，如灰鲱鲵、salpe、红鲱鲵与 khalkis。所谓的 pkloolis 身上有分泌出的胶质遍糊于其全身，形成一种窝穴状。

在贝类及无足的动物中，海扇运动得最经常也最远，它

① 或作“鲣”。

凭自身而作飞行；紫骨螺以及与之类似的生物仅能向前移动一小段距离。

各种鱼类在冬季里由于寒冷要从普拉海峡向外游出（因为这海峡更为寒冷），仅鰕虎除外，随着春季到来，它们又重新游入这里。在峡内既无濑鱼亦无 thritta 鱼以及其他任何颜色较为鲜亮的鱼类，也没有角鲛、有刺角鲛、小龙虾、章鱼、bolitainai 以及其他一些鱼类；生长于峡内的鱼类中，白鰕虎不属于远洋鱼类。卵生的鱼类于春季至其生娩时最为兴盛，但胎生的鱼类则是在秋季——此外还有灰鲱鲵、红鲱鲵以及诸如此类的其他鱼类。所有远洋鱼类和峡内的鱼类均在海峡内生殖，它们在秋季里交配，在春季里生殖。在秋季，软骨鱼类也汇合到一起，雌雄相合以行交配，到了春季它们就分散地游进来，直至产卵完毕；于交配中捕上来时许多鱼都是双双交合在一起。

软体动物中，乌贼最为狡黠，它唯一地利用墨汁来隐身，而且不只是在受到惊吓的情况下；章鱼与 teuthis 则由于惊恐才喷射墨汁。所有这些鱼均不会一下子喷尽墨汁；而且喷出后墨汁又会增多。而乌贼如前述经常利用墨汁来隐 622a 身，一会儿在前面现出身来，一会儿又折回墨汁染黑的水中。此外，它利用其长长的触手不仅捕获各种小鱼，时常也能捕得灰鲱鲵。章鱼尽管呆头呆脑（因为它竟会朝着置于水中的人手游来），却是居家理事的好手。它把各种各样的东西收集起来放入其正好居住的巢穴中，在享用了最为有用的部分后它把介壳、蟹及贝类的壳套、各种小鱼的骨刺扔到穴外；而且在捕鱼时，它改变自身的颜色，变成与它所邻近的石头相同的颜色。它受到惊吓时亦会使出同一种举措。据某些人讲乌贼亦会有此种举措，他们说它也把自身的颜色变得接近于它栖息于其间的区域的颜色。不过鱼类中仅扁鲛有此种举措，它像章鱼那样改变自身的颜色。

章鱼一类中大多数都不能够活满一年；因为这种鱼天生有液解的趋向，一个标志是，当它被裹上泥后，它不断地失去某种物质，最终都看不见了。雌章鱼分娩后更容易有此遭遇，并会变得呆笨起来。它们对于波浪颠簸无所觉察，潜入水中用手捉住它们是十分容易的：它们遍身是泥，不再用心去捕食。雄章鱼也会变得仅存皮壳，浑身胶黏。它们活不满一年的证据是在小章鱼出生之后，就在夏季至临近秋季时，不再容易看到一条大章鱼；然而稍稍早于这一时节的章鱼却正当最大。产卵之后，雌雄两种鱼都变得极其衰老和孱弱，据说它们竟至于为小鱼所吞噬，并且很容易被拖离其栖石；而在先前它们是不致落到这种地步的。此外人们还说，小而年轻的章鱼生出后绝不会有此种遭遇，事实上它们比较大的章鱼更加强健。乌贼也活不满一年。软体动物中唯一爬上干地者是章鱼，它贴着粗糙的地面爬行，但要避开光坦处。被
握住时这动物于其他部位甚是强壮，其颈部却显软弱。关于 622b
各种软体动物就讲上述这些。

据说它们可以把薄而粗糙的贻贝壳做成坚硬的胸甲状环

围于其自身，它们长大一些就做得大一些，它们从中钻出时就像从某种隐穴或居所中钻出一样。

舡鱼乃是一种章鱼，其天性及所作所为却很怪异。因为它从底下深水处浮升上来后漂游于水面上，它上升时其介壳翻转朝下，以便更容易地上浮并空空地驶行，而漂上水面后又将其壳倒转过来，在触手之间它于某处生有蹼状物，宛如蹼足鸟类趾间的组织，只不过那些鸟生得厚实，而这些鱼却生得纤薄而如蛛网。起风的时候它就将它当作帆用；并放下其触手来代替舵桨。若是受到了惊吓，它就灌满其介壳沉入水下。关于其生成及其介壳之增长至今尚无精细的观察，但是看来它并非经由交配而生成，而是像其他贝类那样生长。倘若剥去了这壳后它是否能够存活同样尚不清楚。

【38】 在虫类动物中，并且较之于其他所有动物，最为勤劳者大约要数蚁族与蜜蜂族，还有大黄蜂、胡蜂以及可以说所有与它们相近的种属。蜘蛛中，身体较为光坦者生活方面最为整洁和最具技巧。蚁类之辛劳是人人皆见的明显事实，还有它们总是全体成一字行列行进，搬走和储存食物；月满时它们连夜间也在劳作。

【39】 蜘蛛与兵蜘（毒蜘蛛）中有许多品种。咬人的兵蜘有两种，一种与所谓的“狼（蜘）”相仿，形小而有斑，身体尖突，擅长跳跃；它被称为“跳蚤”；另一种体型较大，

呈黑色，前腿生得甚长，行动缓滞，行走迟慢，较不强健，不作跳跃。至于其他所有陈列于药贩那里的种类，有的全不 623a
咬人，有的咬得十分轻微。另一种是所谓的狼蜘。这种小蜘蛛不结蛛网，而较大的蜘蛛在地上及干石墙上结厚而粗劣的网；它总是在洞孔上布网，呆在里面观望网丝之始端，直至有某物落入并挣动时，它再趋上前去。身上带斑的一种在树下织结一种小而粗劣的蛛网。另外还有一种，即它们中的第三个品种，它是最聪明和身体最为光坦的一种。它织网时首先将丝线张至各个方向的远端，然后再从中间点牵出径（经）线（它们可以足够准确地找到中点），在这些线上面再布上纬线状的横线，然后再交织成网。睡处及捕获物安排在别的地方，捕猎时它则在中心守望着。当某物掉入时网中心受到牵动，它首先以丝线团团捆裹，直至使之不能动弹，然后它再提起来搬走；如果它正值饥饿，就会吮吸其体液（因为它从中求取的就是此物），但若不饿，它就会再度希求猎获，先要做的则是修补好破损的部分。假如在这之间某物落入网内，它首先要去到网中心，再从那里折向落网者，就像从始端出发一样。倘若有人损坏了蛛网；它会于日没或日出时重新开始织结，因为其猎物最主要地是在这些时候落网。劳作与捕获皆由雌蜘承担，雄蜘只是坐享其成。

身体光坦而能织结紧密蛛网的蜘蛛有两种，一种较大而另一种较小。腿较长的一种悬吊于下方伺守着，这样就能使各种猎物不致受到惊吓而警觉，从而在它的上方落网（由于形大它不能妥善地隐藏)；形状较为匀称的一种则在上面伺守着，躲在网上的一个小洞里。蜘蛛一出生立即就能织网，这不像德谟克里特所说的那样是出自于其体内的一种分泌物，而是来自其身体，如同树皮或者如同动物从须毛间投射出的东西，例如豪猪。蜘蛛甚至以蛛丝缠绕并束裹一些较
623b 大的动物，事实是它甚至攻击小蜥蜴，围着其嘴部绕奔，吐放蛛丝直至封住其嘴部为止，到了这时候它才走上前去咬它。

关于这些动物就讲这么一些。

【40】 虫类中有那么一种（没）有一个特定的名称，它们的形态全都生得相亲近；这些虫类皆营建蜡巢，比如蜜蜂及形态与之近似的虫类。它们中共有九个品种，其中六种为群聚类：蜜蜂、〔蜜蜂王〕、蜜蜂中的懒蜂、胡蜂、年胡蜂以及大黄蜂与地蜂；还有三种独居蜂：小妖女蜂，色苍白；另一种妖女蜂，体型较大，黑色而有斑；第三种即所谓的大土蜂，是它们中体型最大的一种。蚂蚁不猎捕任何东西，只是收集各种现成的东西；蜘蛛不造任何东西，也不事储藏，而仅仅猎捕其食物；在方才提及的那九个品种中，其余的品种将在后面述及。至于蜜蜂，它们不猎捕任何东西，但为自己制造和储藏给养，因为蜜就是它们的食物。养蜂人尝试提出巢脾时就揭明了这一点，因为烟熏时它们被烟呛得极其难受，这时候就拼命地吃蜜，而在其他时间里看不见它们特别

贪吃，表明它们节俭和储蜜以供食用。它们还有另一种食料，被某些人叫做“蜂粮”，这东西质地较次，带有无花果似的甜味，它们将它携带于腿上，就像携蜡一样。

它们的工作及生活方面存在着众多的杂异。当一个整洁的蜂房业已传交给它们时，它们要修建蜡巢，带回得自于树木与其他各种花卉的液滴，如得自于柳树、榆树及其他一些胶汁丰富的树木。它们以此涂抹底部以防范其他生物，养蜂人称之为“上灰”（封蜡）。假若入口太宽它们也会再加修边。它们首先做好自己在其中生息的巢室，然后再造所谓的蜂王及懒蜂生息于其中的巢室。它们不断地为自己筑造巢 624[a]
室，只在子嗣太多时为蜂王增造，只有在蜂蜜明显富足时才为懒蜂增造。它们把蜂王的巢室建于自己的近旁，这些巢室很小，而把懒蜂的巢室建于它们的近旁；后一些巢室在大小上逊于蜜蜂的。它们从上面开始组建，从巢顶开始逐级向下组建，它们建造出许多蜂包一直贯接至底部。存蜜与育蚴的窝房两端均有开口，因为于同一巢基有着两个窝房——就像双酒杯的构形一样，一者在里而另一者在外。蜂巢始端周围的附接于蜂房的建造由两个或三个排成圆圈，它们较矮小而无存蜜，较为充满者乃是那些特别彻底地抹过蜡的巢室。在蜂房开口周围，进入的通道的头一段涂抹了 mitui，这种物质相当地黑，就像是它们从蜡中清理出来的一种东西，有一种浓烈的气味；它是医治刺伤及此类脓溃的药物。紧接其后的涂抹物为“脂蜡”，气味不如 mitui 刺鼻，药效也有所不及。

有些人说懒蜂自行在同一蜂房或在它们与蜜蜂分占的一个巢内营造巢室，但是它们不酿任何蜜，而是同幼嗣一道坐食蜜蜂所酿。懒蜂大部分时间都消磨在窝内，它们一旦飞出就一窝蜂地飞上天空，来回盘旋着，好像是在操练自己；演练完毕后再钻回里面饱餐一顿。而蜂王们若非随整个蜂群一道是不会飞出来的，无论是为饭食还是为其他什么原因。人们说蜂群假如迷了路将会折转回来，凭着气息追寻直至发现其头领。据说当头领不能飞时，群蜂甚至会抬着它飞，它死去了蜂群亦将随之消亡；即便它们还能持续一阵时间而不造巢室，蜂蜜将不再产出，它们很快就会归于消亡。

蜜蜂爬在花朵上用前腿迅疾地刨扒以采集蜂蜡；它们把
624b 这些东西擦刮下来移至中腿，再从中腿移至后腿的曲凹处，这样装载好后它们就展翅飞离，显然都是身负重载。每一次远翔蜜蜂都不爬上属类相异的花朵；比如说它由紫罗兰换上另一朵紫罗兰，但不去碰别的花朵，直至它飞回蜂房之中。进入蜂房后它们就卸下负载，每只蜜蜂都有三至四只相伴。这种采集物不易为人看见，它们这种劳作采取何种方式亦未被观察到过；不过在橄榄树上采集蜂蜡的过程却已为人观察到了，由于橄榄叶茂密，蜜蜂在同一个地方停留的时间就要长些。

此后它们才开始其巢居。没有什么东西妨碍蜂蚴、蜂蜜与懒蜂处在同一蜡（巢）中。如果首领蜂活着，人们说懒蜂将会单独地产生，如果不是那样，它们就会由蜜蜂产生于蜜蜂的窝房内，而这些懒蜂将会变得活跃一些；为此它们甚至被称为带刺的懒蜂，不是说它们果真有刺，而是因为它们欲刺却又不能够。懒蜂的巢室较大。有时候懒蜂的巢房造得自成一列，但通常情况下还是夹杂于蜜蜂的巢室之间；因此，人们可以割除之。

恰如先前所述，蜜蜂分许多品种，首领蜂有两种，较优的一种色赤，另一种色黑而有较多的斑纹。其大小为劳作工蜂的两倍。最优良的蜜蜂形小，圆实而多斑；另一种形长，与大黄蜂肖似。另有一种是所谓的强盗蜂，色黑而腹扁。此外还有懒蜂，其身体在一切蜂中为最大，却无螯刺并且懒散。蜜蜂之中，生于来自作物间者与生于来自山陵者的蜜蜂有所不同；即是说，来自林野间的蜜蜂所生的后代更为毛茸、体型较小、更为勤劳和更为凶悍。劳作的工蜂忙碌着把巢房造得平整，使巢的面盖处处光洁；巢房有着单一的形式，比如其中全为蜜，或为蜂蚴，或为懒蜂；倘若它们全都汇集到了同一蜂巢内，那么每一种形式的巢室将连续地建造起来，一直穿过混杂的巢区。①体长的蜜蜂却把蜂巢造得不 625a 匀整，其巢盖也凹凸如大黄蜂所造，此外蜂嗣及其他东西均是随意放置。从它们中产生出卑劣的首领、众多的懒蜂和所谓的强盗蜂，蜂蜜却产得要么奇少，要么绝无。

① 原文费解。

蜜蜂蹲伏在巢房上以使之匀化；倘若它们不这样做，据说整个巢房就将颓毁，变得如同蛛网。而要是它们能够蹲伏于剩余的部分上加以护持，毁坏了的部分就会变得像蚀掉了似的；否则，整个蜂巢都将消毁。蚀损了的部分中产生出一些蜂蚴，它们长有翅翼，可以从中飞出。再者，蜜蜂会修正塌损了的巢房，在下面加上支柱以使自己能够从底下通过；倘若没有了由以接近的道路，它们就无法前去蹲伏于其上，于是蜂巢就呈蛛网状。

强盗蜂与懒蜂生出后不事劳作，反而损害其他蜂的劳动成果；一旦被捉住了，劳作的工蜂会将它们杀死。工蜂们会凶狠地杀死大多数的首领蜂，对那些卑劣者更不留情，以免首领太多时分散了蜂群。当蜂房内蜂蚴不多将难以产生一个蜂群时，它们尤其会将其杀死，这种时候它们甚至会毁掉蜂王的巢室——假如它们做好了预备的话，因为蜂王会把蜂群带出巢外。它们亦会毁掉懒蜂的巢室，要是蜂蜜有紧缺的迹象或巢中存蜜不足了的话；这时候它们最容易与那些带走蜜者争斗，驱逐巢中原有的懒蜂，常常看见它们坐在巢房外面。体小的蜜蜂特别爱与体长的蜜蜂争斗，试图将其赶出蜂巢；假如它们占了上风，这一巢大概就会转趋优良。但若是别的蜂转而落得自顾自的结果，它们就会趋于懒惰，最终不做任何有益的事情，在秋季到来以前就死掉了。凡是工蜂进行的除杀，都努力在蜂巢外面实施；倘若有一只死在了巢内，它们照样会将其抬出。所谓的强盗蜂不仅损坏它们自己

蜂房内的巢室，还在未被察觉的情况下进入别的巢房，一旦 625b
被捉住，它们将遭杀戮。要想不被察觉须花相当的功夫，因为不仅每一入口处都有守卫，而且这强盗蜂若是偷偷溜进去了也会由于胀得过饱而不能够飞起来，只好在蜂房前滚爬，因而它们要逃脱实在需费周折。

蜂王们若无群蜂簇伴自己不会在蜂房处被看见；而在蜂群中，其余的蜜蜂显然都紧密相挨地簇拥于蜂王周围。当蜂群将要飞走时，会发出一种单调而奇特的声音，持续数日，而且两三天前还会有少许蜜蜂绕蜂房而飞，蜂王是否也在其中至今尚无观察，因为不容易观察到。当它们聚集成群后，其他蜜蜂分别傍依其王而飞离；假若一个小群正好位于一个大群近旁，小群并入了大群，而那被撇下的蜂王假若也想随之并入，它们会将其处死。离巢与群飞方面发生的情况即如上述。

蜜蜂们被指派去做各种活，比如有的采集花粉，有的取水，有的抹光和平整巢房。它们哺幼时要去取水。它们不驻足于任何一种肉类上，亦不吃烧煮过的食物。它们没有由之开始工作的既定时间，但是假如它们的需求得到了满足并处于良好的状态，它们更乐于在仲春季节从事劳作；而若是天气正当晴朗，它们会不间歇地劳作。而且，一只尚幼的蜜蜂在其蜕去蛹壳的第三天立即就投入工作，只要它具备了食物。当一个蜂群停歇下来时，有些蜂散开了去寻找食物，随后又返回群中。

在那些旺兴的蜂房内，蜂嗣的产生仅于冬至后间断 40 天左右。当幼蜂长大些后，它们在其旁边放上食物并糊封之；一旦能够，幼蜂就会拱破封盖走出来。生长于蜂房内损坏巢间的生物由劳作的工蜂加以清除，然而其他的蜂由于其
626a 懒惰对于这种毁坏劳动成果的行径袖手旁观。当养蜂人提出巢脾时，他们要给蜜蜂们留下过冬的食物；如果这食物维持过来了，这一房蜂就得到了保全，如若不然，要是逢上严寒天气，蜂就将死于蜂房中，要是天气晴和它们就离房而去。无论冬夏，它们均以蜜为食，但它们也储存另一种坚硬如蜡的食物，有些人称之为“山达拉基”（蜂粮）。

蜜蜂最主要地为胡蜂与名叫小山雀的鸟所侵袭，此外还有燕及蜂虎。它们去取水时碰到的泽蛙也会捕杀它们，因此养蜂人要捕杀蜜蜂由之取水的泽池中的蛙；养蜂人还会拆毁邻近蜂房的胡蜂与燕的巢窝，还有蜂虎的巢窝。蜜蜂不躲避其同类以外的任何动物。它们进行的战斗既以自己的同类亦以胡蜂为对象。在外面它们既不自相侵袭亦不侵袭其他任何动物，但是在蜂房附近它们要杀死可能制服的任何生物。螫刺后的蜂将会由于不能够不牵动其肠便拔出螫刺而死亡；假如被螫的人小心翼翼地挤出其螫刺，这蜂常常就可以活下来；然而失去了其螫刺的蜂只有死路一条。它们的螫刺可使那些庞大的动物倒毙，例如曾有一匹马为蜜蜂所螫杀。可是首领蜂极少使性而施螫。

死去的蜜蜂被搬出巢外。而且在其他各方面这动物也极

爱清洁，因而它们常常由于其秽物气味难闻而飞到外面去排泄。如前所述，它们既为恶臭的气息亦为香脂的气息所激恼，所以它们也会叮刺那些施用香脂的人。它们死亡于其他种种偶然的情况，再就是在众多的首领蜂产生而它们中的每一只各领走一部分蜂的时候。蟾蜍也消灭蜜蜂，即是说它来到巢门口吹气并伺守着，待它们飞出以吞食之；蜜蜂不会给它造成任何危害，但照管蜂房的人会除杀它。 626b

至于前已述及的蜜蜂中低劣而造巢粗陋的那一品种，有些养蜂人认为这主要是新蜂们由于缺乏知识所为；当年的蜜蜂即为新蜂。新蜂们刺螫的方式亦不相同，因此人们可以带走蜂群，即由幼蜂组成的蜂群。当蜜所剩无几时它们会撵走懒蜂，人们则给蜜蜂供以无花果及一些甜食。较老的蜜蜂多在巢内辛劳，由于长久呆在里面，它们的身体甚为毛茸，而在外面采运的新蜂身体就较为光坦。当它们不再有足够的空间开展工作时亦会杀死懒蜂，因为懒蜂们占据着蜂房最里面的部分。有一次，一房蜂陷入了饥困，它们中的一些就去进攻别的蜂房，战斗获胜后就往外搬取蜂蜜；然而当那养蜂人来消灭它们时，别的那些蜂又出来攻击和驱赶它们，并且不螫这人。

至于最经常侵袭繁旺蜂房的疾病，有一种叫做“克勒罗斯”；这种病在于从底板上生出一些小蛴螬，从它们中又长出一种蛛网状的东西蔓延至整个蜂房，巢脾就此蚀毁。另一种病发作时蜜蜂像是染上了一种懈怠，蜂房内弥漫着一种恶臭。麋香草是蜜蜂的一种食物，色白的一种优于色红的一种。蜂房的位置在炎夏不宜在热处，在冬季里则应在暖和处。当它们劳作于其上的植物染了霉时它们就特别容易生病。若是遇上了大风，它们就携带石子于身上以平衡风力。如果附近有河流，它们就不去此处以外的任何地方饮水，首先还要卸下其负载；如果没有，在别的地方饮水时它们要呕出花蜜，随即就投入工作。

采蜜主要在两个时节，即春季与秋季；春蜜较甜，颜色较白，总体上春蜜要胜于秋蜜。最好的蜜来自于新蜂蜡及嫩花枝。红色的蜜由于其巢室而质劣，这就像酒为其容器所败
627a 坏一样，因此需要使其巢室保持干燥。当麋香草开花而巢室充满了蜜时，这种蜜不会凝聚。金黄色的蜜质地最优，色白的蜜不是来自于纯真的麋香草，但它对眼睛及创伤有好处。质地差的那部分蜜总是漂在面上，应当将其去掉，纯净的蜂蜜位于下面。当树木开花时它们忙于作蜡，所以这时候应当从巢房中取出蜡，因为它们随即就会造出新蜡。它们常去采撷的花木有如下一些：桃叶卫茅、蜜莲、水仙、桃金娘、荻芦、绢柳与金雀花（彗豆）。它们忙碌于麋香草时，在封抹巢室之前先要掺上水。

如前所述，所有的蜜蜂或是飞到远处去排泄或是排入某一个巢室。小种的蜜蜂如前所述比大种的蜜蜂更加勤劳；它们的翅翼周边破损，它们的颜色为黑色，饱受了太阳的灼烤。华丽招展的蜜蜂就像那样的一类妇女一样，是懒怠的。

蜜蜂似乎喜欢嘎嘎的响声，因而人们说敲得陶器及石片嘎嘎作响就可以把它们集合入蜂房中。当然，它们到底有没有听见，它们的这种举动究竟是出于快乐还是出于恐惧我们并不清楚。蜜蜂要赶出那些懒惰的和不节俭的蜂。它们分派工种，这恰如先前所述，有的劳作于巢室，有的忙于采蜜，有的准备蜂粮；还有一些整建巢房，有些取水入窝室与蜜相兑和，有些出去忙活。破晓时它们静寂无声，直到有一只蜂嗡鸣二或三次弄醒它们。于是乎它们成群飞出去工作，重又回巢时它们先是嘈杂作声，这嘈杂声渐次减弱，直到有一只蜂嗡嗡叫着绕它们而飞，就像是发出入睡的信号，随即它们骤然归入静寂。从声音之宏壮与众蜂出巢及入巢的活动可以断定一房蜂正当壮盛；因为这时它们正在忙于安置蜂蚴。出冬后开始工作时它们最觉饥饿。然而若是割取时留下太多的蜜它们就会趋于懒散；其实应当按蜂的数量留下适量数日的蜜脾；若是留得不足它们又会缺乏工作热情。而巢房太大它们 627b 也会变得较为懒散；因为它们难得打起精神。从蜂房中取蜜约为一水罐或三个半罐的量，繁旺的蜂房可取出二水罐或五个半罐，极个别可达三水罐。

羊群与蜜蜂为敌，还有胡蜂，这在前面已经讲过了。养蜂人捕杀后者，办法是放置一只碟盘并在里面放上肉，当许多胡蜂落在上面时，他们就罩住它并投入火中。少数懒蜂的存在对于蜂房是有益处的，因为它们使得蜜蜂更加勤奋。蜜蜂可以预见坏天气与降雨；一个标记是，在晴和的天气里它们不飞出去却挤在巢周围飞来飞去，养蜂人由此得知一场暴风雨正在迫近。当它们挤在蜂房内相互攀吊时，表明这些蜂就要离房而去了。不过养蜂人察觉这一点后可以用甜酒喷洒蜂房。在蜂房周围种下列植物是有益的：野梨、豆类、波斯草、叙利亚草、雀豌豆、桃金娘、罂粟花、麋香藤、杏树。有些养蜂人给他们自己养的蜂洒一些面粉从而在它们外出觅食时就可认出来。假如春天来迟或者遇上了干旱，以及在发生霉变的时候，蜜蜂们就较少为蜂嗣而操劳。

【41】 胡蜂有两种。其中野生的一种乃属稀有，它们生长在山间，不在地下而在橡树上生殖；其形状更大一些，体型更为颀长，颜色比另外的胡蜂更黑；它们身上有斑，全都带有螫刺并且更为凶悍，其刺螫比另外的胡蜂更能引起疼痛，因为它们的螫刺按身体比例而言更加长大。这些蜂可以活到第二年，即使在冬天也能看见它们从枝叶败落的橡树间飞出来，但它们在冬天里要作蛰居；它们在树木之中度日。它们中的一些是胡蜂母，另一些是工作蜂，就跟在较为驯顺的胡蜂中一样；在较为驯顺的胡蜂中，工作蜂与胡蜂母的天
628a 性更加分明。因为驯顺的胡蜂亦分为两种，一些是被称为胡蜂母的首领蜂，另一些是工作蜂。首领蜂体型要大出许多，性情亦较温和。工作蜂活不满一年，而是待冬天来临时悉数死亡（这一点是显而易见的，因为在冬天开始时其中的工作蜂变得呆笨起来，约在冬至前后就完全看不到了），但被称

为胡蜂母的首领蜂们于整个冬天都可以看得见，它们蛰居于地下，冬季里在翻耕和掘挖时许多人都发现过胡蜂母，然而没有人发现过工作蜂。

胡蜂之生成有如下述。夏季来临时，首领蜂们找到一个视野开阔的地点后便开始营造巢室并构建被叫做小胡蜂窝的住所，它大概有四处开口或相近似的所在，从其中产生出胡蜂，但非胡蜂母。当这些胡蜂长大一些后，首领蜂们再另建更大一些的窝房，俟其再长大后又建另外的窝房；结果是秋季结束时有了极其众多的极大的胡蜂房，在其中被称为胡蜂母的首领蜂不再产生胡蜂，而专产胡蜂母。它们产生于胡蜂房的表面，为一些较大的蚴，四房或稍多一些的房集连成簇，首领蜂的蜂蚴之产生与（开初的）巢室中的情况相近似。工作胡蜂在巢室中生成后，首领蜂们不再操劳，而由工蜂们给它们带回食物。这一点可由工蜂们的首领不再飞出去而是安然地呆在房内得到表明 。先前的首领在生产了新首领后是否与新生胡蜂一道①死亡并且死于同样的方式，抑或是可活更长的时间，至今尚无有关的观察；也没有见过谁在胡蜂母或野生胡蜂中亲眼看到了衰老现象，或其他任何这样一类的情况。胡蜂母宽扁而笨重，比胡蜂更粗壮和硕大，由于笨重它们于飞行方面不大强健，它们大多也不能够飞行；所以它们总是蹲坐在胡蜂房内，协力于安排房内的

① 作“meta”。

事情。

所谓的胡蜂母在大多数胡蜂房内均有出现。它们是否具
628b 备螫刺尚有疑义；看来它们就像蜜蜂中的首领蜂一样虽然具刺却不伸出且不行刺。胡蜂中有一些像懒蜂那样无刺，另一些则有刺。无刺者较为弱小，不作抗御，具备螫刺者较强大而且凶悍；某些人把后者称为雄性，把无刺者称为雌性。临近冬天时很多具备螫刺者据信会失去其刺，然而迄今尚无人亲眼观察到过。

胡蜂更多地出现于旱期及崎岖之地，它们产生于地下，以杂物或泥土做巢，各自发端于一个始点，就像发端于一处根似的。它们的食物得自于某些花卉及果实，但大多数是得自于动物的肌肉。其他胡蜂中的某一些曾经被看见在进行交配；是否两者均无螫刺抑或一者有另一者没有，尚不曾为人观察到过。曾看见过一些野生胡蜂在交配，一者具备螫刺，而另一者的情况未被看清。其子嗣不像是经由分娩而生的，而是一开始就大于一只胡蜂之所生。如若有人捉住一只胡蜂的脚并让其振翼作声，无刺者会向其飞近，有刺者则不向其飞近；有的人遂以此来推断一些为雄性而另一些为雌性。冬天在洞穴中捕到的胡蜂既有具刺者亦有不具刺者。有一些胡蜂营建的蜂房小而且少，另一些建得众多而且巨大。所谓的胡蜂母常在换季时被捕获，大多是在榆树间；因为它们采集那黏稠而胶着的物质。胡蜂母大量地产生于头一年已有许多胡蜂而且多雨的地方。人们在崖间或地中垂直的裂缝中捕捉

它们，它们全都明显地具备螫刺。

关于胡蜂的种种情况即如上述。

【42】 大黄蜂不像蜜蜂那样采集花粉为生，而主要是食肉为生（因此它们栖留于粪秽周围；因为它们要捕食巨蝇，逮住后去掉其头部再带着其余的部分飞走），它们也攫 629a
食甜果。其摄取的食物即如上述。和蜜蜂与胡蜂一样它们也有首领蜂；这些首领蜂较之于大黄蜂在大小上比胡蜂首领较之于胡蜂及蜜蜂首领较之于蜜蜂更大。这首领蜂亦在巢内过活，恰如胡蜂的首领。大黄蜂在地下营巢，像蚂蚁那样刨出泥土；它们中和胡蜂中都不像蜜蜂中那样产生蜂群，而是其新蜂不断增生并呆在原处，于是它们不断扩大其巢房取出屑土。这巢房遂而变得极其庞大；曾经从一个繁旺的蜂房中取出了三到四筐的巢室。它们不像蜜蜂那样储存食物，而在冬季里蛰居，其中大多数都死去了；它们是否死光了尚不清楚。这些蜂房中不会产生多于一只的首领蜂，不像蜜蜂房中那样有数只首领蜂来分散了蜂群。但有一些大黄蜂迷失了巢向时，聚集起来飞向某株树木筑建巢室，常常看见这样一些巢室就露在表面，在其中它们造就一位首领；当这首领现身并长成后就带领它们飞走，随它一道去一处蜂房中安居。

关于大黄蜂的交配情况至今尚无任何观察，关于其子嗣由何而来亦然。蜜蜂中懒蜂与蜂王均无螫刺，某些胡蜂也没有螫刺，这正如我们在前面所述。但大黄蜂显然全都有刺。

关于其首领蜂则需要作更进一步的考察，以确知其是否具备螯刺。

【43】 大土蜂就在地面之上的石块下从事生殖，在两个或稍多一点的窝室里；在这些窝室里发现有某种粗劣的蜂蜜之始样。

地蜂一方面与大黄蜂很相近，但身有斑纹，另一方面其宽扁又类同于蜜蜂。作为贪馋者，它们一只只地飞到甜点、鱼肴以及诸如此类的佳肴上面。这种蜂也像胡蜂一样在地下
629b
生殖，而且多产；它们的巢要比胡蜂窝大出许多并且更长。

关于蜜蜂、胡蜂以及诸如此类的其他蜂种于劳作与生活方面的种种情况就讲这么一些。

【44】 关于动物的性情，亦如先前所述，可以看到种种差异，最主要地是在勇敢与怯懦方面，其次是在温和与悍野方面，即便在野生动物自身之间。

因为，狮子尽管在进食时极其凶暴，但在不饿时及饱餐完毕后亦会极其温和。其性情既无任何犹疑亦无丝毫恐惧，对待那些与其一同被养大而相熟悉的动物，它们格外乐于相与嬉戏，态度十分亲昵。在受到猎捕之际，即使它为人看见也绝不逃窜或寻求庇藏，但若是由于猎人太多而被迫后退时它也是从容迈步、一步步地后退，还频频转头回顾，当然若是踏上了茂密的林区，它会疾速奔逃，直至它跑入了明处，

这时候它又从容地迈步而退。在空旷的地带，假如它为众人逼得逃入了明处，它也会竭力奔跑，但不作跳跃。这种奔跑的步伐连续而匀整，就像猎犬的步伐；当然，它在追逐时会纵身跃上近在跟前的猎物。有关的那些传说是真实的：一是它最畏惧火，恰如荷马诗云：

燃烧的火炬，
猛名在身的它陡生畏惧①，

另一是它注视着正在投击它的那人向其猛扑上去。假如一个人投击而未伤着它，那么它若跃上去抓住了他就丝毫不予侵害，亦不以利爪伤他，而在摇晃及恐吓后再放其一走了之。它们来到城镇侵害人类最主要地是在已趋年老之际，由于衰老也由于牙齿久经损磨它们不能够进行捕猎了。它们可活许多年，被捉住的那只跛狮有许多牙齿都掉落了，某些人以此来推证它们可活很多年；因为若非历经漫长的时间它不可能落入这般境地。狮分两种，其中一种身体较为浑圆，须毛较为卷曲，它较为怯懦，另一种身体较长，须毛较顺直，它更为勇敢。有时候它们在奔逃时像猎犬一样尾巴下伸着。曾见 630a
一只狮子正将扑向一头猪，当它看见这猪竖起鬃毛来抵抗时就逃走了。它于肋部忍受创击的能力很薄弱，而于身体的其他部位它能够经受多次创击，而且其头部生得十分坚硬。凡是它所咬过的或用爪抓过的地方，从伤口里会流出颜色极黄

① 荷马：《伊利亚特》，XI，554；XVII，663。

的血水，无论用绷带或海绵均不能吸尽；这种伤的治法与狗咬伤的治法相同。

胡狼喜近人类；它们既不侵害人类也不怎么惧人；但它们与狗及狮为敌，因而不与其出现于同一地方，小的一种胡狼为最佳。一些人说它们有两个种类，另一些人说有三种；但是这动物不像是有许多种类，事实上像鱼类、鸟类和某些四足动物一样，胡狼也随季节而发生变化，其所具颜色于冬季与夏季亦有不同，在夏季变得光溜而在冬季变得毛茸茸的。

【45】 在派奥尼亚，野牛出现在界分派奥尼亚与迈第卡的美萨比亚山上。派奥尼亚人把这动物称做 monapos（单足）。其大小约等于公牛；它比牛更硕壮，因为它的身体不偏长。它的外皮撑开来可以铺满一间可坐 7 人的居室。其外形在别的方面与牛相仿，只不过它像马一样有一副绵延至肩部的项鬃；但它的须毛比马的更柔软、更贴身。其须毛的颜色较浅，项鬃颜色较深，直披至腿部，且十分浓密。这动物的颜色介于灰色与红色中间，不像那些被称为“栗色马”者那样；但它的须毛更为糙硬，到下面则多绒毛。它们不以黑色或深红色出现。其声音如同牛；其角弯曲，彼此相对而曲遂不适于用作防御，在大小上为一指距或稍多一点，其粗细大概是每一只均能容纳差不多半科奥的样子；这角的黑色美丽而光亮。它的前额毛下垂至眼睛上，使得这动物更易动向

侧边而不是动向前方。它没有上牙，与牛及其他任何有角动物无异；其腿多毛；它是分趾蹄的；它的尾巴与其身体大小相比显得过于细小，与牛尾巴差不多大。它扬起尘土并掘翻地面，就像公牛那样。它的外皮强韧而耐创击。其肉质味美，因此它成为人们猎捕的对象。受到创击时它拔蹄奔逃，当它精疲力竭时便伫立而待人。它的抵御方法是蹬踢和向其喷粪，喷至 4 奥尔古斯开外；它可以很容易地使用这种招数，而且常常使用，它以此灼烫猎犬的皮毛以使其腐烂。只有当它受到惊扰和恐吓时其粪便才能造成这种效果，而在未受惊扰时并无灼烫效果。这种野兽的形观及本性即是这样一番情况。俟生娩的季节到来，它们成群地去到山中产犊。分娩之前它们先要在产地周围排撒粪便，造成一种护栏状；因为这野兽能排出十分大量的这种秽物。 630b

【46】 在一切野生动物中，大象最为驯服和温顺。它能学习和领会许多事情，事实是它们甚至被教会在君王面前下跪。它感觉灵敏，在其他方面的领悟能力亦属超群。它与一头雌象交配并使之怀上孕后将不再与之接触。有些人说大象可活200 年，另一些人说是 120 年，而且雌象的寿命大致与雄象相等，还说它的盛壮期在 60 岁左右，它面临严冬及霜冻时甚难耐寒。这动物居住在河边，却非河生动物；但它可以涉水而过，一面涉水前进一面使象鼻超出水面上；因为它通过这鼻吹水和呼吸。不过它不是特别能游，原因在于其

身体之沉重。

【47】 骆驼不与它们的母亲交配，即使在受人强迫的情况下也不肯顺从。曾经有一次，在没有种驼的情况下，豢养者遮裹住了母驼的头后将子驼牵了过去；交配完毕后这遮裹掉脱了，这时它业已完成了交媾，但它稍过不久就咬死了 631a 那养驼人。还有一则传说，即斯居泰的国王养有一匹优纯的牝马，它所产的子驹全都十分优良；这国王想用出自这母亲的最优良的子马来配种，把它牵过去以行配；它却不肯；在遮裹了它的头部后它在不知道的情况下进行了骑配；当交配完毕现出这牝马的面庞时，看见了这牝马的子马狂奔而去，自投于一处悬崖下。

【48】 在海生动物中，关于海豚的温和与驯良有不胜枚举的证据为人们传说着，特别是在塔伦顿、加里亚及别的一些地区它们对孩童的喜爱与亲近。在加里亚一带，据传有一条海豚被捉住并受了伤后有一大群海豚游抵了这一港湾，直待到这渔人放走了那只海豚；这时它们才又全体一道游走。小海豚们身边总有那么一条大海豚相伴以为保护。曾见一群海豚，大大小小地聚在一起，其中某两条被看见落在后面不多远处，还有一条死去了的小海豚，每当这小海豚正要沉入深水，它们就在下面支撑着并以背部将其托起——一副怜悯的样子，从而使其不至为其他某一凶猛的鱼兽所吞噬。

关于这动物的速度也有令人无法置信的传说；因为它被认为是一切水中的和陆上的动物中速度最快者，而且它还能跃过巨大船只的桅杆。在它们身上的这种事情最主要地是发生于它们为了得食而追逐某一条鱼的时候，这时倘若那条鱼逃走了，由于饥饿它们会跟随着潜入深海，而当回返的路程对它们显得太长时，它们就像经过了计算似的屏住呼吸，再集中自己的力量像箭矢般疾进，以图凭借其速度穿越这段距离再作呼吸，如果一艘船正好就在附近某处，它们就会跃过其桅杆。当潜水者潜入深水时，他们亦会做相同的事情；即是说，根据其自身的能力他们也会集中全力地向上冲。海豚们成对地彼此在一起过活，雄性与雌性配对。有关它们的一点 631b
疑难是它们为什么要把自己搁在干滩上；因为人们说它们有时候会这样做，在偶然的时间，不出于任何原因。

【49】 就一切动物而论，正如其行为视其自身偶遇的情况而定，其性情照样也随其行为而变化，而且某些身体部分往往也会随之发生变化，例如在鸟类中发生的境况，家养母鸡在斗胜了一只公鸡后，会模仿公鸡而鸣啼，并试图踏踩到它的身上，它们的冠与尾巴上翘着，以至于不大容易认得出它们是母鸡；有些母鸡还长出了某种小距。某些公鸡也曾被看见在母鸡死后自己承担起照管小鸡的诸般事务，领着它们四处转悠并哺喂之，结果是它们不再鸣啼也不再试图踏踩母鸡。还有一些雄鸟生来就带有雌性气质，以至于它们甘愿

顺从那些试图踏踩它们的雄鸟。

【50】 某些动物其性情与形状不仅随年龄与季节而改变，而且还会因受阉而改变。凡是具备睾丸的动物均可接受阉割。鸟类的睾丸生在体内，卵生的四足动物的睾丸生在腰部附近，胎生而能行走的动物的睾丸大多数是生在体外，也有一些生在体内，但全都在腹部末端附近。鸟类在臀部位置受阉，恰在它们交接以行配的那一处；若是有人用两或三根烙铁灼烙此处后，假若这鸟已经长成，其冠将变成淡黄色，它将不再鸣啼，亦不尝试行配，而假若它尚年幼，它在长大的过程中根本就不会出现上述现象中的任何一种。人类的情况亦同于上述；假如尚是孩童时受到了残伤，后生的毛发就
632a 不会生长，其嗓音亦不会改变，而是保持尖亢；但若是已经过了青春期，其后生毛发将会脱落，仅被覆于阴部者除外（这些毛发虽将趋于稀少，但仍保留着），然而与生俱来的毛发却不会脱落，因为没有一位宦官变成了秃子。在一切受到阉割或残伤的四足动物中，其声音会转变为雌声，其他四足动物若在已过幼年时阉割将会毙命，唯独在公猪那里不见任何差别。一切于年幼时受阉的动物将会长得比那些未经阉割的动物更肥大和更光溜，而若是它们业已长成，将不再作更多的增长。如果牡鹿在由于年龄尚未生角时受阉，其角之大小将保持不变并且不会蜕去。牛犊在一岁时受阉，如若不然，它们会变得较丑和较小。年幼的公牛以下述方式受阉：

将它们放翻在地，从下面切去阴囊的一部分后挤出其睾丸，然后将其根部尽可能地向上推回，再以须毛扎住切口，这样血水就可以流出；倘若发了炎，人们就烙炙其阴囊并予以敷贴。如果睾丸已长成的公牛受了阉，从外表上看它们仍能在生殖方面出力。雌猪身上的“卡普里亚”（卵巢）亦可阉除，结果是它们不再需求交配，而是迅速地增肥。断食两日后吊起其后腿即可进行阉割。人们切开其下腹，就在最切近于雄猪睾丸所生的位置；因为此即“卡普里亚”附生于子宫上的地方，人们切去其一小部分再缝上切口。当人们想将其用于战争中时亦会阉割雌骆驼，以免它们怀上了小驼。上方地区的一些居民拥有多达 3 000 只的骆驼，若是须跑很远的话，它们比尼赛亚的马跑得还快，这要归因于其跨步之大。总的说来阉过的动物比未阉过的动物长得更长更大。

凡是反刍的动物均得到益处和感到快乐，而且它们反刍就如同在进食一样。那些不齐备上下齿列的动物均会反刍， 632b
如牛、绵羊及山羊。对于野生动物至今尚无任何观察，除有时候受人驯养者外，比如说鹿，这动物确会反刍。所有动物反刍时都更喜欢躺着。反刍最经常地在冬季里进行，那些厩养的动物大约这样做 7 个月时间，但那些群牧的动物由于在外面觅食就较少反刍，其反刍时间亦较短。某些齐备上下齿列的动物也会反刍，例如滂沱鼠与一些鱼类，包括由于此种动作而被一些人称为“反刍（鱼）”的那种鱼。

那些腿长的动物胃里稀湿，而那些胸宽的动物比较容易呕吐，在四足动物、鸟类以及人类中，大多数时候均是如此。

【49B】 在鸟类中，很多种鸟均随季节而变换其颜色及声音，例如黖鸟由黑色转为苍黄，其声音也变了样；因为在夏季它鸣唱着，到了冬季转为啼叫，发出一种噪声。鸫也变换其颜色，其颈间部位在冬天仅有一些小斑点，在夏天变成杂多的斑块；当然其声音毫无改变。夜莺在山上一片葱郁时要不停地歌唱 15 个日日夜夜，此后它虽仍作歌唱，但不再是连续不断。随着夏季推移它发出的声音渐渐不同，不再富于变化，亦不欢快与婉转，而是单调无味；并且其颜色亦会改变，在意大利，这一季节前后它被冠以另外一个名字。它露面的时间并不长，因为它要蛰居。

红襟鸟（知更）与所谓的朱尾鸟可以由彼此互变；红襟鸟是一种冬鸟，而朱尾鸟乃为夏鸟，它们彼此间除仅见于体色上的差异外可以说再无任何不同。同样的情形亦见于小鸣莺及黑顶莺；因为它们也由一者变为另一者。小鸣莺约在果
633a 实成熟时出现，黑顶莺则于秋季后紧接着就出现。它们彼此间除体色与声音方面外亦无任何不同。二者为同一种鸟的事实业已为人察知：处于转变期间的每一种鸟都被观察到了，在尚未完全完成转变的状态时它不呈现两者中的任何一种形态。在这些事例中假若声音或颜色发生了改变那也毫无奇怪可言，即使是环鸽在冬季也会停止咕叫（不过曾有某个时候

在严寒之后出现了好天气时它们发出了咕叫，令那些有经验的人大为惊奇），但是待到春季来临时它们会重新出声。总的来看，各种鸟类忙于交配时发声最频繁和最富于变化。杜鹃亦会变换其颜色，在它将要离去之前其声音不再清脆动听；它在天狗星当空时离去，再在春季里开始露面，直到天狗星上升时。被一些人称做 oinanthe 的那种鸟也在天狼星上升时离去，而在它沉降时出现，因为它一时逃避寒冷，另一时又逃避炎热。戴胜亦会变换其颜色和外观，恰如埃斯库罗斯在以下诗句中所述：

这戴胜历察自身的卑恶
身着多彩的羽装，展现出
全副翩盔中的一只勇莽岩鸟，
春日陡现时它张开翅膀
却是鹰一般地苍白。因为它现身于两种形态，
幼鸟的与它自身的，都出于同一腹宫。
果实新熟之际谷物一片金黄，
点点的花斑重又缀上它的翅膀，
然而长久不去的嫉恨伴着它
从此间遁入另外的地方，
远栖于荒僻的林间与山岩上。

鸟类中有些作尘浴，有些作水浴，有些既不尘浴也不水浴。那些不善飞行而栖于地上的鸟类均作尘浴，如家养母鸡、鹧鸪、雉形鹧鸪、云雀、锦鸡；某一些直爪的鸟类，以 633b

及一切栖息于河边、泽地或海边的鸟类均作水浴；还有一些鸟类兼取两者，既作尘浴又作水浴，比如鸽类与麻雀；但大多数生有钩爪的鸟类不取其中任何一者。关于这些事情即是这样。发生在某些小鸟身上的一个特异现象在于它们的发声，例如鸠鸽；这样一类鸟用力摇动其尾端一带，同时发出声音。

第 十 卷*

【1】 〔随着其年龄的日渐增长〕一名男子与一名妇女相互交合却不得生殖的根由有时候是在于双方，有时候仅仅在于某一方。首先应当考虑女方于子宫方面处于何种状况，以便根由若在此中时可予以治疗；而根由若是不在此中就可将注意力转到别的某种原因上。和别的部分一样，显然，只要它能完满地履行自身的功能并于履行之后没有痛苦及疲乏，它就处于健康的状态，好比眼睛在没有任何炎性分泌物时，视看并于视看之后无所不适亦非不能再作视看。子宫也正是这样，只要它不引发痛苦，充分地履行了其本来的功能，并于履行功能之后不致丧失能力且不疲乏。据说即使子宫并未处于完全良好的状态对其自身的功能来说它却仍可处于较好而无痛苦的状态，只要这功能可以得之于它，而不像眼睛在并非其所有部分均处于良好状态，或由于生了某种

* 此卷在一些希腊抄本及拉丁译本中列为第十卷，由于内容上明显不属于“动物志”，遂为 Gaza 拉丁本及后来的一些版本删去。

疣疹时，其敏锐的视力因而受阻那样受到影响。

同样，子宫如果其关键的部位状况①良好，将不会对其功能造成任何危害。状况良好的子宫首先不应从一处移至另一处，而应在位置上保持恒定。只不过它应当不呈异状且不感痛苦地趋至其较远的一端，并且不会变得对于触摸没有丝毫感觉。这一点不难予以判明。它应当有这样一种情况，这可从以下所述中得到表明。即假如它不趋至近前，它就不会在那同时具备吸引能力；因为它须由之接纳种液的地方离得太远。可是假如它不停留在近处且不能向上移得较远，它将变得过于迟钝；它总是受到触及，以至于不能够迅速地开启；它非常需要做到这一点并应敏于反应。以上这些性状是子宫应当具备的，凡是不具备它们者均需接受某种治疗。

再就是行经还须顺畅，这就是说间隔相等的时间并且不致紊乱，身体亦属健康。因为这样才表明子宫处于良好的状态，能够开启并在身体供给的时候接受来自于身体的液质。可是经泄若是太频繁、太稀疏或者紊乱，而身体其他的部分不是产生这种现象的原因，亦即这些部分是健康的，那么这种现象必定起因于子宫。由于迟钝它在适当的时机不作开启，因而容受得很少；或者由于其中的某种炎症它吸进了过多的液质，从而表明它像眼睛、膀胱、胃以及其他部分那样需要治疗；因为所有部位发炎时均要吸收自然而然地泌入各

① pathos。

自部位的那种液质，只不过不是那样一种性质或那么一些数量。同样地，子宫若是溢泄出太多的液质就表明了某种发炎中的异状，假如它溢泄出同类而又过多的液质的话。如果这液质为同样的①而又过于腥腐，与健康妇女排出的液质同属一种，这是一种已经变得显明了的异状；即是说必定还会有某种疼痛标明子宫处于它不应当处于的状态。健康的妇女亦会排出腥腐的白色物（白带），有一些是在经期开始时，但大多数是在停止的时候。那些经泄比健康妇女更为腥腐或者说那些经泄失调——要么偏多要么偏少——的妇女更加需要接受治疗，因为这对于复原形成了障碍。但对那些仅仅是行经时间不规则及间隔不相等的妇女而言，这种异状的阻碍作用就要轻一些；当然这清楚表明子宫处于运动状态而非一直保持恒定。这种异状好像会损害体质良好的妇女的受孕能力，当然这并不是一种疾病，而像是即使不经治疗亦可痊愈的一类异状，除非这妇女还另有某种偏失。 634b

如果经泄在程序或在数量上发生了变化，而身体其他部分不是处于恒定的状态而是时而偏湿时而偏干，那么子宫绝不是其原因，事实上它被迫顺从于身体的状况，相应地接受或排释。假如子宫在身体确乎健康而又变化着时出现这种行为，它就无须任何治疗；而要是在患病期间，要么是它由于这种排泌物被消耗在别的某个地方而溢泄得较少，要么是身

① 或作“不同样的”。

体趋于疲乏。而子宫若是由于身体向它排泌遂尔排释过多，这也不表明子宫自身需要治疗，需要治疗的毋宁是身体。就那些经泄随身体状况而发生变化的妇女而论，它们保持了健康表明那根由完全不在于子宫。子宫有时候不如平常活跃有时候又更为强些，有时较为稀湿有时较为干燥。经泄在身体较平常更丰满时偏多，在身体较瘦削时偏少，并且在身体较稀湿时含水较多，在身体较干燥时含血较多。开始时是奶一般的白色物，子宫此际尚无恶味；但经泄为红色，只在最终即将停止时于消退中颜色较白。这些白色物带有一股恶味，不是腐腥却更加刺鼻和浓烈，也不是脓味；而且也没有溃烂，尽管伴有烫热——在经泄以此种方式发生的时候。那些以此种方式行经的妇女，其子宫一带正处于适于进行生殖的状态。

【2】 首先应当考虑子宫是否良好地具备了以上这些性状，其后还须看它的颈口处于何种状况。因为它应当直展着，如若不然子宫将无法吸收种液入其中。因为女性的排射物亦将进入子宫的前部，这在她们身历完整的春梦时即可明见；因为这时候她们的这一部位就需要料理，它像跟男子交媾过一样变得潮湿了，而来自男子的排射物也正是进入此处，它进入这同一部位而不是进入到子宫的里部。而当排射至此处时，子宫借助风动将种液由此处吸走，就像鼻孔似的。所以她们以任何姿势进行性媾均会受孕，因为她们自身

的排释物及男性排射的种液都要进入处于完好状态的子宫的前部；然而若要排射入子宫之中，她们就不可能在任何姿势的交媾后均受孕。

如果子宫看上去不直展，而是歪向臀部、腰部或下腹，根据前述的理由它就无法吸收种液，也就不能够成孕。假如 635a
这种状态是由于天生或因疾病而定型的，那么这种异状将无法医治；但假如这只是一种脱位，或者由于天生或者因由于发炎而引起收缩的疾病所致，对她而言这种异状将是另外一种情况。

就那些将可受孕的妇女而论，其颈口如上所述应当直展，除此之外它还应恰当地开启。所谓恰当我指的是这样一种状况，即在月经开始时这颈口触摸起来应比先前更加柔软一些，并且不见明显的膨大。若在开始时处于这种状况，先行的经象当为一些白色物。当经象在色泽上更接近于肌肉时，显而易见子宫颈口不带痛苦地扩启了，无论触摸还是不触摸它，而且既无迟钝亦不见颈口较平常有何异样。月经停止时，颈口应当大张着并且干燥，但不硬挺，这种状况应持续一整天再加半天或达两天。这些情况以此种方式发生表明子宫正处于良好的状态，正在履行其自身的功能，这体现在颈口并未立即扩启而是变得柔软了，子宫随着身体其他部分松弛而松弛，不起阻碍作用，并首先排释来自于颈口自身的液质；而当身体排泌得较多时，它会开启以排泄之；此乃颈口处于健康状态的情形。当经象趋于停顿时，子宫并未立即闭合是一个尚有疑义的标志，即子宫变得空虚、干燥，溻涸了且于通道一带无所剩余。能作吸引表明子宫处于良好的状态，正等待着在它既不痛苦亦不迟钝时所进行的交媾中得孕。颈口不见异样是一件好事，因为这表明没有什么事情会妨碍子宫在它应当闭合时即作闭合。

【3】 关于子宫的颈口是否处于其应处的状态，从以上这些即可作出论断。至于子宫本身，在经泄之后应当出现这样一些情况：首先，妇女在梦中以为在同男子交媾时应像果真在同人相交时那样容易地排射；这种经历时常发生是较为良好的。清醒后她有时候需要像同人交合后所需的那种料理，有时候又处于干燥的状态；但这种干燥不应继续下去，醒后不久应有湿液泌出，有时快些有时迟些，迟至白日方短
635b 时的正午。这湿液当与同人交合时泌出的那种湿液相同。因为所有这些均表明子宫可以接受那被给予的东西，而且胎盘也能吸引和留住它所获得而又不愿放走的东西。

此外，风动亦应没有异状地在子宫中产生，就像（胀气）生于胃中一样，而且应当没有病状地被排放掉，无论它变得很大了还是较小；因为这些情况表明子宫毫不比它应有的状态更加僵硬，亦不因天生或疾病而致迟钝，而是能够按照它可能接受的为增长提供空间。它也可以扩张。若这种情况未见发生，说明子宫要么过于紧厚要么过于迟钝，或由于天生或由于疾病。因此它不能够滋养胚胎反倒会将其毁

掉——在这种状况十分严重而胚胎尚且很小的情况下，或在这种状况较轻微而胚胎较大的情况下；若是这种状况相当缓和，生出的婴儿将较为劣陋，虽说滋养出来了，却像是在一只劣陋的容器中养大似的。

此外，子宫的右部及左部触摸起来应觉均等，其余的部分亦当如此。在同男子交媾时其间的一段应趋湿润，但非多次或过度。这种症状就好比某一部位之出汗，恰如口腔常常产生的唾液——如在端来的食物面前或当我们说话或劳作比平常更多的时候；而且，看着过于明亮的事物时我们的眼睛会噙泪，经受酷寒或炎热时这些部位若正好处于较为湿润的状态就能克服过去。同样，子宫在工作时亦会变湿，要是它正好处于较湿的状况的话。即便是那些天生处于最良好状态的子宫也会经历这一症状。所以妇女总是需要疗解，程度或者重些或者轻些，恰如口腔需要唾吐一样。然而在某些妇女那里，这种湿液多到了她们无法纯净地吸纳男性排射物的程度，因为来自于女性的液质与之相混了。

除以上这些症状外还应当判明当她在梦中觉得在与人交合时这么一些情况是否发生了：醒来时她处于何种状况，比如说是否虚弱了些，以及是否总是如此而非时而虚弱时而却不，或者在有的时候甚至于更加充沛；她是否未于开始较为干燥再于随后趋于湿润。因为，这些情况应发生在可事生育的妇女身上。因为衰弛表明身体时时在排射精液，这对行施者施以影响；她们若是身体臃肿就会变得更加虚弱。不致病

636a 变地经历这种事情表明这种排释合乎自然而且遵从了其应有的方式；否则那将是一种病态的衰损。至于她们有时候变得更为充沛以及子宫干燥之后再趋湿润，表明整个身体获得并吸收了某种东西，不仅是子宫，连身体也充满了力量。因为不仅仅是子宫才借助风动吸入来自于外部的事物，这在前面已经讲到了。即是说排射物不进入子宫之中，而是到达男性排射到的地方。而凡是借助风动的事情，全都要借助力量而运作。所以很明显，这样一类妇女的身体亦有吸取的能力。

有一些妇女会经历这样一种事情，此事被人们称为风孕。这种异状有如下述。同人交媾后她们既未明见排射种液亦未成孕，因此这被称为风孕。这种异状的原因在于子宫，当时它正处于极度干燥之中，因为吸纳液质于其中后它又排放到了外面；这液质于是干缩，由原形变成某种微小之物而失落，并由于其微小在脱离子宫时未曾被注意到。而当子宫的这种异状十分严重从而变得过分干燥时，它会迅即排出液质，于是迅即就清楚了它并未得孕。可是假如它的这些行为并非十分迅速，在中间的这段时间里它就会显得像是孕育着在它之中所获得的东西似的，一直到它将其排出为止。而且，这些妇女很快就会经历与那些正常怀孕的妇女所经历的同样一些事情，倘若过了相当长的时间，其子宫将会膨大，看上去明显是怀了孕的样子，直至其失落之时；这时候它又恢复了以前的样子。人们把这种异状归因于精怪；其实这是可以治疗的，只要这子宫并非天生为这样一类而极易陷于此种遭遇。妇女（不）属这样一类的一个标志是在从男性那里获得液质后明显不作排射并且不成孕。

【4】 另一种阻碍是子宫痉挛。痉挛发生于子宫中时，子宫或者由于发炎而扩张，或者由于在分娩中大量的物质骤然下迫而颈口未作开启；这时候就会因绷扩而产生痉挛。未生痉挛的一个标志是子宫在同样的运作中未曾明见发炎；因为假如痉挛了就会于某时发炎。

此外，假如颈口增生了某物，而颈口又有大片的溃伤，这也会对受孕形成障碍。没有这些情况的一个标志是她们在行经时及委身于人时其子宫开启与闭合显然十分良好。

此外还有一些妇女的宫颈不知怎么窒合在了一起，有的 636b
是生来如此，有的则是由于疾病。这种情况或者可治或者不可治。要得知确有此种情况并不困难；因为子宫将不能接纳它应当接纳的任何东西，亦不能排射任何东西。故它若是分明能接纳来自于男性的液质并可排泄，显而易见就否定了这种异状。

凡无以上任何一种障碍而是处于前曾述及的状况的妇女，只要未得生育的根由不在男性，或者双方虽均能够生育但彼此不能和谐地同时排射而是相差甚远，她们就将可以生儿育女。

【5】 认明根由在于男方可以凭据其他诸种迹象，然而

最便捷不过的办法是观察其与别的妇女交媾及生殖的情况。不能与对方有着和谐的节奏，即使具备了上述所有条件亦不能生育。因为明明唯有这一点才是那根由。假如妇女确也在种液及生殖中助排了某物，显而易见在双方间应当有着等同的节奏。所以若是男方很快即完事而女方尚在困难中（因为在许多事情上妇女都较迟缓），这就造成了阻碍。正因为如此，有些人彼此交媾不能生育，然而偶遇在性媾方面与其节奏相等的人却可以生育。因为假如女方欲求并预备好了且又具备了适宜的意想，而男方先已难受过了并冷淡下来了，这时他们彼此间的节奏必定会合拍。

至于有时候妇女做完春梦以及男子于性事之后竟然更加充沛——不是在力量上而是在健康上，这是由于种液大量地聚集在它们由之排射出的地方。故若是这时释泄了，她们丝毫不会趋于虚弱；因为她们并非总是于释泄后衰弛，只要剩余下来的仍算充足，即使（余下的）那些没有用处也没关系；与此同时她们会更觉舒适，好比是排释了充塞其间的东西。所以她们不是由于力量而更见充沛，实乃由于轻松了。可是一旦排泄了身体所需的那份液量，那时她们就将趋于虚弱。不过这种状况很快就可以终止，只要其身体在别的方面健康并且正当可以迅速产生种液的年龄；因为这种液质可以迅速地分泌和增长。这时候她们最容易觉察不到自己受了孕。因为在没有感到的情况下她们不会觉得自己怀了孕（然而她们刚好排射了），还认定排射应同时发生于双方身上，既出自男方也出自女方。

最可能忽略过去的是那些认为除非她们变干燥了或者给予她们的液质分明被吸收光了便不可能成孕的那些妇女。可 637a
是有时候她自己和男方都可能排射出多于她所能够吸尽或多于足够数量的液质。因而在吸纳了足够的量后，相当多的液质剩下了，这时候她们就觉察不到受了孕。这类事情是能够发生的，而且这种际遇并非产生于全部的排射物，可由那些经过一次交配即生出众多后代的动物以及生自于一次交配的双胞胎的生殖来表明。显然这种生殖并非出自于全部的排射物，而是某一部位接受其某一部分，余下的则是它的许多倍。此外，假如经由一次交配即可产出多仔，就如有时候在猪中间以及在双胞胎中显见发生的那样，很清楚种液并非来自于整个身体，而是依每一种形式分成部分。从全体中分离出来是允许的，整体可以分成众多的部分。因而同时逐个部分地（将它分离开）是不可能的。

此外，妇女向子宫颈口的前部排射液质，这也是在交媾中男子排射至的地方。正是在这里子宫借助风动吸纳液质，就像口腔或鼻孔所做的那样。因为一切不借助器具而作吸引的事物要么在内部上方生有一处空腔，要么借助风动从其所在的位置进行吸纳。所以她们很留意这地方（会不会）变得同这种事情发生之前一样干燥。

在妇女身上，排射物行进的通道是这样生具的。她们生有一条孔道，就像男性生有阴茎一样，不过它位于体内。由于这个缘故她们要排出风来，借助于在上面的一条小管道，那是妇女们由以排尿的途径。因此当她们欲求性媾时，这一部位便不处于与动欲之前相像的状态。溢泄正是经由这一孔道发生的，而子宫的前部比溢液由以到达那一部位之中的通道要宽大得多。在这一点上这与鼻部的情况相仿；因为鼻部亦有那么一条通入咽（喉）的管道和一条通向外部空气的管通；同样地，那一孔道外面亦有一条甚小而又狭窄的管道，刚好可供气流排出，而通入子宫前部的那条管道却很是宽阔，易于通行，恰如鼻部通向空气的那条管道比通入口腔及咽（喉）的一条更为宽大一样。就照这样，妇女通向子宫前部的那条管道比向外的一条更加宽阔。

凡助送至此间的液质均造成相同的一些境况，原因在于女方亦可排射具有生殖力的液质。这些结果发生于相同的一
637b 些原因。认为另外一种事物是某一病变或死亡的原因的那些人是从始点上来考虑最终结果的，那乃是他们应当看到的东西。因为，于有一些事物其最初原因是相同的，于另一些事物则无一是相同的，还有一些事物之中有的为相同有的不相同。故而它们引出的后果恰如其分：于有一些事物而论，结果是相同的境况贯穿其全部；于其原因多数为相同的那些事物则贯穿其多数；于另一些仅贯穿其少数；于其原因无一相同的事物则贯穿于无物。

【6】 动物们需求受配时会表明出来。因为它们会追逐

雄性，例如家养母鸡追逐公鸡并在公鸡无动于衷时自行蹲伏于其体下。其他种动物亦会有此类举动。假如一切动物于交媾方面均表现出相同的一些异状，那么显然有着这样一些原因。事实上，雌鸟就不仅有着接受的欲望，而且也有排射的欲望。关于这一点的一个证明是，假若雄鸟不在场，她将趴伏于同性的身体下面并可产出风卵，说明她也欲求在那时候排射，而她在同雄性交合时的确作了排射。其他动物也会这样做，曾有一位妇女以她于其稚嫩时捉来饲养的一些歌蜢为试验，当它们长大后自发地怀上了孕。由这些事例可以表明每一雌性均助送某物入种液中，这至少在一种动物那里显然发生了。风孕的动物与这种动物相比除了不能繁生动物外再无任何差别。这种动物能作生殖是由于它来自于雌雄双亲。因此并非所有来自雄性的种液都可以生育，其实在缺乏出自双方的必要的谐配时有一些是不能生育的。

妇女会做春梦，并会在梦去之后经历与同人交媾后相仿的异状，松软而又乏力。至此很清楚了，假如她们在迷梦中分明排射了并于那时助送了某物，那么梦醒之后这同一部位将趋湿润而她们自己将像与男子交媾后那样需要同一种照料。因而，若想生育，种液的排射显然就得经由双方。

子宫不向自身内部而是向外排射，排至男性恰也排射至的地方；然后再从那里将其吸纳入自身中。有一些雌性动物通过自身而作生殖，如鸟类（尽管产出的是风卵），另一些却绝对不作此种生殖，例如牝马与牝羊。是不是由于鸟类排

638a 射入子宫之中，而在外面没有可供雌鸟或供雄鸟排释入其间的地方呢？因此在未获交配时，雄鸟会将种液洒在地上。就四足动物而论，子宫外面另有一处地方可供雌性及雄性排射入其中。在其他一些动物那里这种排射物与别的一些液质混合在一起并且不在子宫中化生，因为它不进入其中。而在鸟类中子宫要接纳它甚至慢慢化育出某种身体，在其他方面虽然肖似但却并不是一个动物；动物自须出自于雌雄双方。

【7】 有一点疑问是，妇女们说她们无论做了某种梦醒来后都是干燥的是否讲出了实情。因为显然是子宫从上方吸纳了湿液；那么，女性为什么不单靠自身而生殖，既然她们也吸纳混合了男性种液的液质？为什么雌山羊又不吸纳它自己的既已流抵子宫外面的排射液？一些妇女身历这样一种异状，怀孕长达多年。她们产下被人们称做“肉胎”的东西，例如发生在某一位妇女身上的事情。她同一名男子交媾后觉得自己怀了孕，子宫的模样扩张了，其他情况起先也都合情合理地发生了，然而到了分娩的时间她既未作生娩而子宫的模样亦不见消退，就这样持续了3至4年之久，在她生了痢泻并且病情危急时才产下了一个相当大的肉团，大家把它叫做“肉胎”。在某一些妇女那里，这种异状一直持续到老年以至死时。

这种异状的出现会不会是由于热度呢？即当子宫正值烫热和干燥时，由此而能够将事物吸向自身，以至于可以吸起并持留他物于其自身？当她们处于这种状态时，假若来自双方的排射液尚未混合而子宫像产生风卵那样接受了来自某一方的排射物，这时候就会产生那所谓的肉胎，它既不是动物——因为它并非来自于双方，却也不是没有灵魂——因为它业已获得灵魂于其中，恰如风卵一样。它在里面滞留了很长的时间既是由于子宫所处的状况，又是由于鸟类会在自己体内生出许多只卵，其子宫遂受其压迫；它将它们向前推迫并产出，而一俟子宫开启，连最后一只卵也会从中趋出；因为没有什么会阻留它们，而就身体而言，当其中充满了东西时就会产生排斥的趋向，它将不再使子宫作相反方向的吸引。然而一切胎生动物中，由于胚胎于增长中其能力要发生变化并且在不同的时期需要不同的养料，于是子宫在患上了某种炎症时才会作同一种生娩。可是那肉团由于并非为一动物，将会一直为一团光坦之物。即是说压迫子宫之物并非必定可以认为会致使其发炎。于有一些妇女这种异状将伴其至死，除非她们能幸运地逢上一场衰虚，就像那位得了痢泻的妇女一样。

不过这种异状是否如前曾述及的那样是由于热度而产生 638b
的，抑或更可能是由于液质（因为充塞其间的那团物质也是一种液质）而使子宫仿佛关闭了呢？或者在子宫没有凉到足以排出它，亦未热到足以化育它呢？正因为如此这种异状才历时甚久，就好比有些东西煮起来要持续很长的时间一样。而另一些东西受煮时却有一个界限并且甚为迅速。但是处于其最为特殊的状态中的这样一种子宫将会耗费很长的时间。此外，这种东西既非动物亦不作运动，从而无法引起产痛；因为产痛是韧带的运动，由生命体所引起，胎儿在产痛中受促迫而趋前。这团东西趋于坚硬乃是热闷的结果。它变得如此之坚硬，以至于用斧子也不能将其砍开。煮过的东西以及匀化了的东西均会变软，但被撇下（未煮）的东西坚硬而且不会匀化。

不懂得这一点的许多医师都会由于相似性而把这样一种异状当成是肉胎，要是他们仅仅看到了腹部隆起而无水肿以及在这种异状延续期间月经停闭了的话。然而并不是这么一回事情，肉胎之生成其实极少会发生。

时而会产生透凉、液质而清稀的排泌物，时而又是较为凝稠的排泌物汇流入腹部区域，如果这些排泌物因自然机理或因性态而为这样一类的话。由于其凉度，它们既不引起腹痛亦不引起发热。或多或少地有所增加后，它们将不再招来其自身以外的任何其他恙患，而是像某种残疾物一样没什么动静。月经停顿是由于排泌物耗费在上面了，正如在哺乳期间一样；那期间的妇女要么不行经要么仅有少许。有时候亦有一种出自于肌肉的集流进入子宫与腹之间的区域，它似乎像是肉胎，实则不然。这并不难以认明，只要是肉胎在触挤着子宫。因为假如子宫形状完好而未作增扩，那么显而易见其中并无此种异状。但它若呈现如同怀小孩时的那样一种情形，那就是有了肉胎，它将既热又凉又干燥，这是由于液质转入了其内部，而且颈口将是如同妊娠期间的那种情形。然而这肉团若为另外某种东西，子宫触摸起来就透凉而不干燥，颈口亦将一直保持原样。

后　　记

本卷收入的是《动物志》。在希腊文中，historia 的原意为考察或探究，这部著作也正是关于种种动物之广博而精到的探察。书中并不见我们预期从中找见的确定的动物学理论，通篇都在陈述有关动物的诸方面事实，用亚里士多德自己的话来说，是在考察动物间的各种差异及偶性，此后才该是“进而揭示这些事物的原因”（$491^{a}11$）。即是说，这只是一部预备性的著作。因而不难理解，演化为现今生物学、逻辑学中重要概念 genus 与 species（“属”与“种”）的 genos 与 eidos 在书中少有出现，而且集中于介绍性的开篇部分中；书中对这两个词的使用相当宽泛和随意，在有些地方完全可以相互置换，并无近现代赋予它们的专门含义，更谈不上属—种分类倾向。故我们仍按其本义（“生成”与“形观”）译作“种”与“属”，与汉译全集的其他各卷保持一致。尽管这只是一部陈述事实的预备性著作，但书中处处体现了亚里士多德追随现象以探究自然的学术原则，在致力于考察通常情况的同时，总是要提及不一致的情况或反例，而不一味强求普遍适用的不变律则。在今天，从这部著作中可以得到的启迪恐怕远非限于动物学范围。

关于本书第十卷，在希腊文古抄本中仅14世纪的D^a本（vaticanus gr. 262）将其纳入。15世纪中叶很有影响的Gaza拉丁译本删除了此卷，主要理由是它一反前九卷的historia，转而致力于原因的探求，此后的版本大多接受了这一做法。还有一些学者甚至从内容、文体方面对此卷的真实性提出了质疑。我们虽说不能否认这一卷从内容上看显然不属于“动物志”，但仍将其列译于后，一则为了尽量求得全集的完整性，再则也为读者们提供一个鉴赏、评判的机会。

本书原文残损、含混的情况十分明显，尤其是末几卷。不少地方我们根据上、下文作了选择及处理。对于一些难解的术语和名称，由于时间紧迫，手头又缺乏足够的动物学参考书，我们的尝试难免有失当之处，望读者不吝指教。凡现今无法确知的动物学名称，遵从师嘱一律以希腊字汉语拼音化方法代替了习用的汉字音译法。

《动物学》的洛布本在国内难于查找，幸蒙上海社会科学院哲学所范明生先生拨冗为我们复制了洛布本第一、二分册，并及时告知了第三分册的购进情况，使我们得到了北京大学哲学系李真先生的热情相助，复制了新近才出版的第三分册。两位先生的帮助令笔者不胜感谢。编译组的其他各位成员于不同方面为本卷的工作作出了努力；人大出版社诸君也一如既往地本着敬业精神为本卷付出了大量的艰辛劳动，在此略表谢忱。最后，迻译本卷期间，笔者所在单位宁夏大学的校、系领导从各方面给予了关照，使本人在一年多的时间里能够心无旁顾地投入紧张的翻译工作，值本卷即将面世而本人将要调离宁夏大学之际，特向他们致以由衷的谢意。

颜 一

1996年5月初于银川

图书在版编目（CIP）数据

亚里士多德全集　第四卷/苗力田主编
北京：中国人民大学出版社，1996
ISBN 978-7-300-02176-8

Ⅰ. 亚…
Ⅱ. 苗…
Ⅲ. 亚里士多德-动物-分布-全集
Ⅳ. B502.233-52②Q958.2-5

中国版本图书馆 CIP 数据核字（96）第 22446 号

亚里士多德全集
第四卷
苗力田　主编
Yalishiduode Quanji

出版发行	中国人民大学出版社		
社　　址	北京中关村大街 31 号	**邮政编码**	100080
电　　话	010－62511242（总编室）		010－62511770（质管部）
	010－82501766（邮购部）		010－62514148（门市部）
	010－62515195（发行公司）		010－62515275（盗版举报）
网　　址	http://www.crup.com.cn		
	http://www.ttrnet.com(人大教研网)		
经　　销	新华书店		
印　　刷	涿州市星河印刷有限公司		
规　　格	140mm×202mm　32 开本	**版　　次**	1996 年 9 月第 1 版
印　　张	12.5 插页 3	**印　　次**	2017 年 5 月第 8 次印刷
字　　数	237 000	**定　　价**	88.00 元